高中生古代散文补充读物

GAOZHONGSHENG
GUDAI SANWEN
BUCHONG DUWU

薛海兵 编著

苏州大学出版社
Soochow University Press

图书在版编目(CIP)数据

高中生古代散文补充读物／薛海兵编著. --苏州：苏州大学出版社，2023.6
ISBN 978-7-5672-4412-2

Ⅰ.①高… Ⅱ.①薛… Ⅲ.①文言文-高中-升学参考资料 Ⅳ.①G634.303

中国国家版本馆 CIP 数据核字(2023)第 100707 号

高中生古代散文补充读物
薛海兵　编著
责任编辑　薛华强

苏州大学出版社出版发行
(地址:苏州市十梓街 1 号　邮编:215006)
苏州市深广印刷有限公司印装
(地址:苏州市高新区浒关工业园青花路 6 号 2 号楼　邮编:215151)

开本 787 mm×1 092 mm　1/16　印张 16　字数 279 千
2023 年 6 月第 1 版　2023 年 6 月第 1 次印刷
ISBN 978-7-5672-4412-2　定价:56.00 元

若有印装错误，本社负责调换
苏州大学出版社营销部　电话:0512-67481020
苏州大学出版社网址　http://www.sudapress.com
苏州大学出版社邮箱　sdcbs@suda.edu.cn

前 言
Preface

现行的高中语文统编教材，为学生提供了一批文质兼美的古代散文，对于提升高中生的古代文化与文学素养大有裨益，对于高中生传承中华优秀传统文化而言功不可没。但是，编著者在通读且执教一轮已经出版的五册教材选文之后，结合对语文课程标准和学科核心素养的思考与研究，还是萌生了选编一本适合于高中生学习需要的古代散文补充读本的想法。

考察课程标准的要求、高中教材文言文选文与教学实践、高考文言文考查等诸方面现状与情形，不难发现它们之间一定程度上存在脱节现象。高考文言文考查的选文基本是人物传记（含行状、逸事、墓志铭等），也曾有过简单论述文和散文，最近出现了纪事本末体文章。就目前的全国高考七套试卷看，主要考查的文言文文体是人物传记和纪事本末体两类。这两类文体是实用类文本，有着相对独立的话语体系，比如人物传记中的科举制度、官职任免等话语，又如纪事本末体中的行业话语、吏治话题、战争文体等话语。这两者的话语体系有别于教材内古代散文的话语体系，教材作品基本上属于文艺话语体系，比如山水游记作品、抒情言志作品等。教材内选入了少量偏重论述的文本，但是有别于高考的夹叙夹议式的纪事本末体文本。总而言之，课内选文中较少叙事类、夹叙夹议类、人物传记类的选文，尤其是人物传记类文本数量太少，这就造成了高中生在日常学习与检测中古代散文话语体系与高考考查选文话语体系之间在一定程度上的错位现象，不利于学生提升语文素养和应对考试。

基于以上认识，编著者着手本书的编选工作。

一

对中国古代散文这个概念的理解，至少关涉两个要素：一个是时间要素，大致上是指先秦至清末的时间段；一个是文体要素，指与韵文包括诗歌相对的文本。但是，在文章体式上，我们在吸收了西方文艺理论之后，这个与韵文相对的概念，范围往往又变得很狭隘，主要指小说、戏剧、诗歌之外的非韵文类作品。虽然说起来似乎范围很狭窄，但是其中包罗的文体实际上仍然是相当丰富的。中国古代散文中有很多细致而微的富有生命力的亚文类，比如书信、奏疏、小品、传记、评论等。当然，这些文体在古代有更为具体的称谓，与现代文艺理论中对文体的称谓不完全相同，有着鲜明的中国特色。

中国古代散文的编排体系一般有两类，一类是在文学史的视角中按照朝代编选，另一类是在文体学的视角中按照文体编选。文学史的视角容易使我们对中国古代散文史的发展序列有比较清晰的理解，文体学视角则有助于我们鉴赏、学习不同体式的文本在内容与艺术上取得的特殊成就。本书主要以后一种视角选编文本，在文体学概念之下，兼顾文学史的编排与学习要求。

从文学史的视角考察中国古代散文，它大致上经历了先秦、汉魏六朝、唐宋和明清四个阶段。先秦散文有记言与记事两条线的发展路径，记言线经历了“从言辞到文章”的发展，体现充分的著作是《尚书》《国语》；记事线经历了“从直书到叙事”的发展，体现充分的著作是《春秋》《左传》。诸子百家兴起后，读书人中风行借纵横之术驰骋列国以博取治国安邦的机遇，于是有了兼记言与记事二美的《战国策》。讨论先秦散文，文学史家们常将史传散文与诸子散文并称。同为“史著”而又被奉为“古文”楷模的除了《左传》，还有后世的《史记》，都是史传散文的典范。唐代以下直至晚清的古文家，往往以太史公笔法相号召。史传散文属于史类，以叙事精彩被称道；诸子散文属于子类，以说理深刻而见长。诸子散文中，以孟轲、庄周与荀况的文章最为人称道。汉代散文继承并发扬光大了史传散文与诸子散文，有《汉书》《后汉书》等优秀史著问世以续史传散文，有扬雄、贾谊等论证之文以续诸子散文，成就斐然。在汉赋的影响下，古代散文发展到汉魏六朝，出现了骈俪化倾向，从骈散结合到骈偶为主，出现骈文。在没有走向骈文极致化之前，这个阶段还是产生了不少清丽佳作。陶渊明充满田园之趣的散文，清新飘逸，开启了后世山水田园诗文，尤其是游记作品之先河。唐宋散文，在韩愈发动古文运动以前，受六朝骈文影响。古文运动主张文章要从骈文中走出来，用散文写作，回到先秦两汉的散文作法上。韩愈、柳宗元是唐代古文运动的领袖。柳宗元的山水游记成为古代散文史上的一道风景线。宋代欧阳修继承韩愈的古文运动，反对唐末五代沉渣泛起的浮艳纤细的文风，提倡一种平实朴素的散文。宋代散文成就最高的当推苏轼。他的散文“文理自然，姿态横生”，融观物之妙、味理之深和才华之盛于一体。明代散文主要成就体现在以归有光为首的唐宋派散文中，不事修辞而情辞并得。晚明小品的艺术成就颇高，挥洒自如，意味隽永。清代散文以桐城派影响最大。清初散文充满斗争气息，而后来则更多受到义理之说的影响。清代散文以龚自珍的创作成就为最高，兼具思想性与艺术性，最为突出的是反映了反对封建束缚、追求个性解放的要求。

了解中国古代散文史，固然有利于从时间线上整体把握古代散文的发展状况，尤其是有助于了解古代散文在不同历史阶段中社会与作家对于作品的思想内容与表现艺术的倾向性，但是对于高中生而言对此具备粗浅认识即可，重要的是提升对于各种社会现象和各类素材的关注程度与对某些表现艺术的探索水平，从而掌握鉴赏古代散文的思想性与艺术性的方法。在这个意义上讲，高中生更需要从文体学的视角对古代散文多加了解与认识。

文章实现其价值的路径不外乎叙事与说理，二者之中自然有抒情，不与精神世界发生关系的纯粹客观的文学并不存在。无论是自然主义还是零度写作，在这一点上做出的辩解，都多少带有狡辩或有意无视的意味。文章的功用与价值是与现实生活、作家情感表达方式紧密相关的，自然就有了各种最相适宜的体式。透过这些体式去理解文章，自然是比较正确的方法。古代的文体实在太多，姚鼐的《古文辞类纂》就是按文体编纂的，但是现代的读者没有必要像他那样将古代散文的文体搞得那么琐屑。在叙事与说理的两个方向上考察古代散文，前者有偏向于叙事中写景的，也有偏向于叙事中抒情和议论的；后者有倾向于建构自我观点的说理，有倾向于评论社会现象的说理。这样看来，在各类文章中，无不有抒情言志的存在，无论是直接的还是间接的，这是由古代散文的实用性特点决定的。无怪乎曹丕在《典论》中有这样一句名言："盖文章，经国之大业，不朽之盛事。"他的意思是说，文章是治理国家的重大事业，是流传万代的不朽之事。

二

在漫长的历史长河中，中国古代读书人积累了很多读书方法。各种方法的功效当然因人而异，而且聪明的读者也会在前人的基础上摸索出最适合于自己的读书方法。这里，编著者遴选出几种最基本的方法，并将其依据阅读思维科学加以整合并趋于范式化，供读者在课外阅读古代散文时参考。

这个方法我们姑且名之为"入境—诵读—涵泳—体悟—升华"五步法。入境与升华最为玄妙，我们这里不做展开介绍，重点说说诵读、涵泳和体悟。诵读阶段的主要任务是感知明旨并发现问题，涵泳阶段的主要任务是虚静格物以研究问题，体悟阶段的主要任务是学以致用以解决问题。

第一，诵读的关键在于从感知明旨中发现问题。诵读不同于一般意义上的阅读与朗读，关键在于"诵"字的内涵与要求。段玉裁《说文解字注》云："诵则非直背文，又为吟咏以声节之。"他认为诵读的关键在于用高低抑扬的腔调吟咏文本，在对声韵的感知中加强理解和记忆。这就是传统汉语阅读所强调的，读书须在反复吟诵中获得对文本意蕴直觉顿悟式的领会。诵读的基本功能是使文本通贯成为整体，即荀子所谓"诵数以贯之，思索以通之"。古代汉语文本有较显著的诗化倾向，跳跃性强，诵读使之通贯成为整体，对于理解文本尤为重要。在我国古代，诵读的整体感知功能被理解为掌握文章的气韵与风格。自曹丕首提"文以气为主"之后，感知潜藏于文本中的"气"便成为诵读文章的首要任务。读韩愈和苏轼的文章，就是要感知所谓"韩潮苏海"的气韵和风格。总之，反复诵读是贯通理解与统整文情的基本方法。在感知与贯通的基础上，诵读有助于在直觉中发现问题。现代脑科学研究认为，自我沉浸式的反复诵读有助于大脑放松，同时激活脑波，脑波从 β 波转到 α 波，使注意力、判断力和质疑力得到增强。这些能力的增强特别有助于提高发现问题的能力。

第二，涵泳的重点是以沉潜的姿态格物知味。宋代著名哲学家朱熹和陆九渊，都将涵泳作为重要的读书法加以提倡，主张读书须沉潜于文本反复品味，做到格物“穷至事物之理，欲其极处无不到也”，从而领悟文本含义。它一方面因其整体观和直觉体悟的思维方式契合了语文阅读的模糊性特征，另一方面在“事物之理”的体认上也蕴含了理性的思想。涵泳强调从格物穷理和入其滋味两方面鉴赏文本。涵泳品味主要表现为排除外因、直入本体，虚静沉潜、反复讽诵，细加咀嚼、获取真谛等三个阶段的审美过程。在这个过程中，我们建议综合运用传统的意会法和现代的理性法。意会法重视个人感觉，比较模糊抽象，体现为“入境、虚静、体悟、升华”的审美流程，关键是熟读精思，跟语言敏感性、整体文化素养和悟性等紧密相关。理性法主要指遵循理性分析问题的思路对内容加以研习，一般按照“悬置、理解、质疑、批判、重构”的步骤实施。特别要说明的是，好书不厌百回读，反复诵读涵泳，真正把书读进去，让心灵沉浸到文本中，这是学习古代散文最重要也是最根本的方法。

在涵泳品味的三阶段与两方法的实施过程中，一般需要把握四条原则，即涵泳要靠虚静的心态、持久的从容、感性的体验和深刻的理性。所谓虚静，传统的理解包括澄明空静的心理与如若无闻的状态两层内涵，要求做到思接万里但不离其宗，重点突出而无杂念。涵泳需要持久从容，因为古人提倡的涵泳多指在反复诵读中认识文本，从而常读常新日有所悟。此正如陆九渊所言之“读书且戒在慌忙，涵泳工夫兴味长”。涵泳对于感性经验的依赖性很强，但是真知灼见则需要非凡的智慧，这样才能透过语言和形象的层面去把握精神内涵与哲理意蕴。传统的沉潜涵泳法具备了帮助读者自主研习文本的潜质，但是将沉潜涵泳的印象式理解与文本细读的科学化学习相融合，方能契合于现代学习的需要。理性涵泳法只有在文本细读过程中才能顺利实施，或者说两者结合才能较好地实现深度阅读与科学理解。

第三，体悟就是要在学以致用中总结提升。体悟自然有觉悟的意思，就是在阅读中有所感悟。但是，我们这里主要是将它理解为在实践训练中得到明悟与提升。经过诵读、涵泳之后，读者对语言与美感的敏感性会明显提升与增强。但是，这种敏感性需要经由体悟训练方能保持和强化使之成为素养。体悟本是审美流程中的基本环节，强调审美主体在物我交融之中超越物态意义。我们将其理解为实践中的练习、探索与感悟，更多地强调交融过程中通过言语实践实现语文知能的学以致用的功能。美国认知心理学家丹尼尔认为，只有科学的练习才能帮助学生形成最基本的能力，使之有可能达到精通的水平，并节省后继学习的时间。在他看来，正确练习的关键在于做好科学确定练习内容、合理分配练习时间和不断创新练习形式等相关工作。如此看来，体悟在审美功能之外的确存在其科学的特质与价值。在这个意义上讲，体悟练习要全面兼顾对语言、思维、审美的检测。

三

全书分为上下两编。

上编主要选编各类文体的古代散文，在记事、说理的框架下，基本按照写景、叙事、抒议的顺序，由易到难地加以安排。《与朱元思书》《钴鉧潭西小丘记》《黄州新建小竹楼记》《西湖七月半》都是古代散文史上写景抒情的名篇；《淝水之战》是典型的历史叙事，其后四篇都是基于叙事的抒情小品，震烁古今；《汤誓》及其后共十一篇均为论述为主的文章，先秦、魏晋、唐宋和有清之作兼顾。各类选文在艺术表现特色方面也各有侧重，摹景状物的文章主要选择能够充分彰显托物言志、融情于景等艺术手法的优秀作品；论述类文章则尽量呈现各类亚文体，包括诰誓（演讲词）、诸子散文、疏对、书信、史论、社会评论、古代申论及纪事本末体等。纪事本末体是高考给高中古文阅读带来的新指向，故而全书前后共选择了三篇。这些文章文质兼美，语言典雅，弥补了教材偏重于人文话题组元带来的一些不足。正如前文所述，这些选文尽量在实用类、论述类文体文章中加以选择，帮助学生构建适应高考的古代散文话语体系，从而使其对古代散文有更科学、更全面的了解与认识。

下编全部是人物传记类作品，主要目的是弥补教材中古代人物传记选文数量偏少，与高考文言文阅读文本体式错位，不利于学生从学习走向应试等不足，从而帮助学生在有限时间内提高学习效果和提升学习成就感。这些选文既包括了史书中典范的人物传记，主要出自《史记》《汉书》《后汉书》，属于史类作品；也有出自文人手笔的人物传记，属于集类作品，体式更为多样，包括自传、评传、行状、逸事等，文学性更强，更具灵气，也更具个性化风格，对学生阅读正宗的史传文有补正的效果。为了区别起见，编者将传记中的这几种变式集中编选，阅读中可以比较发现它们的独特之处。选文中的传主都具有积极向上、鼓舞人心的精神品质，主要目的是践行语文教学能在阅读和研习的熏陶中达到立德树人的根本任务。此外，需要说明的是，选本中未过多收入“四书”作品，主要是出于篇幅、体式和高考复习等多方面的考虑，并非忽视其价值。

在编写体例方面，每篇选文由题解、正文、注释、译文和学习提示五个部分组成。题解一般对作品背景、作者生平、作品基本内容与主要特色等做一些简要介绍。正文编选大都选择通行的版本，考虑到学生自学的实际情形，一般不选长文，个别长文如确需选入，会有删节，如《诸葛亮传》只节选了《隆中对》的文字。注释侧重于名物类词汇和需要重点学习的文言文词汇，有助于学习和积累。正文与注释采取集中呈现的方式，而不采用分段注释的方法，主要是方便学生能够顺畅地诵读作品，养成良好的诵读习惯。译文力求准确平和，尽量体现文言现象的落实与处理。学习提示主要从价值观、必备品格和关键能力方面加以设计，并不代表研习中所要处理的所有内容。在这几个部分中，读者要特别重视题解与注释，题解中大都提供了简洁的鉴赏文字，注释则是文言词汇积累的根本。在本书最后的附录中，编著者提供了关于文言文阅读和复习方法的文章，都是过去在杂志上以专栏形式发表过，从实践中归纳出来的有效方法。

在选文的作品风格方面，虽然呈现的是丰富多样的结果，但是它们都遵循编著者所提倡的格调语文教学主张中的最根本要求，即“雅正中和”的衡文标准，所选作品可以是观点上有创新性的，可以是风格上追求个性化的，但不能是风格过于激烈，观点偏执不易接受，传主富有不良争议等的。此外，表达失意文人怨愤之情过于浓烈的作品基本不予选入，或者反复衡量后选入个别篇目以做典型而已。比如，上编中所选柳宗元的《钴鉧潭西小丘记》、王禹偁的《黄州新建小竹楼记》，虽然出自贬谪人之手，文章流露出愤慨幽怨之情，但是文笔委婉含蓄，并未着意渲染壮志未酬的愤懑之情；下编中所选范晔的《范滂传》，感人至深，文笔依然平和，而袁宏道的《徐文长传》，人物至奇，文法也奇，依然不失有事说事的根本，奇文写奇人，倒也奇后得正。

四

关于使用建议，需要说的主要有三点。

在选文规模上，编者将数量控制在40篇，有着使之方便一线教学处理的考虑，也有为读者开展有效自学的考虑。按照每周1篇的阅读量计算，每学期阅读20篇，一个学年完成总量40篇的古代散文阅读。这样，高一年级上半学期可以伴随课内学习完成上编20篇的学习任务，下半学期则可以完成下编20篇的学习。如果要减轻学业负担并提高学习质量，可以安排高一自学完成上编内容的学习，高二完成下编内容的学习，一周学习，一周巩固，两周完成一篇选文的学习任务。学习古代散文需要量的积累，这样才能获得词汇、句法上的熟悉感和阅读语感，但是我们更要追求阅读质量。课外补充阅读就是要通过量的积累达成质的提升，这二者缺一不可。

对于高中生的古代散文阅读而言，除这个读本呈现的经典的古代散文之外，学生还需要关注教材中的经典作品。为了避免与高中语文统编教材内容的重复，本书回避了大部分入选教材的经典文本。从格调语文的“雅正中和”衡文标准出发，在高中语文统编教材的课内作品中，编者建议学生熟读深思的作品大致有如下篇目，如《太史公自序》《鸿门宴》《苏武传》《烛之武退秦师》《归去来兮辞（并序）》《兰亭集序》《谏太宗十思疏》《种树郭橐驼传》《伶官传序》《六国论》《答司马谏议书》《项脊轩志》等。这些篇目既有利于提升学生的古代散文阅读素养，也能更贴近地服务于高考复习。同时，读者还要关注教材内重要作家及相关人物的正史传记，如《宋史·苏轼传》等已经在近年高考考查中出现过，要引起高度重视。

在此之外，如果读者对某个历史阶段的作品感兴趣，或者是对某种体裁、某个作家的作品感兴趣，又或者是对某类风格的作品情有独钟，希望借此种阅读对中国古代散文有更全面和深刻的认识与理解，编著者建议读者可以在上述中国古代散文史或文体学编排的体系中获取信息，并按图索骥去寻找有关文本阅读。如果想要省力些，尽可以去选择性地阅读《古文观止》《古文辞类纂》或者今人编写的各类卷帙浩繁的古代散文选本。

目 录

Contents

上编 文体大观

下编　人物传记

附　录

上编

文体大观

与朱元思书

［南朝］吴　均

【题解】

吴均，字叔庠，南朝梁文学家、史学家。为文清拔，工于写景，尤以小品书札见长，诗亦清新，多为反映社会现实之作，为时人仿效，号称“吴均体”。《与朱元思书》以书信短札的形式，以简洁而传神的文笔，描写富春江两岸清朗秀丽的景色，读后如亲临其境。文体骈散相间，笔致清新隽永，历历如绘，是六朝山水小品中的佳作。魏晋南北朝时，政治黑暗，社会动乱，因而不少知识分子寄情山水来排解心中的苦闷。在《与朱元思书》中，作者既写出山水之美，也抒发了对功名利禄的鄙弃，对官场政务的厌倦，流露出对美好大自然的爱慕之情，含蓄表达了避世退隐的高洁志趣。

风烟俱净，天山共色。从流飘荡，任意东西。自富阳至桐庐[1]，一百许里，奇山异水，天下独绝。水皆缥碧[2]，千丈见底；游鱼细石，直视无碍。急湍甚箭，猛浪若奔。夹岸高山，皆生寒树，负势竞上，互相轩邈[3]，争高直指，千百成峰。泉水激石，泠泠[4]作响；好鸟相鸣，嘤嘤[5]成韵。蝉则千转[6]不穷，猿则百叫无绝。鸢飞戾天者[7]，望峰息心；经纶[8]世务者，窥谷忘反。横柯[9]上蔽，在昼犹昏；疏条交映，有时见日。

【注释】

［1］富阳：今浙江杭州市富阳区。桐庐：今浙江桐庐县。两地相隔百余里，均在富春江边。

［2］缥（piǎo）碧：苍青色。

［3］互相轩邈（miǎo）：即互相比高比远。轩，高；邈，远。

［4］泠（líng）泠：流水清脆声。

［5］嘤嘤：鸟鸣声。

［6］转：同“啭”（zhuàn）。原指鸟婉转地啼鸣，此指蝉鸣。

［7］鸢（yuān）飞戾（lì）天者：语出《诗经·旱麓》“鸢飞戾天，鱼跃于渊”。鸢，鹞鹰。戾，至。此喻在仕途上追求功名飞黄腾达的人。

［8］经纶：原指整理丝缕，引申为筹划、治理之意。

［9］柯：树枝。

【译文】

风尘云烟全部散尽，天空与山峰显露出同样的颜色。让船随着江流飘浮荡漾，任凭它或东或西。从富阳到桐庐，一百多里水路，奇峭的山峰和奇异的流水，可谓天下独一无二。江水全都呈现出一片苍青之色，即便千丈之深也能见到水底。游动的鱼和细小的卵石，都可以看得十分清楚。湍急的流水快于飞箭，汹涌的江浪势如奔马。两岸相对的高山上，全都生长着耐寒的常青树木。山依恃地势争着向上，互相比高比远，争着向高处笔直地指向天空，形成千百座峰峦。泉水冲击着石块，发出泠泠的声响；可爱的鸟儿彼此和鸣，交织成嘤嘤的谐美旋律。蝉儿则无休止地鸣叫不停，猿猴则千百遍地啼叫不绝。在仕途上像鹰一般冲天直上的人，望一眼这么美的峰峦就会平息热衷名利的心；整天忙于筹划治理世俗事务的人，看一看如此幽美的山谷就会流连忘返。横斜的树枝遮蔽天日，即使白天也像黄昏那样阴暗；稀疏的枝条交相掩映，有时也会漏下一些光斑，可以看到太阳。

【学习提示】

1. 在纷繁喧嚣的尘世中，自然对于灵魂有净化作用。卢梭在《一个孤独的散步者的梦》中提出：“在人们面前，我见到的全是敌意，但大自然却随时都在向我微笑。”欧文·斯通则指出：“最伟大的药方就是大自然，自然界里蕴藏着治疗一切疾病的秘诀。”坚守自然本心与追求功名利禄始终是每个生存者的心理矛盾。请结合文本和延伸阅读，说说你对这个问题的理解。

2. 吴均的《与朱元思书》篇幅虽短，但很讲究章法。文章以“奇山异水，天下独绝”八字总领全篇，分承以“异水”和“奇山”两方面，围绕“独绝”二字展开生发和描摹，结构上纲举目张，脉络分明。请结合上述观点，赏析文章的写景抒情艺术。

钴鉧潭西小丘记

［唐］柳宗元

【题解】

《钴鉧潭西小丘记》是唐代柳宗元创作的一篇山水游记，选自其代表作《永州八记》，是其中的第三篇。《永州八记》运用“入乎其内”的景物描写手法，使景物描写变得形象生动、富有生机；运用“出乎其外”的景物描写手法，使景物描写变得意蕴深厚、耐人寻味。《钴鉧潭西小丘记》语言简约精练、清丽自然，具有极高的艺术感染力。作者利用托物言志、融情于景等写作手法，巧妙地将自己被贬永州的愤慨与兹丘的遭遇融会在一起，叙事与描绘中有一种生命的力量。

得西山[1]后八日，寻[2]山口西北道二百步[3]，又得钴鉧潭[4]。西二十五步，当湍而浚[5]者为鱼梁[6]。梁之上有丘焉，生竹树。其石之突怒[7]偃蹇[8]，负土而出，争为奇状者，殆[9]不可数。其嵚然[10]相累而下者，若牛马之饮于溪；其冲然[11]角列[12]而上者，若熊罴[13]之登于山。

丘之小不能一亩，可以笼而有之。问其主，曰：“唐氏之弃地，货而不售[14]。”问其价，曰：“止四百。”余怜而售[15]之。李深源、元克己[16]时同游，皆大喜，出自意外。即更[17]取器用[18]，铲刈[19]秽草，伐去恶木，烈火而焚之。嘉木立，美竹露，奇石显。由其中以望，则山之高，云之浮，溪之流，鸟兽之遨游，举熙熙然[20]回巧[21]献技，以效[22]兹丘之下。枕席而卧，则清泠[23]之状与目谋[24]，瀯瀯[25]之声与耳谋，悠然而虚者与神谋，渊然而静者与心谋。不匝旬[26]而得异地者二，虽古好事之士，或未能至焉。

噫！以兹丘之胜[27]，致之沣、镐、鄠、杜[28]，则贵游之士争买者，日增千金而愈不可得。今弃是州也，农夫渔父，过而陋[29]之，贾[30]四百，连岁[31]不能售。而我与深源、克己独喜得之，是其[32]果有遭[33]乎！书于石，所以[34]贺兹丘之遭也。

【注释】

［1］西山：在永州（今湖南零陵县）城西五里。

［2］寻：通“循”，沿着。

［3］道：行走。步：指跨一步的距离。

［4］钴鉧：熨斗。因潭形似熨斗，故名钴鉧潭。

［5］湍（tuān）：急。浚（jùn）：深。

［6］鱼梁：阻水的坝，中间留有空缺，可放置捕鱼的竹篓。

［7］突怒：形容石头突出隆起。

［8］偃蹇（yǎn jiǎn）：形容石头高耸的姿态。

［9］殆：几乎，差不多。

［10］嵚（qīn）然：山势高峻的样子。

［11］冲（chòng）然：向上或向前的样子。

［12］角列：争取排到前面去，一说，像兽角那样排列。

［13］罴（pí）：棕熊。

［14］货：卖，出售。不售：卖不出去。

［15］怜：爱惜。售：买。

［16］李深源、元克己：二人均为柳宗元友人。李深源原任太府卿，元克己原任侍御史，二人此时同被贬居永州。

［17］更：轮番，一次又一次。

［18］器用：器具，工具。

［19］刈（yì）：割。

［20］熙熙然：和悦的样子。

［21］回巧：呈现巧妙的姿态。

［22］效：效力，尽力贡献。

［23］清泠（líng）：形容景色清凉明澈。

［24］谋：接触。

［25］濴濴（yíng yíng）：象声词，水流回旋的声音。

［26］匝（zā）旬：满十天。匝，周。旬，十天为一旬。

［27］胜：指优美的景色。

［28］沣（fēng）、镐（hào）、鄠（hù）、杜：唐都长安附近豪门贵族聚居的四处地方。沣，在今陕西西安市鄠邑区东，周文王建都处。镐，在今陕西西安市西南，周武王建都处。鄠，今陕西西安市鄠邑区。杜，亦称杜陵，在今西安市东南。

［29］陋：鄙视，轻视。

［30］贾：同“价”。

［31］连岁：多年，接连几年。

［32］其：岂，难道。

［33］遭：遇合，运气。

［34］所以：用来……的。

【译文】

（我）找到西山后的第八天，沿着山口向西北走两百步，又发现了钴鉧潭。钴鉧潭西面二十五步（的地方），水流急而深处是一道坝。坝顶上有一座小丘，（小丘）上面生长着竹子和树木。小丘上的石头突出隆起、高然耸立，破土而出、争奇斗怪的，几乎（多得）数不清。那些重叠着、相负而下的石头，好像是（俯身）在小溪里喝水的牛马；那些高耸突出、如兽角斜列往上冲的石头，好像是在山上攀登的棕熊。

小丘很小，不到一亩，可以把它装到笼子里占有它。（我）打听它的主人是谁，（有人）说：“这是唐家不要的地方，想出售却卖不出去。”（我）问它的价钱，（有人）说：“只要四百文。”我很喜欢（这个小丘），就（把它）买了下来。李深源、元克己这时和我一起游览，（他们）都非常高兴，（认为这是）出乎意料的收获。（我们）随即轮流拿起工具，铲割杂草，砍伐杂树，点燃大火把它们烧掉。美好的树木树立起来了，秀美的竹子显露出来了，奇峭的石头呈现出来了。（我们）站在小丘中间眺望，（只见）高高的山岭、飘浮的云朵、潺潺的溪流、自由自在游玩的飞鸟走兽，全都欢快地呈巧献技，来为这个小丘效力。（我们在小丘上）枕着石头席地而卧，眼睛触及的是清澈明净的景色，耳朵听到的是淙淙潺潺的水声，精神感受到的是悠远空旷的浩然之气，心灵感受到的是恬静幽深的境界。不满十天（我）就得到了两处风景胜地，即使古代爱好山水的人士，也许都没有到过这地方吧。

唉！凭着这小丘优美的景色，（如果）把它放到（京都附近的）沣、镐、鄠、杜（等这些繁华的地方），那么喜欢游赏而争相购买的人每天增加几千文钱（购买）反而（恐怕）更加买不到。如今（它）被抛弃在（这荒僻的）永州，连农民、渔夫走过也鄙视它，售价（只有）四百文钱，一连几年也卖不出去。而唯独我和李深源、元克己因为得到它而高兴，难道遇到这个小丘真的要靠运气吗？（我）把这篇文章写在石碑上，用来祝贺（我和）这小丘的遇合。

【学习提示】

1. 第一段“梁之上有丘焉，生竹树”句后的内容，写小丘的景物，生动细致，联想奇妙，下笔传神，可谓“词出意表，而刻画无上”。请结合文章赏析其好处。

2. 柳宗元曾经说：“余虽不合于俗，亦颇以文墨自慰，漱涤万物，牢笼百态，而无所避之。”《钴鉧潭西小丘记》不是纯粹客观地描摹自然风景，而是蕴藏着作者深厚的思想感情。请结合文章，理解作者是如何托物言志的。

黄州新建小竹楼记

［宋］王禹偁

【题解】

王禹偁是北宋文学家，是北宋政治改革派与古文运动的先驱。其诗风朴素，散文平易晓畅。《黄州新建小竹楼记》是王禹偁被贬为黄州刺史时所作的一篇散文。文章通过描绘竹楼的特点和作者寓居竹楼时所领略到的独特风光和雅趣，集中表现了作者遭贬后怅惘落寞、茫然无奈而又不甘沉沦、刚正不阿的复杂感情。全文文字清丽，寄慨深远。不仅结构严谨，构思巧妙，层次分明，多用排比，而且寓情于景，轻快自然。

黄冈[1]之地多竹，大者如椽[2]，竹工破之，刳[3]去其节，用代陶瓦[4]。比屋[5]皆然，以其价廉而工省也。

子城[6]西北隅，雉堞圮毁[7]，蓁莽[8]荒秽，因作小楼二间，与月波楼[9]通。远吞[10]山光，平挹[11]江濑[12]，幽阒辽敻[13]，不可具状。夏宜急雨，有瀑布声；冬宜密雪，有碎玉声。宜鼓琴，琴调和畅；宜咏诗，诗韵清绝；宜围棋，子声丁丁[14]然；宜投壶[15]，矢声铮铮然。皆竹楼之所助[16]也。

公退[17]之暇，被鹤氅衣[18]，戴华阳巾[19]，手执《周易》一卷，焚香默坐，消遣世虑[20]。江山之外，第[21]见风帆沙鸟，烟云竹树而已。待其酒力醒，茶烟歇，送夕阳，迎素月，亦谪[22]居之胜概[23]也。

彼齐云、落星[24]，高则高矣；井干、丽谯[25]，华则华矣。止于贮妓女，藏歌舞，非骚人[26]之事，吾所不取。

吾闻竹工云："竹之为瓦，仅十稔[27]。若重覆之，得二十稔。"噫！吾以至道乙未岁，自翰林出滁上[28]，丙申[29]移广陵[30]，丁酉[31]又入西掖[32]，戊戌岁除日[33]有齐安[34]之命，己亥[35]闰三月到郡。四年之间，奔走不暇，未知明年又在何处，岂惧竹楼之易朽乎？幸后之人与我同志，嗣而葺之[36]，庶[37]斯楼之不朽也！

咸平二年八月十五日记。

【注释】

［1］黄冈：地名，在今湖北省黄冈市。

［2］椽（chuán）：椽子，架在屋顶承受屋瓦的木条。

［3］刳（kū）：削剔，挖空。

［4］陶瓦：用泥烧制的瓦。

［5］比屋：挨家挨户。比，紧挨，靠近。

［6］子城：城门外用于防护的半圆形城墙。

［7］雉堞（dié）圮（pǐ）毁：城上的矮墙倒塌毁坏。雉堞，城上的矮墙。圮毁，倒塌毁坏。

［8］蓁（zhēn）莽：丛生的树木和草。

［9］月波楼：黄州的一座城楼。

［10］吞：文中指望见。

［11］挹（yì）：汲取，文中指望见。

［12］濑（lài）：沙滩上的流水。

［13］幽阒（qù）辽敻（xiòng）：幽静辽阔。幽阒，清幽静寂。敻，远、辽阔。

［14］丁（zhēng）丁：形容棋子敲击棋盘时发出的清脆悠远之声。

［15］投壶：古人宴饮时的一种游戏。该游戏以矢投壶中，投中次数多者为胜，胜者斟酒使败者饮。

［16］助：助成，得力于。

［17］公退：办完公事，退下休息。

［18］鹤氅（chǎng）衣：用鸟羽制的披风。

［19］华阳巾：道士所戴的头巾。

［20］世虑：世俗的念头。

［21］第：但，只。

［22］谪（zhé）：封建王朝官吏被降职或远调。

［23］胜概：美好的生活状况。胜，美好的。概，状况，文中指生活状况。

［24］齐云、落星：均为古代名楼。齐云，唐曹恭王所建之楼，故址在旧吴县子城；落星，吴嘉禾元年（232）吴大帝所建，故址在今江苏南京市东北。

［25］井干、丽谯（qiáo）：均为古代名楼。井干楼，汉武帝时在长安所建。丽谯楼，魏武帝曹操所建。

［26］骚人：屈原曾作《离骚》，故后人称诗人为“骚人”，亦指风雅之士。

［27］稔（rěn）：谷子一熟叫作一稔，引申指一年。

［28］至道乙未岁，自翰林出滁上：宋太宗至道元年（995），作者因讪谤朝廷罪由翰林学士贬至滁州。出，贬往。

［29］丙申：宋太宗至道二年（996）。

［30］广陵：古郡名，即扬州。

［31］丁酉（yǒu）：宋太宗至道三年（997）。

［32］又入西掖（yè）：指回京复任刑部郎中知制诰。西掖，中书省。

［33］戊（wù）戌（xū）岁除日：戊戌年除夕。戊戌，宋真宗咸平元年（998）。

［34］齐安：古郡名，即黄州。

［35］己亥：宋真宗咸平二年（999）。

［36］嗣（sì）而葺（qì）之：继我之意而常常修缮它。嗣，接续、继承。葺，修整。

［37］庶（shù）：表示期待或可能。

【译文】

黄冈地区盛产竹子，大的竹子像椽子那样粗。竹工破开它，削去竹节，用来代替陶瓦。家家户户都用它盖房子，因为它便宜而且省工。

黄冈子城西北角的城垛子都塌毁了，野草丛生，荒芜污秽。我清理了那里，盖了两间小竹楼，与月波楼互相连通。登上竹楼，远山的风光尽收眼底。平望出去，能看到江中的浅水流沙。那幽静寂寥、高远空阔的景致，实在无法一一描绘出来。夏天适宜听急雨，雨声有如瀑布之飞流直下；冬天适宜听密雪，雪花落下发出玉碎之声。适宜抚琴，琴声和畅悠扬；适宜吟诗，诗韵清新绝俗；适宜下棋，棋子落盘有丁丁清响；适宜投壶，箭入壶中铮铮动听。这些美妙的声音，都是因为竹楼才得以听到。

公事办完后的闲暇时间里，披着鹤氅衣，戴着华阳巾，手持一卷《周易》，焚香默坐，驱散尘世中的种种杂念。除了水色山光之外，只见到风帆沙鸟、烟云竹树罢了。等到酒意退去，煮茶的烟火熄灭，便送走夕阳，迎来皓月，这正是谪居生活的快乐之处。

那齐云楼、落星楼，高是很高了；井干楼、丽谯楼，华丽是很华丽了，但它们只不过是用来贮藏妓女和能歌善舞的人罢了，这不是诗人应做的事，是我所不屑去做的。

我听竹工说，竹子做屋瓦，只能用十年，如果覆盖两层竹瓦，可以支持二十年。唉！我在至道乙未那一年，由翰林学士而贬到滁州，丙申年又调到扬州，丁酉年又到中书省任职，戊戌年的除夕，奉命调到齐安，己亥年闰三月才到了齐安郡城。四年之中，奔走不停，还不知道明年又在何处，难道还会怕竹楼容易朽坏吗？希望后来的人跟我志趣相同，能继我之后接着修整它。或许这座竹楼就永远不会腐朽吧！

咸平二年八月十五日撰记。

【学习提示】

1. 该文最为人称道的是描写栖居竹楼诗意生活的文字。请熟读这段文字，并揣度其中饱含的丰富情感。

2. 这篇文章中既有作者随遇而安、自得其乐的乐观态度的流露，也有作者对仕途坎坷的苦闷无奈、怅惘落寞的感慨。如何理解这两种看似矛盾的情感却能自然融会在一篇文字中？

西湖七月半

[明] 张 岱

【题解】

《西湖七月半》是明代文学家张岱创作的一篇散文。张岱为明末清初文学家、史学家，最擅长散文。文笔清新，时杂诙谐，作品多写山水景物、日常琐事，不少作品表现明亡后他的怀旧感伤情绪。这篇文章中，作者先描绘了达官贵人、名娃闺秀、名妓闲僧、慵懒之徒四类看月之人；与这些附庸风雅的世俗之辈形成鲜明对比的是最后一类，即作者的好友及佳人，其观景赏月时行为持重高雅，情态气度与西湖的优美风景和谐一致。作者对五类人的描述，字里行间不见褒贬之词，然孰优孰劣、孰雅孰俗则昭然若示。文章表面写人，又时时不离写月，看似无情又蕴情于其中，完美而含蓄地体现了作者抑浅俗、颂高雅的主旨。

西湖[1]七月半[2]，一无可看，止可看看七月半之人[3]。

看七月半之人，以五类看之[4]。其一，楼船[5]箫鼓[6]，峨冠[7]盛筵[8]，灯火优傒[9]，声光相乱，名为看月而实不见月者，看之[10]。其一，亦船亦楼，名娃[11]闺秀[12]，携及童娈[13]，笑啼杂之，环坐露台[14]，左右盼望[15]，身在月下而实不看月者，看之。其一，亦船亦声歌，名妓闲僧，浅斟[16]低唱[17]，弱管轻丝[18]，竹肉[19]相发，亦在月下，亦看月，而欲人看其看月者，看之。其一，不舟不车，不衫不帻[20]，酒醉饭饱，呼群三五[21]，跻[22]入人丛，昭庆[23]、断桥[24]，嚣[25]呼嘈杂，装假醉，唱无腔曲[26]，月亦看，看月者亦看，不看月者亦看，而实无一看者，看之。其一，小船轻幌[27]，净几暖炉，茶铛[28]旋[29]煮，素瓷静递[30]，好友佳人，邀月同坐，或匿影[31]树下，或逃嚣里湖，看月而人不见其看月之态，亦不作意[32]看月者，看之。

杭人[33]游湖，巳[34]出酉[35]归，避月如仇。是夕好名[36]，逐队争出，多犒[37]门军[38]酒钱。轿夫擎[39]燎[40]，列俟[41]岸上。一入舟，速[42]舟子[43]急放[44]断桥，赶入胜会。以故二鼓[45]以前，人声鼓吹[46]，如沸如撼[47]，如魇[48]如呓[49]，如聋如哑[50]。大船小船一齐凑岸，一无所见，止见篙[51]击篙，舟触舟，肩摩[52]肩，面看面而已。少刻兴尽，官府席散，皂隶[53]喝道[54]去。轿夫叫船上人，怖以关门[55]，灯笼火把如列星[56]，一一簇拥而去。岸上人亦逐队赶门，渐稀渐薄，顷刻散尽矣。

吾辈始舣[57]舟近岸，断桥石磴[58]始凉，席其上[59]，呼客纵饮[60]。此时月如镜新磨[61]，山复整妆，湖复頮[62]面，向[63]之浅斟低唱者出，匿影树下者亦出。吾辈往通声气[64]，拉与同坐。韵友[65]来，名妓至，杯箸安[66]，竹肉发。月色苍凉，东方将白，客方散去。吾辈纵舟[67]，酣睡于十里荷花之中，香气拍[68]人，清梦甚惬[69]。

【注释】

［1］西湖：今杭州西湖。

［2］七月半：农历七月十五，又称中元节。

［3］“止可看”句：谓只可看那些来看七月半景致的人。止，同“只”。

［4］以五类看之：把看七月半的人分作五类来看。

［5］楼船：指考究的有楼的大船。名词用作动词，乘坐楼船。以下两句加注词用法同此。

［6］箫鼓：指吹打音乐。

［7］峨冠：高高的帽子，指士大夫。

［8］盛筵：丰盛的酒筵。

［9］优傒（xī）：优伶和仆役。

［10］看之：谓要看这一类人。以下四类叙述末尾的“看之”同。

［11］娃：美女。

［12］闺秀：有才德的女子。

［13］童娈（luán）：容貌美好的家僮。

［14］露台：船上露天的平台。

［15］盼望：都是看的意思。

［16］浅斟：慢慢地喝酒。

［17］低唱：轻声地吟哦。

［18］弱管轻丝：谓轻柔的管弦音乐。

［19］竹肉：指管乐和歌喉。

［20］“不舟”二句：不坐船，不乘车；不穿长衫，不戴头巾，指放荡随便。帻（zé），头巾。

［21］呼群三五：呼唤朋友，三五成群。

［22］跻（jī）：通“挤”。

［23］昭庆：寺名。

［24］断桥：西湖白堤的桥名。

［25］嚣：呼叫。

［26］无腔曲：没有腔调的歌曲，形容唱得乱七八糟。

［27］幌（huǎng）：窗帘，帷幔。

［28］铛（chēng）：温茶、酒的器具。

［29］旋：随时，随即。

［30］素瓷静递：雅洁的瓷杯无声地传递。

［31］匿影：藏身。

［32］作意：故意，做出某种姿态。

［33］杭人：杭州人。

［34］巳：巳时，约为上午九时至十一时。

［35］酉：酉时，约为下午五时至七时。

［36］是夕好名：七月十五这天夜晚，人们喜欢这个名目。名，指中元节的名目，等于说“名堂”。

［37］犒（kào）：用酒食或财物慰劳。

［38］门军：守城门的军士。

［39］擎（qíng）：举。

［40］燎（liào）：火把。

［41］列俟（sì）：排着队等候。

［42］速：催促。

［43］舟子：船夫。

［44］放：开船。

［45］二鼓：二更，约为夜里十一点左右。

［46］鼓吹：指鼓、钲、箫、笳等打击乐器、管弦乐器奏出的乐曲。

［47］如沸如撼：像水沸腾，像物体震撼，形容喧嚷。

［48］魇（yǎn）：梦中惊叫。

［49］呓：说梦话。这句指在喧嚷中的种种怪声。

［50］如聋如哑：指喧闹声震耳欲聋，自己说话别人听不见。

［51］篙：用竹竿或杉木做成的撑船的工具。

［52］摩：碰，触。

［53］皂隶：衙门的差役。

［54］喝道：官员出行，衙役在前边吆喝开道。

［55］怖以关门：用关城门恐吓。

［56］列星：分布在天空的星星。

［57］舣（yǐ）：移动船使船停靠岸边。

［58］石磴（dèng）：石头台阶。

［59］席其上：在石磴上摆设酒筵。

［60］纵饮：尽情喝。

［61］镜新磨：刚磨制成的镜子。古代以铜为镜，磨制而成。

［62］靧（huì）面：洗脸。比喻游人散尽，湖面恢复光泽。

［63］向：方才，先前。

［64］往通声气：过去打招呼。

［65］韵友：风雅的朋友，诗友。

［66］箸（zhù）：筷子。安：放好。

［67］纵舟：放开船。

［68］拍：扑。

［69］惬（qiè）：快意。

【译文】

西湖七月半的时候，没有什么可看的，只可以看看七月半的人。

看七月半的人，可以分五类来看。其中一类，坐在有楼饰的游船上，吹箫击鼓，戴着高冠，穿着漂亮整齐的衣服，灯火明亮，优伶、仆从相随，乐声与灯光相错杂，名为看月而事实上并未看见月亮的人，可以看看这一类人。一类，也坐在游船上，船上也有楼饰，带着有名的美人和贤淑有才的女子，还带着美童，嬉笑中夹着打趣的叫喊声，环坐在大船前的露台上，左盼右顾，置身月下但其实并没有看月的人，可以看看这一类人。一类，也坐着船，也有音乐和歌声，跟著名歌妓、清闲僧人一起，慢慢喝酒，曼声歌唱，箫笛、琴瑟之乐轻柔细缓，箫管伴和着歌声齐发，也置身月下，也看月，而又希望别人看他们看月的人，可以看看这一类人。又一类，不坐船不乘车，不穿长衫也不带头巾，喝足了酒吃饱了饭，叫上三五个人，成群结队地挤入人丛，在昭庆寺、断桥一带高声乱嚷喧闹，假装发酒疯，唱不成腔调的歌曲，月也看，看月的人也看，不看月的人也看，而实际上什么也没有看见的人，可以看看这一类人。还有一类，乘着小船，船上挂着细而薄的帏幔，茶几洁净，茶炉温热，茶铛很快地把水烧开，白色瓷杯轻轻地传递，约了好友美女，请月亮和他们同坐，有的隐藏在树荫之下，有的去里湖逃避喧闹，尽管在看月，而人们看不到他们看月的样子，他们自己也不刻意看月，这样的人，可以看看。

（平时）杭州人游西湖，上午十点左右出门，下午六点左右回来，如怨仇似地躲避月亮。这天晚上爱虚名，一群群人争相出城，多赏把守城门的士卒一些小费，轿夫高举火把，在岸上列队等候。一上船，就催促船家迅速把船划到断桥，赶去参加盛会。因此二鼓以前人声和鼓乐声恰似水波涌腾、大地震荡，又犹如梦魇和呓语，周围的人们既听不到别人的说话声，像聋子一样，又无法让别人听到自己说话的声音，像哑巴一样；大船小船一齐靠岸，什么都看不见，只看见船篙相撞，船与船相碰，肩膀与肩膀摩擦，脸与脸相对而已。一会儿兴致尽了，官府宴席已散，由衙役吆喝开道而去。轿夫招呼船上的人，以关城门来恐吓，使他们早归，灯笼和火把像一行行星星，一一簇拥着回去。岸上的人也一批批急赴城门，人群慢慢稀少，不久就全部散去了。

这时，我们才把船靠近湖岸。断桥边的石磴也才凉下来，在上面摆设酒席，招呼客人开怀畅饮。此时月亮像刚刚磨过的铜镜，光洁明亮，山峦重新整理了容妆，湖水重新整洗面目。原来慢慢喝酒、曼声歌唱的人出来了，隐藏在树荫下的人也出来了，我们这批人去和他们打招呼，拉来同席而坐。风雅的朋友来了，出名的歌妓也来了，杯筷安置，歌乐齐发。直到月色灰白清凉，东方即将破晓，客人方才散去。我们这些人放船在十里荷花之间，畅快地安睡，花香飘绕于身边，清梦非常舒适。

【学习提示】

1. 此文写人物场景，极纷繁复杂，而又极有条理。认真阅读文章，说说作者是如何在错综的行文中将五类人物和两种场景，写得如见其人、如临其境的。

2. 作者在行文中流露出了鲜明的审美趣味和情感褒贬，如何看待作者的这种审美情调呢?

淝水之战

《资治通鉴》

【题解】

本文节选自《资治通鉴》。《资治通鉴》是北宋著名史学家司马光和他的助手历时19年编纂的一部编年体通史巨著，记载了从战国到五代共1 362年的历史。《资治通鉴》书名的意思是“鉴于往事，有资于治道”，即以历史的得失作为鉴诫来加强统治。《淝水之战》记述了公元383年的淝水战役，前秦王苻坚一意孤行，前秦军主力未及交战就已经兵败如山倒的事件。这是一个关于知人知己的反面例证，联系《资治通鉴》写作的初衷，作者是要明鉴君主在认识和判断上的错误可以带来多么严重的后果。

太元八年，秋，七月。秦王坚[1]下诏大举入寇[2]，民每十丁遣一兵；其良家子[3]年二十已下，有材勇者，皆拜羽林郎[4]。又曰：“其以司马昌明为尚书左仆射，谢安为吏部尚书，桓冲为侍中；势还不远，可先为起第。”良家子至者三万余骑，拜秦州[5]主簿金城[6]赵盛之为少年都统[7]。是时，朝臣皆不欲坚行，独慕容垂、姚苌[8]及良家子劝之。阳平公融[9]言于坚曰：“鲜卑、羌虏[10]，我之仇雠[11]，常思风尘之变以逞其志，所陈策画，何可从也！良家少年皆富饶子弟，不闲[12]军旅，苟为谄谀[13]之言以会[14]陛下之意耳。今陛下信而用之，轻举大事，臣恐功既不成，仍有后患，悔无及也！”坚不听。

八月，甲子，坚发长安，戎卒[15]六十余万，骑二十七万，旗鼓相望，前后千里。九月，坚至项城[16]，凉州[17]之兵始达咸阳[18]，蜀、汉之兵方顺流而下，幽、冀[19]之兵至于彭城[20]，东西万里，水陆齐进，运漕万艘。阳平公融等兵三十万，先至颍口[21]。

是时，秦兵既盛，都下震恐。

冬，十月，秦阳平公融等攻寿阳[22]。癸酉，克之，执平虏将军[23]徐元喜等。融以其参军河南郭褒为淮南太守[24]。慕容垂拔郧城[25]。胡彬闻寿阳陷，退保硖石[26]，融进攻之。秦卫将军[27]梁成等帅众五万屯于洛涧[28]，栅淮以遏东兵[29]。谢石、谢玄等去洛涧二十五里而军，惮成不敢进。胡彬粮尽，潜遣使告石等曰："今贼盛粮尽，恐不复见大军！"秦人获之，送于阳平公融。融驰使白秦王坚曰："贼少易擒，但恐逃去，宜速赴之！"坚乃留大军于项城，引轻骑八千，兼道[30]就融于寿阳。遣尚书朱序来说谢石等以"强弱异势，不如速降"。序私谓石等曰："若秦百万之众尽至，诚难与为敌。今乘诸军未集，宜速击之；若败其前锋，则彼已夺气，可遂破也。"

石闻坚在寿阳，甚惧，欲不战以老[31]秦师。谢琰劝石从序言。十一月，谢玄遣广陵相刘牢之[32]帅精兵五千人趣[33]洛涧，未至十里，梁成阻涧为陈[34]以待之。牢之直前渡水，击成，大破之，斩成及弋阳太守[35]王咏，又分兵断其归津[36]，秦步骑崩溃，争赴淮水，士卒死者万五千人。执秦扬州刺史王显等，尽收其器械军实[37]。于是谢石等诸军，水陆继进。秦王坚与阳平公融登寿阳城望之。见晋兵部阵严整，又望八公山[38]上草木，皆以为晋兵，顾谓融曰："此亦劲敌，何谓弱也！"怃然[39]始有惧色。

秦兵逼淝水而陈[40]，晋兵不得渡。谢玄遣使谓阳平公融曰："君悬军深入，而置陈逼水，此乃持久之计，非欲速战者也。若移陈少却，使晋兵得渡，以决胜负，不亦善乎？"秦诸将皆曰："我众彼寡，不如遏之，使不得上，可以万全。"坚曰："但引兵少却，使之半渡，我以铁骑蹙[41]而杀之，蔑[42]不胜矣！"融亦以为然，遂麾[43]兵使却。秦兵遂退，不可复止。谢玄、谢琰、桓伊等引兵渡水击之。融驰骑略陈[44]，欲以帅退者，马倒，为晋兵所杀，秦兵遂溃。玄等乘胜追击，至于青冈[45]。秦兵大败，自相蹈藉[46]而死者，蔽野塞川。其走者闻风声鹤唳[47]，皆以为晋兵且至，昼夜不敢息，草行露宿，重以饥冻，死者十七八。初，秦兵少却，朱序在陈后呼曰："秦兵败矣！"众遂大奔。序因与张天锡、徐元喜皆来奔。获秦王坚所乘云母车[48]。复取寿阳，执其淮南太守郭褒。

坚中流矢，单骑走至淮北，饥甚，民有进壶飧[49]、豚髀[50]者，坚食之，赐帛十匹、绵十斤。辞曰："陛下厌苦安乐，自取危困。臣为陛下子，陛下为臣父，安有子饲其父而求报乎？"弗顾而去。坚谓张夫人曰："吾今复何面目治天下乎！"潸然[51]流涕。

【注释】

［1］秦王坚：前秦王苻坚，氐族人，十六国时期前秦的皇帝。早期很有作为，曾统一中国北方，国力一度超过东晋数倍，很有机会统一全国，但是在淝水之战中惨败。随之鲜卑、羌等部族相继叛变，西燕慕容冲攻入长安，苻坚出逃被杀。

［2］入寇：入侵东晋。

［3］良家子：民间地主子弟。

［4］羽林郎：官名，汉代所置，皇家禁卫军军官。

［5］秦州：今甘肃天水。

［6］金城：今甘肃兰州。

［7］都统：武官名，始置于十六国时期，为统兵将官。

［8］慕容垂：又名慕容霸，鲜卑族人。公元384年建立后燕，后投降前秦。淝水之战中暗中保存实力，在前秦败后叛变。姚苌：后秦武昭帝，羌族人。十六国时期后秦政权的开国君主。公元357年与前秦战于三原，兵败投降。后为苻坚部将，累建战功。淝水之战后，前秦大败，姚苌趁机自立。后称帝于长安，国号大秦。

［9］阳平公融：苻融，苻坚之弟，封阳平公。

［10］鲜卑、羌虏：分别指慕容垂、姚苌的国家。

［11］仇雠（chóu）：仇敌。

［12］闲：同"娴"，熟悉，精通。

［13］谄（chǎn）谀：奉承拍马。

［14］会：迎合。

［15］戎卒：兵士。

［16］项城：今河南项城。

［17］凉州：今武威，地处甘肃河西走廊东端。

［18］咸阳：今陕西咸阳。

［19］幽、冀：今河北地区。

［20］彭城：今江苏徐州。

［21］颍口：今安徽颍上东南的西正阳镇。

［22］寿阳：今安徽寿县。

［23］平虏将军：东晋武官名。

［24］淮南太守：治所在安徽寿县，今安徽淮河以南地区的地方长官。

［25］郧（yún）城：今湖北安陆。

［26］硖（xiá）石：今安徽凤台、寿县一带。

［27］卫将军：官名，汉代设立，掌握禁兵，预闻政务。

［28］洛涧：即洛水。

［29］栅淮以遏东兵：在淮水上设立栅栏以阻挡东晋军队。栅，动词，用竹、木、铁条等做成阻拦或防卫物。遏，阻拦，阻挡。

［30］兼道：加倍赶路。

［31］老：使得对方衰竭，疲惫。

［32］刘牢之：东晋名将。

［33］趣（qū）：趋赴，奔向。

［34］陈：同“阵”，军阵。

［35］弋（yì）阳太守：江西弋阳地区的地方官。

［36］归津：退路。

［37］器械军实：军用器械和粮饷。

［38］八公山：位于寿县城北，距城2.5公里，南临淝水，北濒淮河。

［39］怃（wǔ）然：怅然失意的样子。

［40］陈：同“阵”，布阵。

［41］蹙（cù）：逼近，逼迫。

［42］蔑：没有。

［43］麾（huī）：指挥。

［44］驰骑略陈：骑着马来回奔驰，想要压住阵脚。

［45］青冈：今安徽凤台西北。

［46］蹈藉（jí）：践踏。

［47］风声鹤唳（lì）：形容惊慌失措，或自相惊扰。唳，鹤叫声。

［48］云母车：以云母为饰的车。

［49］壶飧（sūn）：一壶水泡饭。飧，晚饭，饭食。

［50］豚（tún）髀（bì）：猪腿。

［51］潸（shān）然：伤心流泪的样子。

【译文】

太元八年秋天，七月。秦王苻坚颁布诏令大举入侵东晋，百姓每十个年轻人中抽调一人当兵；家世清白而有一定财产的民间地主子弟，有才干而勇武的人，（朝廷）都授予他们羽林郎的职务。诏书中又说："（胜利后）朝廷将任命东晋孝武帝司马昌明任尚书左仆射，谢安任吏部尚书，桓冲任侍中；依情势看，（我国出征凯旋还师）为时不远，可以事先（派定东晋皇帝和大臣归降后的官职）为他们修建府第。"民间富家子弟前来效命的有三万多人马，任命秦州主簿金城人赵盛之担任少年都统。这时，朝廷的大臣都不希望苻坚采取这样的行动，只有慕容垂、姚苌以及民间富家子弟支持他（这样做）。阳平公苻融对苻坚说："鲜卑（指慕容垂），羌虏（指姚苌），是我们的仇敌（此二人之国都被秦王所灭，他们虽然臣服于秦，但心怀仇怨），总想着发生变故来实现他们复仇的志向，他们所陈述的策略，怎么可以听从呢！良家少年都是富贵子弟，不懂军事，只是说些谄媚的话来迎合陛下的心意罢了。"如果陛下轻信并重用他们，轻率采取重大行动，我担心既不能成功，又会有后患，后悔就来不及了！"苻坚不听他的劝谏。

八月，甲子日，苻坚从长安出兵，步兵六十余万，骑兵二十七万，旗鼓遥遥相望，前后长达千里。九月，苻坚到达项城，凉州的军队才到达咸阳，蜀、汉的军队正顺流而下，幽州、冀州的军队到达彭城，东西相连长达万里，水陆大军一齐进发，运输船只多达万艘。阳平公苻融等率兵三十万，先到达颍口。

这时，前秦兵力已经很强盛，东晋朝廷上下震惊恐慌。

太元八年冬，十月，前秦的阳平公苻融等攻打寿阳。癸酉日这天，攻下寿阳，活捉了东晋的平虏将军徐元喜等人。苻融让参军河南人郭褒担任淮南太守。慕容垂攻克了郧城。胡彬听说寿阳被攻陷，退守硖石，苻融率军进攻。前秦的卫将军梁成等人率领五万人马在洛涧驻扎，在淮水边设置栅栏来阻挡东晋的军队。谢石、谢玄等在距离洛涧二十五里的地方驻军，因害怕梁成的军队而不敢前进。胡彬粮草用尽，暗中派使者报告谢石等人说："如今敌人强盛而我方没有粮草，恐怕再也见不到东晋的大军了！"前秦士兵抓住了这个使者，把他送交阳平公苻融。苻融派人骑马向秦王苻坚报告说：“敌人兵力少，很容易擒获，只是担心他们逃跑，应该赶快前去攻打！”苻坚于是把大军留在项城，带领轻装的八千骑兵昼夜行军，在寿阳与苻融会合。苻坚派尚书朱序用“强弱之势不同，不如赶快投降”来劝说谢石等人。朱序私下对谢石等人说：“如果前秦的百万大军全部来到，你们实在难以与他们为敌。如今趁各路大军还没有到齐，应该尽快攻击他们；如果打败他们的前锋，就削弱了他们的士气，可以就此彻底打败他们。”

谢石听说苻坚在寿阳，很害怕，想不交战而使秦军疲乏力衰。谢琰劝谢石听从朱序的建议。十一月，谢玄派广陵相刘牢之率领精兵五千人奔赴洛涧。离洛涧不到十里，梁成抢先占据洛河，布成阵势，等待刘牢之。刘牢之径直前进渡过涧水，攻击梁成，打败了他们，将梁成和弋阳太守王咏斩首，又分兵阻断他们归去的渡口。秦的步兵、骑兵溃不成军，士兵争先恐后地逃进淮水，死亡的士卒有一万五千人。刘牢之部队抓获秦的扬州刺史王显等人，收缴了他们全部的器械等各种军用物资。于是谢石的各路大军，水陆两路同时进发。秦王苻坚与阳平公苻融登上寿阳城望去，只见晋兵阵容严整，又望见八公山上的草木，以为都是埋伏在那里的晋兵，苻坚回头对苻融说：“这样的军队也是劲敌，怎么能说他们弱小呢！”怅然失意，这才有了害怕的神色。

秦兵紧靠着淝水列阵，晋兵不能渡河。谢玄派使者对阳平公苻融说：“你孤军深入，却把阵势摆在淝水边，这是持久的打算，而不是想速战速决。如果把你们的阵势移动一下稍稍退却，让晋兵渡过淝水，来决一胜负，不是很好吗？”秦的众位将领都说：“我军人多他们人少，不如阻挡他们，使他们不能渡河，可以万无一失。”苻坚说：“只需带兵稍稍后退，让他们渡到一半时，我们用铁骑践踏而杀死他们，这样没有不能取胜的！”苻融也认为对，于是指挥军队稍稍退后。秦兵于是开始后退，（这一退）无法停下来。谢玄、谢琰、桓伊等率兵渡过淝水攻击秦军。苻融骑马奔驰压阵，想以此阻挡退却的士兵，但马倒地，他被晋兵杀死，秦军于是溃败。谢玄等人乘胜追击，追到青冈。秦兵大败，自相踩踏而死的士兵，躺满原野塞满河川。那些逃跑的士兵听到风吹的声音和鹤叫声，都以为晋兵就要追来，昼夜不敢停，在草丛里行军，在野外住宿，再加上又冷又饿，死的人有十分之七八。刚开始，秦兵稍稍退却时，朱序在阵后大声呼叫说：“秦兵败了！”士兵们于是狂奔逃命。朱序趁机与张天锡、徐元喜都（向东晋的大军）奔来。（晋军）缴获了秦王苻坚乘坐的云母车，又攻下了寿阳，活捉淮南太守郭褒。

苻坚被流矢射中，单骑逃至淮北，饿极了，有个百姓给他进献稀饭和煮熟的猪腿，苻坚吃完，赏赐他十四帛、十斤绵。那位百姓推辞说："陛下不肯安于享乐，冒险征伐东晋，使自己陷入危困的局面。臣是陛下的儿子，陛下是臣的父亲，哪里有儿子给自己的父亲吃饭而求回报的呢！"（对帛、绵等）不看一眼就离开了。苻坚对张夫人（苻坚的宠姬）说："我如今还有何面目治理天下啊！"悲伤地流下了眼泪。

【学习提示】

1．梳理文章内容，说说淝水之战的失败苻坚要负主要责任的理由。

2．本文塑造出了苻坚狂妄、专断而又脆弱和具有自知之明的形象特点。认真阅读节选内容，分析作者运用了哪些艺术手法塑造人物形象。

《哀江南[1]赋》序

［北朝］庾　信

【题解】

庾信作为南北朝最后一位杰出的诗人，其诗赋“为梁之冠绝，启唐之先鞭”。杜甫评赏其诗赋艺术成就，以“清新”“老成”四字概之，特别盛赞其晚年之作是“庾信平生最萧瑟，暮年诗赋动江关”。《哀江南赋》感情深挚动人，风格苍凉雄劲，是中国辞赋史上的长篇巨制，是一篇划时代的杰作，具有史诗般的规模和气魄。《哀江南赋》由于内蕴“缅王室、述祖德、叙时事、寄哀情”等质性，恰好能够满足后代许多文人表达故国之哀、乡关之思这一情怀，再加上其本身审美价值极高，具有独特的艺术魅力，是以成为文人的范文。序文概括了全赋大意，着重说明创作的背景和缘起，虽属赋的有机组成部分，却可以独立成篇，为六朝骈文的佳制。序文可分三层。开篇至“惟以悲哀为主”为第一层，以极精练的语言概括了作者一生间的三件恨事。“日暮涂远”至“岂河桥之可闻”为第二层，追述出使西魏不仅无功，反而被拘的过程，抒写羁留异国的悲愤和对江南故国的怀念。“孙策以天下为三分”至序末为第三层，感叹梁朝腐败而亡和人民惨遭杀戮的状况。

粤以戊辰之年，建亥之月[2]，大盗移国，金陵瓦解[3]。余乃窜身荒谷，公私涂炭[4]。华阳奔命，有去无归[5]。中兴道销，穷于甲戌[6]。三日哭于都亭，三年囚于别馆[7]。天道周星，物极不反[8]。傅燮之但悲身世，无处求生[9]；袁安之每念王室，自然流涕[10]。昔桓君山之志事[11]，杜元凯[12]之平生，并有著书，咸能自序[13]。潘岳之文采，始述家风[14]；陆机之辞赋，先陈世德[15]。信年始二毛，即逢丧乱[16]，藐是流离，至于暮齿[17]。《燕歌》远别，悲不自胜[18]；楚老相逢，泣将何及[19]！畏南山之雨，忽践秦庭[20]；让东海之滨，遂餐周粟[21]。下亭漂泊，高桥羁旅[22]。楚歌[23]非取乐之方，鲁酒[24]无忘忧之用。追为此赋，聊以记言[25]，不无危苦之辞，惟以悲哀为主[26]。

日暮途远，人间何世[27]！将军一去，大树飘零[28]。壮士不还，寒风萧瑟[29]。荆璧睨柱，受连城而见欺[30]；载书横阶，捧珠盘而不定[31]。钟仪君子，入就南冠之囚[32]；季孙行人，留守西河之馆[33]。申包胥之顿地，碎之以首[34]；蔡威公之泪尽，加之以血[35]。钓台移柳，非玉关之可望[36]；华亭鹤唳，岂河桥之可闻[37]！

孙策以天下为三分，众才一旅[38]；项籍用江东之子弟，人惟八千[39]。遂乃分裂山河，宰割天下[40]。岂有百万义师，一朝卷甲，芟夷斩伐，如草木焉[41]？江淮无涯岸之阻[42]，亭壁无藩篱之固[43]。头会箕敛者，合从缔交[44]；锄耰棘矜者，因利乘便[45]。将非江表王气，终于三百年乎[46]？是知并吞六合，不免轵道之灾[47]；混一车书，无救平阳之祸[48]。呜呼！山岳崩颓，既履危亡之运[49]；春秋迭代，必有去故之悲[50]。天意人事，可以凄怆伤心[51]者矣！况复舟楫路穷，星汉非乘槎可上[52]；风飙道阻，蓬莱无可到之期[53]。穷者欲达其言，劳者须歌其事[54]。陆士衡闻而抚掌，是所甘心[55]；张平子见而陋之，固其宜矣[56]。

【注释】

[1] 哀江南：语出《楚辞·招魂》“魂兮归来哀江南”句，梁武帝定都建康，梁元帝定都江陵，二者都属于战国时的楚地，作者借此语哀悼故国梁朝的覆亡。

[2] 粤：发语词。戊辰：指梁武帝太清二年（548）。建亥之月：阴历十月。

[3] 大盗：窃国篡位者，这里指侯景。移国：篡国。《后汉书·光武帝纪》：“炎正中微，大盗移国。”金陵：即建康，今南京市，梁国都。

[4] 窜：逃匿。荒谷：《左传》杜预注：“荒谷，楚地。”此指江陵（今湖北江陵县，古楚地）。《北史·庾信传》：“侯景作乱，梁简文帝命信率宫中文武千余人营于朱雀航。及景至，信以众先退。台城陷后，信奔于江陵。”公私：公室和私家。涂炭：指陷于泥涂炭火。《尚书》：“有夏昏德，民坠涂炭。”

［5］华阳：华山之南。阳，山南，此指江陵。奔命：奉命奔走。梁元帝承圣三年（554），庾信奉命由江陵出使西魏，十一月，江陵被西魏攻陷，庾信于是留在长安未归。

［6］中兴：指梁元帝于承圣元年（552）平定侯景之乱，即位江陵。道销：中兴之道消亡。甲戌：指承圣三年。《南史·元帝纪》："承圣三年，魏使于谨来攻。……十一月，魏军至栅下，帝见执。魏人戕帝。"

［7］"三日"二句：《晋书·罗宪传》载，"魏之伐蜀，宪守永安城。及成都败，知刘禅降，乃率所部临于都亭三日"。另据《左传·昭公二十三年》记载，"晋人来讨，叔孙婼如晋，晋人执之，……乃馆诸箕"。临，《左传》杜注"哭也"。都亭，都城亭阁。

［8］天道：天理。周星：即岁星，也称太岁、木星，因其十二年绕天一周，故名。物极不反：指梁朝就此一蹶不振，再难恢复。

［9］傅燮：字南容，东汉末年人。无处求生：据《后汉书·傅燮传》记载，傅燮任汉阳太守，王国、韩遂等率兵攻城，城中兵少粮乏，他的儿子劝他弃城归乡。傅燮慨叹说："汝知吾必死耶！……世乱不能养浩然之志，食禄又欲避其难乎？吾行何之，必死于此！"于是命令左右进兵，临阵战死。

［10］袁安：字邵公，后汉时人。自然流涕：《后汉书·袁安传》记载，"安为司徒，以天子幼弱，外戚擅权，每朝会进见，及与公卿言国家事，未尝不噫呜流涕"。

［11］桓君山：即桓谭，字君山，后汉时人。著《新论》二十九篇。志事：一作"志士"。

［12］杜元凯：即杜预，字元凯，晋代人，著有《春秋经传集解》。书的序里说："少而好学，在官则观于吏治，在家则滋味典籍。"

［13］自序：古人著书往往有自序记述身世和写作旨意。桓谭《新论》自序今已散佚。

［14］潘岳：字安仁，晋代诗人。始述家风：潘岳有《家风诗》，自述家族风尚。

［15］陆机：字士衡，晋代诗人。先陈世德：陆机有《祖德赋》《述先赋》，又有《文赋》："咏世德之骏烈。"

［16］二毛：指头发有黑白二色。丧乱：指侯景之乱和江陵沦陷被留西魏。当时庾信年四十左右。

［17］藐是：一作"狼狈"。藐，远。暮齿：暮年。

［18］《燕歌》：指乐府《燕歌行》。《乐府诗集》引《广题》说："燕，地名也，言良人从役于燕而为此曲。"悲不自胜：《北史·王褒传》记载，"褒作《燕歌》，妙尽塞北苦寒之言。元帝及诸文士和之，而竞为凄切"。今《庾子山集》中亦有此作。

［19］楚老：代指故国父老。旧说引《汉书·龚胜传》，说楚人龚胜于王莽时不愿“一身事二姓”，“遂不复开口饮食，积十四日死”。庾信世居楚地，所以引用此事来深惭自己为两位君主效命。泣将何及：《后汉书·逸民传》记载，“桓帝世党锢事起，守外黄令陈留张升去官归乡里，道逢友人，共班草而言。……因相抱而泣。老父趋而过之，植其杖，太息言曰：‘吁！二大夫何泣之悲也，夫龙不隐鳞，凤不藏羽，网罗高悬，去将安所？虽泣何及乎！’”

［20］南山之雨：《列女传·贤明传》记载，“妾闻南山有玄豹，雾雨七日而不下食者，何也？欲以泽其毛而成文章，故藏而远害”。一说以山高在阳喻君主，指迫于君命不敢不使魏。践秦庭：《左传·定公四年》记载，“申包胥如秦乞师，……立依于庭墙而哭，日夜不绝声，……七日，……秦师乃出”。此喻出使求和救急。

［21］“让东海”二句：据《史记·伯夷列传》记载，孤竹君之子伯夷、叔齐因相互推让君位，先后逃至海滨。武王灭纣，他们二人认为那是不义，于是不食周粟，饿死于首阳山。这两句是说他原本以谦让为怀，却不能如伯夷、叔齐那样殉义。一说“让东海”句引用《史记·齐太公世家》中记载，齐康公十九年（前386）“田常曾孙田和始为诸侯，迁康公海滨”一事，指魏、周换代。

［22］下亭：《后汉书·范式传》载孔嵩应召入京，在下亭的道路旁过夜时，马匹被盗。高桥：一作“皋桥”。《后汉书·梁鸿传》：梁鸿“至吴，依大家皋伯通，居庑下。”皋家傍桥，在今江苏苏州阊门内。此谓旅途劳顿。

［23］楚歌：楚地民歌。《汉书·高帝纪》：“帝谓戚夫人曰：‘为我楚舞，吾为若楚歌。’”

［24］鲁酒：鲁地之酒。许慎《淮南子注》：“楚会诸侯，鲁、赵俱献酒于楚王，鲁酒薄而赵酒厚。楚之主酒吏求酒于赵，赵弗与。吏怒，乃以赵厚酒易鲁薄酒奏之。楚王以赵酒薄，故围邯郸也。”

［25］记言：《汉书·艺文志》记载，“古之王者，世有史官……左史记言，右史记事”。据此可知庾信写这篇文章，不只是慨叹身世，也是兼记历史。

［26］“不无”二句：语出嵇康《琴赋》序，“称其材干，则以危苦为上；赋其声音，则以悲哀为主”。

［27］日暮涂远：指年岁已老而离乡路远。《吴越春秋》：“子胥谢申包胥曰：‘吾日暮途远，吾故倒行而逆施之。’”涂，同“途”。远，一作“穷”。人间何世：《庄子》有《人间世》篇。王先谦《集解》：“人间世，谓当世也。”此感慨年老世变。

［28］“将军”二句：《后汉书·冯异传》记载，“每所止舍，诸将并坐论功，异常独屏树下，军中号曰‘大树将军’”。这里是作者以冯异自喻，说他离开国家，梁朝沦亡。

［29］“壮士”二句：壮士，指荆轲。《战国策·燕策》记太子丹送荆轲易水上，“高渐离击筑，荆轲和而歌，……曰：‘风萧萧兮易水寒，壮士一去兮不复还！’”这两句是说他出使西魏，一去不归。

［30］荆璧：即和氏璧，因楚人和氏在楚山挖得而名。睨：斜视。连城：相连之城。此典出自《史记·廉颇蔺相如列传》，此指作者出使西魏被骗。

［31］“载书”二句：载书，盟书。珠盘，诸侯盟誓所用器皿。《周礼·天官·冢宰》：“若合诸侯，则共珠盘玉敦。”郑玄注：“合诸侯者必割牛耳，取其血歃之以盟。珠盘以盛牛耳。”此用毛遂之典。《史记·平原君列传》：“平原君与楚合纵，言其利害，日出而言之，日中不决……毛遂按剑历阶而上，……谓楚王之左右曰：‘取鸡狗马之血来！’毛遂奉铜盘而跪进之……遂定。”这里是说他出使西魏，未能缔约，梁朝反遭攻打。

［32］“钟仪”二句：《左传·成公七年》记载，“楚子重伐郑。……囚郧公钟仪，献诸晋。……晋人以钟仪归，囚诸军府”。九年，“晋侯观于军府，见钟仪。问之曰：‘南冠而絷者谁也？’有司对曰：‘郑人所献楚囚也。’……使与之琴，操南音。……文子曰：‘楚囚，君子也。’”此作者以钟仪自比，说他原本是楚人，却羁留在魏、周一带，类似于“南冠之囚”。

［33］“季孙”二句：季孙，春秋时鲁国大夫。行人，掌朝觐聘问的官员。西河，今陕西省东部。《左传·昭公十三年》记载，“诸侯盟于平丘，邾、莒告鲁朝夕伐之，因无力向晋进贡。晋遂执季孙。后欲释之，季孙不肯归。”叔鱼就威胁说：“……鲋也闻诸吏将为子除馆于西河，其若之何？季孙惧，乃归鲁。”此作者自比季孙，但稍微改变了原意，说他被留在异国他乡，难以回归。

［34］“申包胥”二句：申包胥，春秋时楚国大夫。顿地，叩头至地。事见《左传·定公四年》，吴国伐楚国，申包胥到秦国求救兵，“立依于庭墙而哭，日夜不绝声，勺饮不入口。七日，秦哀公为之赋《无衣》，九顿首而坐。秦师乃出”。此二句是说作者曾为救梁国竭尽心力。

［35］“蔡威公”二句：刘向《说苑》记载，“蔡威公闭门而哭，三日三夜，泣尽而继之以血……曰：‘吾国且亡。’”此谓作者对梁国灭亡深感悲痛。

［36］“钓台”二句：钓台，在武昌。此代指南方故土。移柳，据《晋书·陶侃传》，陶侃镇守武昌时，曾命令各军营种植柳树。玉关，玉门关，在今甘肃敦煌市西。此代指北地。此二句谓滞留北地的人再也见不到南方故土的柳树。

［37］“华亭”二句：华亭，在今上海市松江区，晋代陆机兄弟曾共游于此十余年。河桥，在今河南孟州市，陆机在此兵败被诛。《世说新语·尤悔》：“陆平原河桥败，为卢志所谗，被诛。临刑叹曰：‘欲闻华亭鹤唳，可复得乎！’”这两句是说故乡鸟鸣已非

身处异地的人所能听到。

［38］“孙策”二句：孙策，字伯符，三国时吴郡富春（今浙江富阳）人。先以数百人依附袁术，后平定江东，建立吴国。三分，指魏、蜀、吴三分天下。一旅，五百人。《三国志·吴志·陆逊传》：“逊上疏曰，昔桓王（孙策谥号长沙桓王）创基，兵不一旅，而开大业。”

［39］“项籍”二句：项籍，字羽，下相（今江苏宿迁西南）人。江东，长江南岸南京一带地区。《史记·项羽本纪》记载项羽兵败乌江，笑着对亭长说：“籍与江东子弟八千人渡江而西，今无一人还。”

［40］“遂乃”二句：原本出自贾谊《过秦论》：“宰割天下，分裂山河。”

［41］“百万义师”四句：百万义师，指平定侯景之乱的梁朝大军。卷甲，卷敛衣甲而逃。芟夷，删削除灭。据《南史·侯景传》载，侯景造反，梁将王质率兵三千无故自退，谢禧弃白下城逃走，援兵至北岸，号称百万，后来全都败走。另外，侯景曾告戒诸将说：“破城邑净杀却，使天下知吾威名。”

［42］江淮：指长江、淮河。涯岸：水边河岸。

［43］亭壁：指军中壁垒。藩篱：竹木所编屏障。

［44］头会箕敛：《史记·张耳陈余列传》中有“头会箕敛，以供军费”。言家家按人头数出谷，以簸箕来装。此指下层官吏。合从缔交：贾谊《过秦论》中有“以致天下之士，合从缔交，相与为一”。原为战国时六国联合抗秦的一种谋略，这里指起事者们彼此串联，相互勾结。

［45］锄耰（yōu）：简陋的农具。棘矜：矛戟的柄。此指用低劣兵器的人民。贾谊《过秦论》：“锄耰棘矜，不敌于钩戟长铩也。”因利乘便：此指陈霸先乘梁朝衰乱，取而代之。《过秦论》：“因利乘便，以宰割天下。”

［46］江表：江外，长江以南。王气：古时人们认为天子所在地有祥云王气笼罩。三百年：指从孙权称帝江南，历东晋、宋、齐、梁四代，前后约三百年的时间。

［47］六合：指天地四方。贾谊《过秦论》中有“吞二周而亡诸侯，履至尊而制六合。”轵道之灾：《史记·高祖本纪》记汉高祖入关，“秦王子婴素车白马，……降轵道旁”。轵道，在今陕西咸阳市西北。

［48］混一车书：指统一天下。《礼记·中庸》：“今天下车同轨，书同文，行同伦。”平阳之祸：据《晋书·孝怀帝本纪》，永嘉五年（311）刘聪攻陷洛阳，迁晋怀帝于平阳。永嘉七年（313），怀帝被害。又《孝愍帝本纪》记载，晋愍帝建兴四年（316）刘曜攻陷长安，迁愍帝于平阳。建兴五年（317），愍帝遇害。平阳，在今山西临汾县。

［49］“山岳”二句：《国语·周语》中有“山崩川竭，亡之征也”。

［50］春秋迭代：比喻梁、陈两朝更替。去故：离别故国。

［51］凄怆伤心：阮籍《咏怀八十二首》其九中有“素质游商声，凄怆伤我心”。

［52］“况复”二句：楫，船桨。星汉，银河。槎，竹筏木排。张华《博物志》：“旧说云，天河与海通。近世有人居海渚者，年年八月有浮槎去来，不失期。”

［53］飙：暴风。蓬莱：传说中的三座神山之一。无可到之期：《汉书·郊祀志》载，“自威宣、燕昭使人入海求蓬莱、方丈、瀛洲。此三神山者，其传在勃海中，……未至，望之如云；及到，三神山反居水下。临之，患且至，则风辄引船而去，终莫能至云”。

［54］“穷者”二句：穷者，指仕途困踬的人。达，表达。《晋书·王隐传》：“隐曰：‘盖古人遭时则以功达其道，不遇则以言达其才。’”何休《公羊传解诂》：“饥者歌其食，劳者歌其事。”此说明作者作赋是有感而发。

［55］“陆士衡”二句：陆士衡，陆机，字士衡。抚掌，拍手。《晋书·左思传》记载，左思作《三都赋》，“初陆机入洛，欲为此赋。闻思作之，抚掌而笑，与弟云书曰：‘此间有伧父欲作《三都赋》。须其成，当以复酒瓮耳。’及思赋出，机绝叹伏，以为不能加也，遂辍笔焉”。此谓作者写这篇文章以后即使受人嘲笑，也心甘情愿。

［56］“张平子”二句：张平子，张衡，字平子。陋，轻视。《艺文类聚》：“昔班固观世祖迁都于洛邑，惧将必逾溢制度，不能遵先圣之正法也。故假西都宾，盛称长安旧制，有陋洛邑之议，而为东都主人折礼衷以答之。张平子薄而陋之，故更造焉。”此谓此赋就算为人轻视，也是理所当然的。

【译文】

梁太清二年，阴历十月，大盗篡国，金陵沦陷。我于是逃入荒谷，这时公室私家均受其害，如同陷入泥途炭火。不想后来奉命由江陵出使西魏，却有去无归。可叹梁朝的中兴之道，竟消亡于承圣三年。我的心情遭遇，正如率部在都城亭内痛哭三日的罗宪，又如被囚于别馆三年的叔孙婼。按照天理，岁星循环事情当能好转，而梁的灭亡却物极不反。傅燮临危只悲叹身世，无处求生；袁安居安常念及王室，自然落泪。以往桓君山的有志于事业，杜元凯的生平意趣，都有著作自叙流传至今。以潘岳的文采而始述家风，陆机的辞赋而先陈世德。我庾信刚到头发斑白之岁，即遭遇国家丧乱，流亡远方异域，直到如今暮年。想起《燕歌》所咏的远别，悲伤难忍；与故国遗老相会，哭都嫌晚。想当初自己原想像南山玄豹畏雨那样藏而远害，却忽然被任命出使西魏，如同申包胥到了秦庭。以后又想像伯夷、叔齐那样逃至海滨躲避做官，结果却不得不失节事周，终于食了周粟。如同孔嵩道宿下亭的旅途漂泊，梁鸿寄寓高桥的羁旅孤独。美妙的楚歌不是取乐的良方，清薄的鲁酒也失去了忘忧的作用。我只能追述往事，作成此赋，暂且用来记录肺腑之言。其中不乏有关自身的危苦之辞，但以悲哀国事为主。

我年已高而归途遥远，这是什么人间世道啊！冯异将军一去，大树即见凋零。荆轲壮士不回，寒风倍感萧瑟。我怀着蔺相如持璧睨柱之志，却不料为不守信义之徒所欺；又想像毛遂横阶逼迫楚国签约合纵那样，却手捧珠盘而未能促其定盟。我只能像君子钟仪那样，做一个戴着南冠的楚囚；像行人季孙那样，留住在西河的别馆了。其悲痛惨烈，不减于申包胥求秦出兵时的叩头于地，头破脑碎；也不减于蔡威公国亡时的痛哭泪尽，继之以血。那故国钓台的移柳，自非困居玉门关的人可以望见；那华亭的鹤唳，难道是魂断河桥的人能再听到的吗?

孙策开创基业统一江南三分天下，创业之始他的军队不过五百人；项籍率领江东子弟起兵，人员只有八千。这样就剖分山河，割据天下。哪里有号称百万的义师，竟一朝卷甲溃败，让作乱者肆意戮杀，如割草摧木一般?长江淮河失去了水岸的阻挡，军营壁垒缺少了藩篱的坚固，使得那些得逞一时的作乱者得以暗中勾结，那些持锄耰和棘矜的人得到乘虚而入的机会。莫不是江南一带的帝王之气，已经在三百年间终止了吗?于此可知并吞天下，最终不免于秦王子婴在轵道旁投降的灾难；统一车轨和文字，最终也救不了晋怀、愍二帝被害于平阳的祸患。呜呼！山岳崩塌，既已经历国家危亡的厄运；春秋更替，必然会有背井离乡的悲哀。天意人事，真可以令人凄怆伤心啊！何况又舟船无路，银河不是乘筏驾船所能上达；风狂道阻，海中的蓬莱仙山也无可以到达的希望。困踬者欲表达自己的肺腑之言，操劳者须歌咏自己所经历的事。我写此赋，纵然陆机听了拍掌而已，也心甘情愿；张衡见了将轻视它，本是理所当然的。

【学习提示】

1.《〈哀江南赋〉序》虽为六朝骈文之作，但感情依然深挚动人。结合文章的具体内容，概括作品中表达了哪些方面的感情。

2. 作为一篇辞赋的序文，作者却以骈文写成，自然少不了用典手法的运用。刘勰在《文心雕龙》里诠释“用典”，说是“据事以类义，援古以证今”。即是用来以古比今，以古证今，借古抒怀。用典有助于委婉表意，同时还能减少语词繁累，取得言简意赅的效果。此外，用典可使文辞艳丽，获得独特的形式美。“用典既要师其意，须能于故中求新，更须能令如己出，而不露痕迹。”结合上述内容，谈谈对文章中使用典故的理解。

春夜宴从弟桃花园序[1]

［唐］李　白

【题解】

《春夜宴从弟桃花园序》是唐代诗人李白创作的一篇骈文。全文生动地记述了作者和众兄弟在春夜聚会、饮酒赋诗的情景。作者感叹天地广大，光阴易逝，人生短暂，欢乐甚少，抒发了作者热爱生活、热爱自然的欢快心情，也显示了作者俯仰古今的广阔胸襟。文章写得潇洒自然，音调铿锵，精彩的骈偶句式使文章更加生色。

夫天地者，万物之逆旅[2]也；光阴者，百代之过客[3]也。而浮生若梦[4]，为欢几何？古人秉烛夜游[5]，良有以[6]也。况阳春召我以烟景[7]，大块假我以文章[8]。会桃花之芳园，序天伦[9]之乐事。群季[10]俊秀，皆为惠连[11]；吾人咏歌[12]，独惭康乐[13]。幽赏未已，高谈转清[14]。开琼筵以坐花[15]，飞羽觞而醉月[16]。不有佳咏，何伸雅怀？如诗不成，罚依金谷酒数[17]。

【注释】

［1］从（cóng，旧读 zòng）弟：堂弟。从，堂房亲属。桃花园：疑在湖北省安陆白兆山桃花岩。

［2］逆旅：客舍。迎客止歇，所以客舍称逆旅。逆，迎接。旅，客。

［3］过客：过往的客人。李白《拟古十二首》其九："生者为过客。"

［4］浮生若梦：死生之差异，就好像梦与醒之不同，纷纭变化，不可究诘。

［5］秉烛夜游：谓及时行乐。秉，执。《古诗十九首》其十五："昼短苦夜长，何不秉烛游？"曹丕《与吴质书》："古人思秉烛夜游，良有以也。"

［6］有以：有原因。这里是说人生有限，应夜以继日地游乐。以，因由，道理。

［7］阳春：和煦的春光。召：召唤，引申为吸引。烟景：春天气候温润，景色似含烟雾。

［8］大块：大地，大自然。假：借，这里是提供、赐予的意思。文章：这里指绚丽的文采。古代以青与赤相配合为文，赤与白相配合为章。

［9］序：通"叙"，叙说。天伦：指父子、兄弟等亲属关系。这里专指兄弟。

［10］群季：诸弟。兄弟长幼之序，曰伯（孟）、仲、叔、季，故以季代称弟。季，年少者的称呼。这里泛指弟弟。

［11］惠连：谢惠连，南朝诗人，早慧。这里以惠连来称赞诸弟的文才。

［12］咏歌：吟诗。

［13］康乐：南朝刘宋时山水诗人谢灵运，袭封康乐公，世称"谢康乐"。

［14］"幽赏"二句：谓一边欣赏着幽静的美景，一边谈论着清雅的话题。

［15］琼筵（yán）：华美的筵席。坐花：坐在花丛中。

［16］羽觞（shāng）：古代一种酒器，作鸟雀状，有头尾羽翼。醉月：醉倒在月光下。

［17］金谷酒数：意思是说如果宴会中某人写不出诗来，就按照古代金谷园的规矩罚酒三觞。金谷，园名，晋石崇于金谷涧（今河南洛阳西北）中所筑，他常在这里宴请宾客。其《金谷诗序》："遂各赋诗，以叙中怀，或不能者，罚酒三斗。"后泛指宴会上罚酒三杯的常例。

【译文】

天地是万物的客舍，光阴是古往今来时间的过客。死生的差异，就好像梦与醒的不同，纷纭变换，不可究诘，得到的欢乐，又能有多少呢？古人夜间执着蜡烛游玩，实在是有道理啊！况且春天用艳丽景色召唤我，大自然把各种美好的形象赐予我，相聚在桃花飘香的花园中，畅叙兄弟间快乐的往事。弟弟们英俊优秀，个个都有谢惠连那样的才情；而我作诗吟咏，却惭愧不如谢灵运。清雅的赏玩兴致正雅，高谈阔论又转向清言雅语。摆开筵席来坐赏名花，快速地传递着酒杯醉倒在月光中。没有好诗，怎能抒发高雅的情怀？倘若有人作诗不成，就要按照当年石崇在金谷园宴客赋诗的先例，罚酒三杯。

【学习提示】

1.《古文观止》卷七评价此文说："发端数语，已见潇洒风尘之外。而转落层次，语无泛设；幽怀逸趣，辞短韵长。读之增人许多情思。"你读此文时，到底生发了哪些情思呢？

2. 将本文与王羲之的《兰亭集序》进行比较，说说魏晋人与唐人生命观和精神气质的异同，体会李白开朗乐观的性格，以及对自然、对友情、对生活的珍爱和纵笔挥洒的才气。

送董邵南游河北序[1]

［唐］韩　愈

【题解】

韩愈，唐代古文运动倡导者，苏轼称他“文起八代之衰”。《送董邵南游河北序》是韩愈在唐宪宗元和年间写的一篇序文。他对董邵南的怀才不遇深表同情，而又不赞成他投奔藩镇，序中隐含有规劝之意。全文措辞深婉，意在言外，虽仅百余字，但一波三折，起伏跌宕。虽是一篇送行的文章，但送行正是为了挽留，微情妙旨，全寄于笔墨之外。

燕、赵[2]古称多慷慨悲歌之士[3]。董生举进士[4]，连不得志于有司[5]，怀抱利器[6]，郁郁适兹土[7]。吾知其必有合[8]也。董生勉[9]乎哉！

夫以子之不遇时[10]，苟慕义强仁者[11]皆爱惜焉，矧[12]燕、赵之士出乎其性[13]者哉！然吾尝闻风俗与化移易[14]，吾恶知其今不异于古所云邪[15]？聊以吾子之行卜之也[16]。董生勉乎哉！

吾因子有所感矣。为我吊望诸君[17]之墓，而观于其市，复有昔时屠狗者[18]乎？为我谢[19]曰：“明天子在上，可以出而仕矣。”

【注释】

［1］董邵南：唐寿州安丰（今安徽寿县）人。河北：指黄河以北的燕赵地区。

［2］燕、赵：借指河北一带。

［3］慷慨悲歌之士：用悲壮的歌声抒发内心悲愤的人，多指有抱负而不得施展的人。

［4］举进士：这里是参加进士科考试的意思。

［5］有司：官吏，这里是指礼部主管考试的官。

［6］利器：锐利的武器，这里比喻杰出的才能。

［7］郁郁适兹土：忧郁地到那个地方去。意思是董生想去燕赵地区谋职。适，到……去。兹，这。兹土，指燕、赵之地，当时受地方割据势力统治。

［8］有合：有所遇合，指受到赏识和重用。

［9］勉：勉励，鼓励，努力做的意思。

［10］夫以子之不遇时：像你这样不走运的人。

［11］慕义强（qiǎng）仁者：仰慕正义、力行仁道的人。

［12］矧（shěn）：何况。

［13］出乎其性：（仰慕正义）来自他们的本性。

［14］风俗与化移易：风俗随着教化而改变。与，跟随。易，改变。

［15］“吾恶（wū）知”句：我怎么知道那里的风气跟古时说的有什么不同呢？恶，怎么。

［16］聊以吾子之行卜之也：姑且凭你这次的前往测定一下吧。卜，测验、判断。

［17］望诸君：即战国时燕国名将乐毅，后因政治失意，离燕至赵，赵封他为望诸君。望诸，古泽名，在河南东北部，又称“孟诸”。

［18］屠狗者：泛指高渐离一类埋没在草野的志士。高渐离，荆轲的朋友，他的职业是屠狗。荆轲死后，他也曾行刺秦始皇，失败后被杀。据《史记·刺客列传》记载，战国时燕国有以屠狗为业的义士，这里泛指隐于市廛暂不得志的侠义之士。

［19］谢：告诉。

【译文】

燕、赵之地古来就有许多用悲壮的歌声抒发内心悲愤的人。董先生来长安应进士科考试，连续多年不被主考官赏识，空有学识才干，忧郁地到（河北）这个地方去。我知道您一定会有所遇合受到赏识的。董先生要努力啊！

说起来像您这样不走运的，如果是仰慕正义、力行仁道的人都会珍惜的，更何况燕、赵之士是出于他们的本性呢！可我曾听说风气随着教化而改变，我怎么能知道那里现在的风气跟古时说的有什么不同呢？姑且凭您这次的前往测定一下吧。董先生要努力啊！

我由您的事有所感想。请替我凭吊望诸君的墓，并且留心观察一下当地的集市，还有过去（像高渐离一类）屠狗的人吗？替我向他们致意：“当今圣上英明，赶快出来做官为国效力吧。”

【学习提示】

1. 清代过珙高度评价此文说：“含蓄不露，曲尽吞吐之妙。唐文惟韩奇，此又为韩中之奇。”请结合文章内容说说你对这个评价的理解。

2. 文章首句中的“古称”二字历来为人称道，在感情表达与内容照应等方面起到了隐而不言的作用。认真品读文章，说说你的理解。

瘗旅文[1]

[明] 王守仁

【题解】

《瘗旅文》是明代思想家、文学家王守仁所作的一篇祭文。该文描述了作者谪居贵州龙场驿期间，所目睹的吏目一家三口暴死异乡的悲惨事件。他与吏目主仆素昧平生，但情有所通。全文一面哀悼死者，实践了作者倡导的“致良知”哲学精神，表现出作者富于恻隐之心；一面借以抒发作者遭贬荒远异乡的凄苦，寄托了“同是天涯沦落人”的感慨，怜人怜己，吊死伤生，兼而有之。因而，与其说作者是同情死者，哀悼死者，毋宁说是借死者的遭遇，发自己的感慨，这是此文的基调。文章言辞悲伤恳切，深情哀婉，反复曲折。

维正德四年秋月三日[2]，有吏目[3]云自京来者，不知其名氏，携一子一仆，将之任[4]，过龙场[5]，投宿土苗[6]家。予从篱落[7]间望见之，阴雨昏黑，欲就问讯北来事[8]，不果。明早，遣人觇[9]之，已行矣。

薄[10]午，有人自蜈蚣坡来，云：“一老人死坡下，傍[11]两人哭之哀。”予曰：“此必吏目死矣。伤哉！”薄暮，复有人来，云：“坡下死者二人，傍一人坐哭。”询其状，则其子又死矣。明日，复有人来，云：“见坡下积尸三焉。”则其仆又死矣，呜呼伤哉！

念其暴骨无主[12]，将二童子持畚、锸往瘗之[13]，二童子有难色然[14]。予曰：“嘻！吾与尔犹彼也[15]！”二童闵然[16]涕下，请往。就其傍山麓为三坎[17]，埋之。又以只鸡、饭三盂[18]，嗟吁涕洟而告之[19]，曰：

“呜呼伤哉！繄[20]何人？繄何人？吾龙场驿丞余姚王守仁也[21]。吾与尔皆中土之产[22]，吾不知尔郡邑[23]，尔乌乎[24]来为兹山之鬼乎？古者重去其乡[25]，游宦[26]不逾千里。吾以窜逐而来此，宜也[27]。尔亦何辜[28]乎？闻尔官吏目耳[29]，俸不能五斗[30]，尔率妻子躬耕可有也[31]。乌为乎以五斗而易尔七尺之躯[32]？又不足，而益[33]以尔子与仆乎？

“呜呼伤哉！尔诚[34]恋兹五斗而来，则宜欣然就道[35]，胡为乎吾昨望见尔容蹙然[36]，盖不胜[37]其忧者？夫冲冒雾露，扳援[38]崖壁，行万峰之顶，饥渴劳顿[39]，筋骨疲惫，而又瘴疠[40]侵其外，忧郁攻其中[41]，其能以无死乎？吾固知尔之必死，然不谓若是其速[42]，又不谓尔子、尔仆亦遽然奄忽也！皆尔自取，谓之何哉！吾念尔三骨之无依而来瘗尔，乃使吾有无穷之怆[43]也。

“呜呼伤哉！纵不尔瘗[44]，幽崖之狐成群，阴壑之虺如车轮，亦必能葬尔于腹[45]，不致久暴露尔。尔既已无知，然吾何能违心[46]乎？自吾去父母乡国[47]而来此，三年矣，历瘴毒而苟能自全[48]，以吾未尝一日之戚戚[49]也。今悲伤若此，是吾为尔者重，而自为[50]者轻也。吾不宜复为尔悲矣。吾为尔歌，尔听之。”

歌曰：“连峰际[51]天兮，飞鸟不通。游子怀乡兮，莫知西东。莫知西东兮，维天则同[52]。异域殊方[53]兮，环海之中。达观随寓兮，奚必予宫[54]。魂兮魂兮，无悲以恫[55]。”

又歌以慰之曰：“与尔皆乡土之离兮，蛮之人言语不相知兮。性命不可期[56]，吾苟死于兹兮，率尔子仆，来从予兮。吾与尔遨以嬉[57]兮，骖紫彪而乘文螭兮[58]，登望故乡而嘘唏兮。吾苟获生归[59]兮，尔子、尔仆，尚尔随兮，无以无侣为悲兮！道旁之冢累累兮[60]，多中土之流离兮，相与呼啸而徘徊兮[61]。餐风饮露，无尔饥兮。朝友麋鹿，暮猿与栖兮[62]。尔安尔居兮，无为厉于兹墟兮[63]！”

【注释】

[1] 瘗（yì）旅文：为所埋葬的客死他乡之人而写作的祭文。瘗，掩埋，埋葬。

[2] 维：助词，常用于表示时间的词语之前，用以加强时间观念。正德四年：公元

1509年，正德是明武宗朱厚照的年号。

[3] 吏目：官名。明代在知州下设吏目，掌管出纳文书等事。

[4] 之任：赴任。

[5] 龙场：地名，即在今贵州省修文县境内的龙场驿。

[6] 土苗：指当地的苗族居户。

[7] 篱落：篱笆。

[8]“欲就”句：想到他们的住处去询问一些有关他们从北边来的事情。

[9] 觇（chān）：窥视。

[10] 薄：迫近，将近。

[11] 傍（páng）：旁边。

[12] 暴（pù）骨无主：谓尸体在露天之下没有人去掩埋。

[13] 将（jiāng）：带领。畚（běn）：畚箕。锸（chā）：铁锹。

[14] 有难色然：形容脸上流露出为难神态的样子。

[15]“吾与”句：我和你们是同他们一样的。

[16] 闵然：哀怜的样子。

[17] 就：靠近。山麓：山脚。为：犹“挖”。坎：坑穴。

[18] 盂：盛汤或饭食的圆口器皿。此句谓在他们的坟前放上一只鸡、三盂饭作祭奠用。

[19] 嗟吁：叹息。涕洟（yí）：流泪。

[20] 繄（yī）：犹“是”。

[21] 驿丞：官名，明代在某些州县设置的掌管驿站的官吏。驿站是古时传递公文的人换马或休息的地方。余姚：今浙江省余姚市。

[22] 中土之产：出生于中原的人。

[23] 郡邑：代指死者的籍贯。

[24] 乌乎：疑问代词，为什么。一本作“乌为乎”。

[25]“古者”句：古人是不愿轻易离开自己故乡的。

[26] 游宦：外出做官。

[27] 窜逐：放逐、流放。宜：应该。

[28] 何辜：有什么罪过。

[29]“闻尔”句：听说你不过做吏目这样的小官而已。

[30] 俸：官吏的薪水。不能五斗：达不到五斗。五斗，代指微薄的官俸。古薪俸为粮，以斗论。

［31］“尔率”句：率，带领。妻子，妻子和孩子。躬耕，亲自参加田间耕作。此句谓，微薄的官俸收入，你在家带着妻子和孩子种田也能得到。

［32］乌为乎：为什么。易：交换。

［33］益：加上。

［34］诚：如果，假如。

［35］欣然：很高兴的样子。就道：上路。

［36］尔容：你脸上的神情。蹙（cù）然：愁眉不展的样子。

［37］不胜：承受不了。

［38］扳援：攀引而上。

［39］劳顿：犹“劳困”。

［40］瘴疠：因受瘴气而生的疾病。瘴气，是山林间湿热蒸发能致病的一种气。

［41］中：内心。

［42］“然不”句：此句谓可是没想到你死得这么快。不谓，未料到，没想到。

［43］怆（chuàng）：悲伤。

［44］纵不尔瘗：即“纵不瘗尔”，即使我不来埋葬你。

［45］“幽崖”三句：此三句谓毒蛇猛兽也会吃掉你们的尸体。虺（huǐ），毒蛇。

［46］违心：安心。

［47］父母乡国：出生地，故乡。

［48］苟：勉强。自全：自己保护自己。

［49］戚戚：局促忧伤。

［50］自为：为自己。

［51］际：接近。

［52］维天则同：只有天是相同的。维，通“唯”。

［53］异域殊方：泛指外地他乡。

［54］达观：对事情看得开，不计较一得一失。随寓：到处为家。予宫：我的房屋。

［55］恫（tōng）：哀痛。

［56］期：预料。

［57］遨以嬉：遨游嬉戏。

［58］骖（cān）：原意为三匹马驾车，此代指驾驭。紫彪：紫色的老虎。文螭（chī）：有文彩的螭龙。螭为古代传说中的一种无角的龙。

［59］生归：活着回到家乡。

［60］冢：坟墓。累累（lěi）：一座连一座的样子。

［61］呼啸：发出尖而长的声音。徘徊：在一个地方来回走动。

［62］“朝友”二句：此二句是说，早上与麋鹿为友，晚上和猿猴同宿。

［63］厉：恶鬼。墟：这里指村庄。

【译文】

正德四年秋季某月的初三，有一个自称是从京城里来的吏目，不知道他的姓名，带着一个儿子、一个仆人前去赴任。经过龙场的时候，投宿在当地的苗人家里。我从篱笆的缝隙中看到了他，这时阴雨绵绵，天色昏暗，我想去询问北方近来的情况，没有去成。第二天早晨，派人去看他，他们已经走了。

将近中午的时候，有人从蜈蚣坡来，说：“有个老人死在坡下，旁边有两个人哭得很是悲痛。”我说：“这一定是那个吏目死了，令人悲伤呀！”傍晚的时候，又有人来说：“坡下有两个死人，有一个人坐着在旁边哭泣。”我询问当时的状况，则推知他的儿子也死了。第二天，又有人来说：“看见蜈蚣坡下堆积着三具尸体。”那是他的仆人也死了，哎，真是令人悲伤啊！

我想到他们暴尸荒野，无人收殓，就带了两个童子，拿着畚箕和铁锹前去埋葬他们。两个童子面露难色。我说：“唉！我和你们就如他们一样啊！”两个童子悲伤地落下眼泪，愿意同去。我们在尸体旁的山脚下挖了三个坑，埋葬了他们。又用一只鸡、三碗饭祭奠，叹息流泪，祭告他们说：

“唉，令人悲伤呀！你是什么人？你是什么人？我是龙场驿丞，余姚人王守仁啊！我和你都生长在中原，我不知道你是哪里人，你为什么要来做这座山的鬼呢？古人不轻易离开家乡，出外做官不超过千里，我因为贬官而被放逐到这里，是应该的。你又有什么罪过呢？听说你的官位不过是个吏目罢了，俸禄不足五斗，你带领妻子儿女亲自耕种也是能够得到的呀！为什么要因为这五斗米的俸禄而换去了你堂堂七尺的身躯呢？这还不够，还要加上你的儿子和仆人呢？

“唉，令人悲伤呀！你要真是因为贪恋这五斗米而来，就应当欣然上路，为什么我昨天看见你满面愁容，好像不胜忧伤的样子呢？你们冒着风霜寒露，在陡峭的山路上攀援，翻过无数的山峰，又饥又渴，劳累困顿，身体疲惫，又有瘴气瘟疫在外侵扰，忧愁苦闷在心中郁积，这怎能不让你死去呢？我本来知道你一定会死，但没有料到你会死得这样快，更没料到你的儿子、仆人也都很快地相继死去！这都是你自己招来的祸殃啊，还能说什么呢！我想到你们三人的尸骨无人收敛，所以前来埋葬，这使我产生了无穷的悲伤啊！

“唉，令人悲伤啊！纵然我不埋葬你，这荒僻山崖上的狐狸成群，晦暗深谷中的毒蛇大如车轮，也一定会把你们吞入腹中，不会使你们长久地暴尸山野啊。你已经没有感知了，可是我又于心何忍？自从我离开了父母家乡，来到这里已经三年了，经受了瘴疠毒气的侵扰却能苟且保全，是因为我不曾有一天的忧伤啊。今天如此悲伤，大半因为你，很少是因为我自己呀。我不应当再替你悲伤了。我为你做了一首歌，你听吧！”

歌词是：“连绵的山峰与天相接啊，连飞鸟也不能通过。羁泊他乡的游子怀念故土啊，辨不清西和东。辨不清西和东呀，只有天空在哪里都是一样的。他乡异地啊，也是环抱在四海之中。达观的人四海为家啊，不一定非要有固定的住处。魂啊，魂啊，不要伤心悲痛！”

又作了一支歌来安慰他：“我和你都是远离故乡的人啊，蛮族的言语一点儿也听不懂。寿命的长短真的不可预料啊，我如果死在这里，你就带着儿子和仆人来和我在一起。我和你遨游嬉戏啊，驾驭着紫色的猛虎，坐在斑斓的蛟龙上面。登高眺望故乡的遥远啊，发出长长的叹息！我若能活着回去啊，你还有儿子和仆人跟随，不会因为孤独无伴而伤悲。路旁那累累的坟头啊，多是流离至此的中原人士安睡其中。大家相互招呼叫喊呀，一起在这里徘徊不去。餐清风而饮甘露啊，你就不会饥饿。早晨与麋鹿结成伙伴，晚上与猿猴一同栖息。你可以安心地居在这里呀，不要化为厉鬼危害这里的村落！”

【学习提示】

1. 历史学家吕思勉评价《瘗旅文》说：“自心情中流出，颇见真挚也。”简要概括全文流露出作者哪些真挚的情感。

2. 这是一篇哀悼陌生人的祭文，字里行间却处处隐藏着一个“我”，抒发了“鸾凤伏窜，鸱鸮翱翔”的愤懑心情，浸透了作者深沉的苦闷和无穷的抑郁。熟读文章，体味这样写的好处。

汤誓[1]

《尚书》

【题解】

《汤誓》是汤出师伐桀前的誓师词。汤名天乙，是舜的大臣契的十四代孙，商朝的开国君主。汤伐夏桀以前，商的军民不愿征战。汤于是在都城亳晓谕民众兴师伐桀的道理。本篇正文分两段。第一段说明兴师征伐的原因，第二段申明赏罚的办法。篇中“时日曷丧？予及汝皆亡”，真实反映了夏国人民痛恨暴君暴政的心情。商汤是一位出色的演说家，本文可见其演说技巧：先摆出一副谦和的姿态赢得印象分；直截了当提出最过硬的理由，表明目的；以自问自答的方式消除听众的顾虑，进一步说服和打动听众；表明自己决心已定，义无反顾；最后严词威胁加上利诱。

伊尹相汤，伐桀[2]，升自陑[3]，遂与桀战于鸣条[4]之野，作《汤誓》。

王曰：“格尔众庶[5]，悉听朕言。非台[6]小子，敢行[7]称乱！有夏[8]多罪，天命殛[9]之。今尔有众，汝曰：‘我后[10]不恤我众，舍[11]我穑事[12]，而割[13]正[14]夏？’予惟闻汝众言，夏氏有罪，予畏上帝[15]，不敢不正[16]。今汝其曰：‘夏罪其如台[17]？’夏王率[18]遏[19]众力，率割夏邑。有众率怠弗协[20]，曰：‘时日曷[21]丧[22]？予及汝皆亡。’夏德若[23]兹，今朕必往。

“尔尚辅予一人，致天之罚，予其大赉[24]汝！尔无不信，朕不食言[25]。尔不从誓言，予则孥戮汝[26]，罔有攸赦[27]。”

【注释】

[1]《汤誓》：《尚书》篇名。汤，成汤。誓，约束，集将士而戒之曰誓。

［2］伊尹：商之贤相。相：助。汤：成汤。伐：征伐。桀：夏桀，夏末世之君，名癸，负恃其勇，暴虐无道。汤率师伐之，走死鸣条。

［3］升：与“降”相对，登或进的意思。陑（ér）：古地名，在河曲之南，即旧书所注山西省永济县南，近年考证认为是今山东省济宁市附近。

［4］鸣条：古地名，今山西安邑县有鸣条冈，成汤败桀之处。

［5］格尔众庶：格，来。众庶，众民。

［6］台（yí）：第一人称代词，我，我的。

［7］行（háng）：这里用为言说之意。

［8］夏：中国历史上的第一个王朝，系传说中禹的儿子启所建立，奴隶制国家。

［9］殛（jí）：这里用为诛、杀死之意。

［10］后：君王。

［11］舍：停止。

［12］穑事：稼穑之事，指农事。

［13］割：通“害”。这里用为危害、损害之意。

［14］正：通“征”。这里用为出兵征讨之意。

［15］上帝：天帝。

［16］正：匡正。这里有征伐之意。

［17］如台（yí）：奈何。如，奈也。台，犹“何”也。

［18］率：相率，带头。

［19］遏：断绝。

［20］协：和睦，融洽。

［21］曷：代词，相当于“何”，表示疑问之意。

［22］丧（sàng）：丧身。

［23］若：这里用为如此、这样之意。

［24］赉（lài）：赏赐。

［25］食：吞没。食言：指不讲信用。

［26］孥戮汝：孥，妻儿。意思是杀你们和你们的妻儿。

［27］罔：无。攸：所。

【译文】

伊尹辅佐成汤，征伐夏桀，从陑地开始进军，于是与夏桀在鸣条郊外展开决战，史叙其事，作《汤誓》。

王说："来吧！你们众位，都听我说。不是我小子敢说作乱！因为夏国犯下许多罪行，天帝命令我去讨伐它。现在你们众人会说：'我们的君王不怜悯我们众人，荒废我们的农事，为什么要征伐夏国呢？'我虽然理解你们的话，但是夏氏有罪，我畏惧天帝，不敢不去征伐啊！现在你们会问：'夏的罪行究竟怎么样呢？'夏王耗尽民力，剥削夏国的人民。民众怠慢不恭，同他很不融洽，他们说：'这个太阳什么时候消失呢？我们愿意同你一起灭亡。'夏的品德这样坏，现在我一定要去讨伐他。

"你们要辅佐我这个人，实行天帝对夏的惩罚，我将重重地赏赐你们！你们不要不相信，我不会不讲信用。如果你们不遵守誓师宣言，我就会杀死你们和你们的妻儿，不会有所赦免。"

【学习提示】

1. 古代散文中很少见到类似当代演讲词的这类文体，而《汤誓》恰恰具备了一篇演讲词的诸多元素，并且从中可以见到成汤高超的演讲艺术。请结合文章对此点加以领悟。

2.《汤誓》是《尚书》中《商书》的首篇，记录成汤伐桀；《微子》是《商书》的末篇，记录微子出逃无道之商，反映了商代纣王的暴虐。建议对照阅读，感悟王朝兴衰的历史规律和经验教训。

君子所以异于人

《孟子》

【题解】

本文节选自《孟子·离娄下》。题目为编者所加。文章阐明了自我省察的修养方法，强调效法圣贤，循仁蹈礼。孟子十分重视个体的道德修养，并把修身当做齐家、治国、平天下的前提和基础。他强调的自我省察就是道德省察的一个重要方法。本文内容可以分为三个层次。第一层讲君子与普通人的区别；第二层讲自我省察的方法；第三层讲要效法圣贤。孟子的思想有一种自得其乐的精神，体现了中华民族严于律己、追求高尚道德精神境界的传统，对激励人们自我反省、自我认识具有积极意义。

孟子曰："君子所以[1]异于人者，以其存心也。君子以仁存心，以礼存心。仁者爱人，有礼者敬人。爱人者，人恒爱之；敬人者，人恒敬之。

有人于此，其待我以横逆[2]，则君子必自反[3]也：我必不仁也，必无礼也，此物奚宜[4]至哉？其自反而仁矣，自反而有礼矣，其横逆由是[5]也；君子必自反也：我必不忠。自反而忠矣，其横逆由是也；君子曰：'此亦妄人也已矣！如此则与禽兽奚择[6]哉？于禽兽又何难[7]焉？'

是故，君子有终身之忧，无一朝之患也。乃若所忧则有之：舜，人也，我，亦人也；舜为法于天下可传于后世，我由未免为乡人也，是则可忧也。忧之如何？如舜而已矣！若夫君子所患，则亡[8]矣。非仁无为也，非礼无行也。如有一朝之患，则君子不患矣。"

【注释】

［1］所以：表因果关系，……的原因。

［2］横（hèng）逆：强暴不讲道理。

［3］反：反省，反思。

［4］奚宜：怎么应当。

［5］由是：因此。

［6］择：区别。

［7］难（nàn）：责难。

［8］亡：无，没有。

【译文】

孟子说："君子之所以不同于一般人，是因为他保存在心里的思想不同。君子把仁保存在心里，把礼保存在心里。仁人爱人，有礼的人尊敬人。爱人的人，别人就一直爱他；尊敬人的人，别人就一直尊敬他。

假设有个人，他以粗暴蛮横的态度对待我，那么君子必定会反省自己：我（对他）一定还有不仁的地方、无礼的地方，要不这种态度怎么会冲着我来呢？反省后做到仁了，反省后有礼了，那人的粗暴蛮横仍然如此，君子必定再反省：我（待他）一定还没有尽心竭力。经过反省，做到了尽心竭力，那人的粗暴蛮横还是这样，君子就说：'这不过是个狂人罢了。像他这样，同禽兽有什么区别呢？对于禽兽又有什么可计较的呢？'

因此君子有终身的忧虑，没有一时的担心。至于终身忧虑的事就是：舜是人，我也是人；舜给天下的人树立了榜样，影响可以流传到后世，我却仍然不免是个平庸的人，这是值得忧虑的。忧虑了怎么办？像舜那样去做罢了！至于说到君子（一时）所担心的，那是没有的。不仁的事不干，不合礼的事不做。即使有一时的担心，君子也不认为值得担心了。"

【学习提示】

1. 在本文中，孟子倡导仁和礼。结合文章内容，具体说说如何才能使自己成为一个“仁者”和“有礼者”。

2. 阐述观点时一般需要综合运用多种论证方法。找出孟子在这篇文章中所运用的论证方法，并说说其论证作用。

秋水（节选）

《庄子》

【题解】

本篇节选自《庄子·秋水》。《秋水》（节选）是全文总论部分，通过北海海神跟河神的谈话，围绕相对性、自化和返其身三个主要方面，集中讨论人应怎样去认识外物。《秋水》的价值和意义，就是对人类的具有认知局限的存在状态的深刻揭示，进而启发人们思考如何正确认知世界状态、如何正确对待人的生命价值。总之，《秋水》全文思想高妙，层次分明，以艺术而论堪称《庄子》全书之冠。《庄子》已脱离语录体形式，标志着先秦散文已经发展到成熟的阶段，代表了先秦散文的最高成就。庄子是战国时期道家学派的代表人物，他的作品被称为"文学的哲学，哲学的文学"。文字的汪洋恣肆，意象的雄浑飞越，想象的奇特丰富，情致的滋润旷达，思想的深邃辩证，给人以超凡脱俗与崇高美妙的感受，在中国的文学史上独树一帜。

秋水时[1]至，百川灌河[2]；泾[3]流之大，两涘渚崖之间不辩[4]牛马。于是焉河伯欣然自喜，以天下之美为尽在己。顺流而东行，至于北海，东面而视，不见水端。于是焉河伯始旋[5]其面目，望洋[6]向若而叹曰："野语有之曰：'闻道百，以为莫己若者'，我之谓也。且夫我尝闻少仲尼之闻，而轻伯夷[7]之义者，始吾弗信。今我睹子[8]之难穷也，吾非至于子之门则殆矣，吾长见笑于大方之家[9]。"

北海若曰："井蛙不可以语于海[10]者，拘于虚[11]也；夏虫不可以语于冰者，笃[12]于时也；曲士[13]不可以语于道者，束于教也。今尔出于崖涘，观于大海，乃知尔丑[14]，尔将可与语大理[15]矣。天下之水，莫大于海。万川归之，不知何时止而不盈；尾闾[16]泄之，不知何时已而不虚[17]；春秋不变，水旱不知。此其过[18]江河之流，不可为量数。而吾未尝以此自多[19]者，自以比形于天地，而受气于阴阳，吾在天地之间，犹小石小木之在大[20]山也。方存乎见[21]少，又奚[22]以自多！计四海之在天地之间也，不似礨空之在大泽乎[23]？计中国之在海内，不似稊米[24]之在大仓乎？号[25]物之数谓之万，人处一焉；人卒九州，谷食之所生，舟车之所通，人处一焉。此其比万物也，不似毫末之在于马体乎？五帝之所连[26]，三王之所争，仁人之所忧，任士之所劳[27]，尽此矣！伯夷辞之以为名，仲尼语之以为博，此其自多也，不似尔向之自多于水乎？"

河伯曰："然则吾大天地而小豪末，可乎？"

北海若曰"否。夫物，量无穷，时无止，分无常[28]，终始无故[29]。是故大知[30]观于远近，故小而不寡，大而不多：知量[31]无穷。证向今故[32]，故遥而不闷，掇而不跂[33]：知时无止。察乎盈虚，故得而不喜，失而不忧：知分[34]之无常也。明乎坦涂[35]，故生而不说[36]，死而不祸：知终始之不可故也。计人之所知，不若其所不知；其生之时，不若未生之时；以其至小，求穷其至大之域[37]，是故迷乱而不能自得也。由此观之，又何以知毫末之足以定至细之倪[38]，又何以知天地之足以穷至大之域！"

河伯曰："世之议者皆曰：'至精无形，至大不可围[39]。'是信[40]情乎？"

北海若曰："夫自细视大者不尽，自大视细者不明。夫精，小之微也；垺，大之殷[41]也：故异便[42]。此势之有也。夫精粗者，期[43]于有形者也；无形者，数[44]之所不能分也；不可围者，数之所不能穷也。可以言论者，物之粗也；可以意致者，物之精也；言之所不能论，意之所不能察致者，不期[45]精粗焉。是故大人之行：不出乎害人，不多仁恩[46]；动不为利，不贱门隶；货财弗争，不多辞让；事焉不借人，不多食乎力，不贱贪污；行殊乎俗，不多辟异[47]；为在从众，不贱佞谄；世之爵禄不足以为劝，戮耻不足以为辱；知是非之不可为分，细大之不可为倪。闻曰：'道人不闻，至德不得，大人无己[48]。'约分之至也。"

河伯曰："若物之外，若物之内，恶至而倪贵贱？恶至[49]而倪小大？"

北海若曰："以道观之，物无贵贱；以物观之，自贵而相贱；以俗观之，贵贱不在己。以差[50]观之，因其所大而大之，则万物莫不大；因其所小而小之，则万物莫不小。知天地之为稊米也，知毫末之为丘山也，则差数[51]睹矣。以功观之，因其所有而有之，则万物莫不有；因其所无而无之，则万物莫不无。知东西之相反而不可以相无，则功分[52]定矣。以趣观之，因其所然而然之，则万物莫不然；因其所非而非之，则万物莫不非。知尧、桀之自然而相非，则趣[53]操[54]睹[55]矣。昔者尧、舜让而帝，之、哙[56]让而绝；汤、武争而王，白公[57]争而灭。由此观之，争让之礼，尧、桀之行，贵贱有时，未可以为常[58]也。梁丽[59]可以冲城而不可以窒穴，言殊器也；骐骥骅骝一日而驰千里，捕鼠不如狸狌，言殊技也；鸱鸺夜撮蚤，察毫末，昼出瞋目而不见丘山，言殊性[60]也。故曰：盖师[61]是而无非，师治而无乱乎？是未明天地之理，万物之情也。是犹师天而无地，师阴而无阳，其不可行明矣！然且语而不舍，非愚则诬也！帝王殊禅，三代殊继。差其时，逆其俗者，谓之篡夫；当其时，顺其俗者，谓之义徒。默默乎河伯，女恶知贵贱之门，小大之家[62]！”

河伯曰：“然则我何为乎？何不为乎？吾辞受趣[63]舍，吾终奈何？”

北海若曰：“以道观之，何贵何贱，是谓反衍[64]；无拘而志[65]，与道大蹇[66]。何少何多，是谓谢施[67]；无一而行，与道参差。严乎若国之有君[68]，其无私德；繇繇乎若祭之有社[69]，其无私福；泛泛乎其若四方之无穷，其无所畛域[70]。兼怀万物，其孰承翼[71]？是谓无方。万物一齐，孰短孰长？道无终始，物有死生，不恃其成[72]。一虚一满，不位[73]乎其形。年不可举[74]，时不可止。消息[75]盈虚，终则有始。是所以语大义之方[76]，论万物之理也。物之生也，若骤若驰。无动而不变，无时而不移。何为乎，何不为乎？夫固将自化。”

河伯曰：“然则何贵于道邪？”

北海若曰：“知道者必达于理，达于理者必明于权[77]，明于权者不以物害己。至德者，火弗能热，水弗能溺，寒暑弗能害，禽兽弗能贼。非谓其薄[78]之也，言察乎安危，宁于祸福，谨于去就，莫之能害也。故曰：‘天在内，人在外，德在乎天。’知天人之行，本乎天，位乎得，蹢躅[79]而屈伸，反要而语极[80]。”曰：“何谓天？何谓人？”北海若曰：“牛马四足，是谓天；落[81]马首，穿牛鼻，是谓人。故曰：‘无以人灭天，无以故灭命，无以得殉名。谨守而勿失，是谓反其真。’”

【注释】

［1］时：按时令。

［2］灌：奔注。河：黄河。

［3］泾（jīng）：通“径”，直流的水波，此指水流。

［4］不辩：分不清。辩，同“辨”，分清。

［5］旋：转，改变。

［6］望洋：仰视的样子。

［7］伯夷：商孤竹君之子，与弟叔齐争让王位，被认为节义高尚之士。

［8］子：原指海神若，此指海水。

［9］长：永远。大方之家：有学问的人。

［10］语于海：意思是谈论关于大海的事情。

［11］虚：同“墟”，居住的地方。

［12］笃（dǔ）：固。引申为束缚、限制。

［13］曲士：孤陋寡闻的人。

［14］丑：鄙陋，缺乏知识。

［15］大理：大道。

［16］尾闾（lǘ）：海水的出口处，排泄海水的地方。

［17］虚：流空。

［18］过：超过。

［19］自多：自夸。

［20］大：同“太”。

［21］方：正。存：察，看到。见（xiàn）：显得。

［22］奚：何，怎么。

［23］罍（lěi）：石块。罍空：蚁穴，小孔穴。大泽：大湖泊。

［24］稊（tí）米：泛指细小的米粒。

［25］号：称。

［26］连：继续。

［27］“仁人”二句：仁人，指专门讲仁义的儒家者流。任士，指身体力行的墨家者流。墨家以任劳以成人之所急为己任，故称。

［28］分（fèn）：分性，秉赋。无常：不固定。

［29］故：同“固”。

［30］大知（zhì）：有大智慧的人。知，同“智”。

［31］知量：知道物量。

［32］向：明。故：古。

［33］“故遥”二句：闷，昧，暗。不闷，不昏暗，即“明白”。掇（dūo），伸手可拾，表示近。跂，通“企”，求。不跂，不可企求。

［34］分（fèn）：界限，盈虚得失的界限。

［35］坦涂：大道。涂，同“途”。

［36］说：通“悦”。

［37］至大之域：无穷大的境界。

［38］倪（ní）：头绪，引申为标准、界限。

［39］不可围：不可限制，没有范围。

［40］信：真实。

［41］垺（fú）：同“郛”，郭，城墙。殷：盛大。

［42］便：通“辨”。异便：不同的区别。

［43］期：凭借。

［44］数：数字。

［45］不期：不可能。

［46］大人：得道的大人先生。多：赞美，歌颂。

［47］辟异：傲慢怪僻。

［48］道人：得道的人。不闻：不求名声。至德：品德极高的人。不得：不自显其德。大人：伟大的人。无已：忘我。

［49］恶（wū）至：什么标准。

［50］差：差别。

［51］差数：差别的概念。

［52］功分（fèn）：功利的性分。

［53］趣：通“趋”，思想倾向。

［54］操：主观标准。

［55］睹：可见。

［56］之：燕国相名子之。哙：燕王名哙。燕王哙于周慎靓王五年（前316），用苏代之说，让王位给国相子之，燕人不服，大乱。齐乘机伐燕，杀哙与子之，燕国也几乎

灭亡。

［57］白公：白公胜，楚平王孙。他父亲太子建，因受陷害而流亡国外，生白公胜。后来白公胜回国，为了争夺政权发动武装政变，事败身亡。

［58］常：无法变动的规律。

［59］丽：通“欐”，屋栋。

［60］性：才性。

［61］师：推崇。

［62］门、家：范围、界限。

［63］趣：求取。

［64］衍（yǎn）：通“延”，发展。反衍：反方向发展。

［65］无：勿。而：你。

［66］道：大道。蹇（jiǎn）：阻塞，引申为抵触。

［67］谢：代谢，衰落。施：移，转。

［68］严：通“俨”。严严乎，端庄、威严的样子。有：语助词。

［69］繇（yóu）繇乎：坦然自得的样子。社：土地神。

［70］畛（zhěn）域：疆界。

［71］翼：庇爱，偏护。

［72］成：万物之成形。

［73］位：守住，固定。不位：不固定。

［74］举：提取。

［75］消：消亡。息：生长。

［76］大义：大道。方：方向，原则。

［77］权：权衡轻重而应变。

［78］薄：迫近，引申为触犯。

［79］踯躅（zhí zhú）：进退不定的样子。

［80］反：通“返”。极：尽。

［81］落：络，笼住。

【译文】

秋天的洪水随着季节涨起来了，千百条江河注入黄河，直流的水畅通无阻，两岸和水中沙洲之间连牛马都不能分辨。在这个情况下河伯非常高兴，沾沾自喜，认为天下一切美景全都聚集在自己这里。河伯顺着水流向东而去，来到北海边，面朝东边一望，看不见大海的尽头。这个时候河伯转变了原来欣然自得的表情，面对海神若仰首慨叹道：“有句俗话说，‘听到了许多道理，就以为没有人比得上自己’，说的就是我这样的人了。况且我曾听说有人认为孔子的见闻浅陋，伯夷的道义微不足道，开始我还不相信；如今我看见您的广阔无边，我如果不是来到您的面前来，那就危险了，我会永远被有学识的人所讥笑。”

北海若说：“对井里的青蛙不能够与它沟通讨论关于大海的事情，是因为井口局限了它的眼界；夏天的虫子不能够与它谈论关于冰雪的事情，是因为它被生存的时令所限制；对见识浅陋的人不可与他谈论道理的问题，是因为他的眼界受着教养的束缚。如今你从河岸流出来，看到大海后，才知道你的不足，这就可以与你谈论道理了。天下的水，没有比海更大的了。万千条江河归向大海，不知什么时候停止，可大海却不会满溢出来；海的尾闾泄漏海水，不知什么时候才会停止，但海水却不曾减少；海水不因季节的变化而有所增减，也不因水灾旱灾而受影响。这说明了它的容量超过长江、黄河的容量，不可计数。但是我未曾借此自我夸耀，因为自从天地之间生成形态，从那里汲取阴阳之气，我在天地里面，犹如小石小木在大山上一样，正感觉自己的存在渺小，又哪里还能自傲呢？计算一下四海在天地间，不像小小的蚁穴在巨大的水泽里吗？计算一下中原在天下，不像细小的米粒在大粮仓中吗？人们用“万”这个数字来称呼物类，人不过占其中之一；人类遍布天下，谷物所生长的地方，车船所通达的地方都有人，每人只是占其中的一个。这表明人与万物相比，不像毫毛的末梢在马体上吗？五帝所连续统治的，三王所争夺的，仁人所担忧的，以天下为己任的贤人所劳碌的，全不过如此而已。伯夷以辞让君王位置而博得名声，孔子以谈论天下而显示渊博，他们这样自我夸耀，不正像你先前看到河水上涨而自满一样吗？”

河伯说：“那么我把天地看作是最大，把毫末看作是最小，可以吗？”

北海若回答：“不可以。万物的量是无穷无尽的，时间是没有终点的，得与失的禀分没有不变的常规，事物的终结和起始也不是固定的。所以有大智的人观察事物从不局限于一隅，因而体积小却不看作就是少，体积大却不看作就是多，这是因为（他们）知道事物的量是不可穷尽的；证验并明察古往今来的各种情况，因而寿命久远却不感到厌倦，生命只在近前却不会企求寿延，这是因为（他们）知道时间的推移是没有止境的；洞悉事物有盈有虚的规律，因而有所得却不欢欣喜悦，有所失也不悔恨忧愁，这是因为（他们）知道得与失的禀分是没有定规的；明了生与死之间犹如一条没有阻隔的平坦大道，因而生于世间不会倍加欢喜，死离人世不觉祸患加身，这是因为（他们）知道终了和起始是不会一成不变的。算算人所懂得的知识，远远不如他所不知道的东西多，他生存的时间，也远远不如他不在人世的时间长；用极为有限的智慧去探究没有穷尽的境域，所以内心迷乱而必然不能有所得！由此看来，又怎么知道毫毛的末端就可以判定（它）是最为细小的限度呢？又怎么知道天与地就可以（将其）看作是最大的境域呢？”

河伯说：“世间议论的人们总是说：‘最细小的东西没有形体可寻，最巨大的东西不可限定范围。’这样的话是真实可信的吗？”

北海若回答：“从细小的角度看庞大的东西不可能全面，从巨大的角度看细小的东西不可能真切。精细，是小中之小；庞大，是大中之大。不过大小虽有不同，却各有各的合宜之处。这就是事物固有的态势。所谓精细与粗大，仅限于有形的东西，至于没有形体的事物，是不能用计算数量的办法来加以剖解的；而不可限定范围的东西，更不是用数量能够精确计算的。可以用言语来谈论的东西，是事物粗浅的外在表象；可以用心意来传告的东西，则是事物精细的内在实质。言语所不能谈论的，心意所不能传告的，也就不限于精细和粗浅的范围了。所以修养高尚者的行动，不会出于对人的伤害，也不会赞赏给人以仁慈和恩惠；无论干什么都不是为了私利，也不会轻视从事守门差役之类的人。无论什么财物都不去争夺，也不推重谦和与辞让；凡事从不借助他人的力气，但也不提倡自食其力，同时也不鄙夷贪婪与污秽；行动与世俗不同，但不主张邪僻乖异；行为追随一般的人，也不以奉承和谄媚为卑贱；人世间的所谓高官厚禄不足以作为劝勉，刑戮和侮辱不足以看作是羞耻；知道是与非的界线不能清楚地划分，也懂得细小和巨大不可能确定清晰的界限。听人说：‘能体察大道的人不求闻达于世，修养高尚的人不会计较得失，清虚宁寂的人能够忘却自己。’这就是约束自己而达到适如其分的境界。”

河伯说：“如此事物的外表，如此事物的内在，从何处来区分它们的贵贱？又怎么来区别它们的大小？”

北海若回答："用自然的常理来看，万物本没有贵贱的区别。从万物自身来看，各自为贵而又以他物为贱。拿世俗的观点来看，贵贱不在于事物自身。按照物与物之间的差别来看，顺着各种物体大的一面去观察便会认为物体是大的，那么万物就没有什么不是大的；顺着各种物体小的一面去观察便会认为物体是小的，那么万物没有什么不是小的；知晓天地虽大但比起更大的东西来也如小小的米粒，知晓毫毛之末虽小但比起更小的东西来也如高大的山丘，而万物的差别和数量也就看得很清楚了。依照事物的功用来看，顺着物体所具有的一面去观察便会认为具有了这样的功能，那么万物就没有什么不具有这样的功能；顺着物体所不具有的一面去观察便会认为不具有这样的功能，那么万物就没有什么具有了这样的功能；可知东与西的方向对立相反却又不可以相互缺少，而事物的功用与本分便得以确定。从人们对事物的趋向来看，顺着各种事物肯定的一面去观察便会认为是对的，那么万物没有什么不是对的；顺着各种事物否定的一面去观察便会认为是不对的，那么万物没有什么不是错的；知晓唐尧和夏桀都自以为正确又相互否定对方，而人们的趋向与持守也就看得很清楚了。当年唐尧、虞舜禅让而称帝，宰相子之与燕王哙禅让而燕国几乎灭亡；商汤、周武王都争夺天下而成为帝王，白公胜争夺王位却遭致杀身。由此看来，争斗与禅让的礼制，唐尧与夏桀的做法，认可还是鄙夷都会因时而异，不可以把它们看作是不变的规律。栋梁之材可以用来冲击敌城，却不可以用来堵塞洞穴，说的是器物的用处不一样。骏马良驹一天奔驰上千里，捕捉老鼠却不如野猫与黄鼠狼，说的是技能不一样。猫头鹰夜里能抓取小小的跳蚤，细察毫毛之末，可是大白天睁大眼睛也看不见高大的山丘，说的是禀性不一样。所以说：怎么会只看重对的一面而忽略不对的一面、看重治而忽略乱呢？这是因为不明了自然存在的道理和万物自身的实情。这就像是重视天而轻视地、重视阴而轻视阳，那不可行是十分明白的了。然而还是要谈论不休，不是愚昧便是欺骗！远古帝王的禅让各不相同，夏、商、周三代的继承也各不一样。不合时代、悖逆世俗的人，称他叫篡逆之徒；合于时代、顺应世俗的人，称他叫高义之士。沉默下来吧，河伯！你怎么会懂得万物间贵贱的门庭和大小的流别！"

河伯说："既然这样，那么我应该做些什么呢？又应该不做什么呢？我将怎样推辞或接纳、屈就或舍弃，我终究将怎么办？"

北海若回答："用道的观点来观察，什么是贵什么是贱，这可称之为循环往复；不必束缚你的心志，而跟大道相违碍。什么是少什么是多，这可称之为更替延续；不要偏执于事物的某一方面行事，而跟大道不相一致。端庄、威严的样子像是一国的国君，确实没有一点儿偏私的恩惠；优游自得的样子像是祭祀中的土地神，确实没有任何偏私的赐福；浩瀚周遍的样子像是通达四方而又旷远无穷，确实没有什么区分界限；兼蓄并且包藏万物，难道谁专门有所承受或者有所庇护？这就称作不偏执于事物的任何一个方面。宇宙万物本是浑同齐一的，谁优谁劣呢？大道没有终结和起始，万物却都有死有生，因而不可能依仗一时的成功。时而空虚时而充实，万物从不固守于某一不变的形态。岁月不可以挽留，时间从不会停息，消退、生长、充实、空虚，宇宙万物终结便又有了开始。这样也就可以谈论大道的准则，评说万物的道理了。万物的生长，像是马儿飞奔，像是马车疾行，没有什么举动不在变化，没有什么时刻不在迁移。应该做些什么呢？又应该不做什么呢？一切必定都将自然地变化！"

河伯说："既然如此，那么为什么还要那么看重大道呢？"

北海若回答："懂得大道的人必定通达事理，通达事理的人必定明白应变，明白应变的人定然不会因为外物而损伤自己。道德修养高尚的人烈焰不能烧灼他们，洪水不能沉溺他们，严寒酷暑不能侵扰他们，飞禽走兽不能伤害他们。不是说他们逼近水火、寒暑的侵扰和禽兽的伤害而能幸免，而是说他们明察安危，安于祸福，慎处离弃与追求，因而没有什么东西能够伤害他们。所以说：'天然蕴含于内里，人为显露于外在，高尚的修养则顺应自然。'懂得人的行止，立足于自然的规律，居处于自得的环境，徘徊不定，屈伸无常，也就返归大道的要冲而可谈论至极的道理。"

河伯说："什么是天然？什么又是人为？"

北海若回答："牛马生就四只脚，这就叫天然；用马络套住马头，用牛鼻绾穿过牛鼻，这就叫人为。所以说，不要用人为去毁灭天然，不要用有意的作为去毁灭自然的禀性，不要为获取虚名而不遗余力。谨慎地持守自然的禀性而不丧失，这就叫返归本真。"

【学习提示】

1.《秋水》（节选）只是全文总论部分，但是篇幅较长。阅读理解这类作品内涵，必须学会梳理归纳。结合标志性词语和层次性话题，看看节选部分是如何围绕“相对性”“自化”“反其身”三个关键词展开论述的。

2. 庄子的《秋水》（节选）集中讨论人应怎样去认识外物。结合文章内容，概括出庄子所提出的认识方法，并思考这些方法对于我们当下认识外物的价值。

3.《庄子》的说理纵横恣肆，方式多样，灵活飞扬，大气磅礴。选取其中一到两层文字，分析庄子所运用的说理方法及其特色。

邹忌讽齐王纳谏[1]

《战国策》

【题解】

《邹忌讽齐王纳谏》出自《战国策·齐策一》，讲述了战国时期齐国谋士邹忌劝说君主纳谏，使之广开言路、改良政治的故事。文章塑造了邹忌这样一个有自知之明、善于思考、勇于进谏的贤士形象，又表现了齐威王知错能改、从谏如流的明君形象，以及革除弊端、改良政治的迫切愿望和巨大决心。文章告诉读者居上者只有广开言路，采纳群言，虚心接受批评并积极加以改正才有可能成功。文章以“孰美”的问答开篇，继写邹忌暮寝自思，寻找妻、妾、客人赞美自己的原因，并因小悟大，将生活小事与国家大事有机地联系起来。用类比推理的方法，由自己的“蔽”婉讽“王之蔽甚”，充分显示了邹忌巧妙的讽谏艺术与娴熟的从政谋略。邹忌正是以自身的生活体悟，委婉地劝谏齐威王广开言路，改革弊政，整顿吏治，从而收到很好的效果。

邹忌修[2]八尺[3]有余，而形貌昳丽[4]。朝服衣冠[5]，窥镜[6]，谓其妻曰：“我孰[7]与[8]城北徐公美？”其妻曰：“君美甚，徐公何能及[9]君也？”城北徐公，齐国之美丽者也。忌不自信，而复问其妾曰：“吾孰与徐公美？”妾曰：“徐公何能及君也？”旦日[10]，客从外来，与坐谈，问之客曰：“吾与徐公孰美？”客曰：“徐公不若君之美也。”明日徐公来，孰视之[11]，自以为不如；窥镜而自视，又弗如远甚[12]。暮寝[13]而思之，曰：“吾妻之美我者[14]，私[15]我也；妾之美我者，畏我也；客之美我者，欲有求于我也。”

于是入朝见威王，曰：“臣诚知[16]不如徐公美。臣之妻私臣，臣之妾畏臣，臣之客欲有求于臣，皆以美于徐公[17]。今齐地[18]方[19]千里，百二十城，宫妇[20]左右[21]莫不私王，朝廷之臣莫不畏王，四境之内[22]莫不有求于王：由此观之[23]，王之蔽[24]甚矣。”

王曰：“善[25]。”乃下令：“群臣吏民，能面刺[26]寡人之过者，受[27]上赏；上书谏寡人者，受中赏；能谤讥于市朝[28]，闻[29]寡人之耳者，受下赏。”令初下，群臣进谏，门庭若市；数月之后，时时而间进[30]；期[31]年之后，虽欲言，无可进者。

燕、赵、韩、魏闻之，皆朝于齐。此所谓战胜于朝廷[32]。

【注释】

［1］邹忌（zōu jì）：战国时齐人，善鼓琴，有辩才，曾任齐相。讽：指下级对上级以委婉曲折的言语进行规劝。齐王：即齐威王。纳谏：接受规劝。纳，接受，接纳。

［2］修：长，这里指身高。

［3］八尺：战国时一尺约合今天的七寸。

［4］昳（yì）丽：光艳美丽。

［5］朝（zhāo）服衣冠：早晨穿戴好衣帽。朝，早晨。服，穿戴。

［6］窥镜：照镜子。

［7］孰：谁，哪一个。

［8］与：和……比。

［9］及：比得上。

［10］旦日：明日，第二天。

［11］孰视之：孰，同“熟”，仔细。之，代指城北徐公。

［12］弗（fú）如远甚：远远地不如。弗，不。

［13］寝：躺，卧。

［14］美我者：以我为美。

［15］私：偏爱，动词。

［16］诚知：确实知道。

［17］皆以美于徐公：都认为我比徐公美。以，以为、认为。于，比。

［18］地：土地，疆域。

［19］方：方圆纵横。

［20］宫妇：宫中的姬妾。

［21］左右：国君身边的近臣。

［22］四境之内：全国范围内的人。

［23］之：音节助词。

［24］蔽：蒙蔽，这里指受蒙蔽。

［25］善：好。

［26］面刺：当面指责。面，当面。刺，指责、议论。

［27］受：给予，付予。

［28］谤讥于市朝（cháo）：在公众场所议论君王的过失。谤，公开指责别人的过错。讥，讽刺。谤讥，指责、议论。市朝，公共场合。

［29］闻：这里是“使……听到”的意思。属于形容词的使动用法。

［30］时时而间（jiàn）进：有时候有人偶然进谏。间进，偶然有人进谏。间，间或、偶尔、有时候。进，进谏。

［31］期（jī）年：满一年。期，满。

［32］战胜于朝廷：在朝廷上战胜（别国）。意思是内政修明，不需用兵，就能战胜敌国。

【译文】

邹忌身高八尺多，而且身材容貌光艳美丽。有一天早晨他穿戴好衣帽，照着镜子，对他的妻子说：“我与城北的徐公相比，谁更美丽呢？”他的妻子说：“您美极了，徐公怎么能比得上您呢！”城北的徐公，是齐国的美男子。邹忌不相信自己会比徐公美丽，于是又问他的小妾说：“我和徐公相比，谁更美丽？”妾说：“徐公怎么能比得上您呢？”第二天，有客人从外面来拜访，邹忌和他坐着谈话。邹忌问客人道：“我和徐公相比，谁更美丽？”客人说：“徐公不如您美丽啊。”又过了一天，徐公前来拜访，（邹忌）仔细地端详他，自觉自己不如他美丽；再照着镜子看看自己，更觉得远远比不上人家。晚上，他躺在床上想这件事，说：“我的妻子认为我美，是偏爱我；我的小妾认为我美，是惧怕我；客人认为我美，是想要有求于我。”

于是邹忌上朝拜见齐威王。说：“我确实知道自己不如徐公美丽。可是我的妻子偏爱我，我的妾惧怕我，我的客人对我有所求，他们都认为我比徐公美丽。如今的齐国，土地方圆千里，有一百二十座城池，宫中的姬妾和身边的近臣，没有不偏爱大王的；朝廷中的大臣，没有不惧怕大王的；国内的百姓，没有不对大王有所求的：由此看来，大王受蒙蔽一定很厉害了。”

齐威王说：“说得真好。”于是下了一道命令：“所有的大臣、官吏、百姓，能够当面批评我的过错的，可得上等奖赏；能够上书劝谏我的，得中等奖赏；能够在众人集聚的公共场所指责、议论我的过失，并能传到我耳朵里的，得下等奖赏。”政令刚一下达，所有大臣都来进言规劝，宫门庭院就像集市一样喧闹。几个月以后，有时偶尔还有人进谏。一年以后，即使想进言，也没有什么可说的了。

燕、赵、韩、魏等国听说了这件事，都到齐国来朝见（齐王）。这就是所说的在朝廷之中不战自胜。

【学习提示】

1. 古代君臣对待谏言的态度各不相同，也就会产生不同的治理效果。以齐威王和邹忌为例，说说他们身上具备哪些值得学习的品质。

2. 类比论证是一种通过已知事物（或事例）与跟它有某些相同特点的事物（或事例）进行比较类推从而证明论点的论证方法。本文即是成功运用类比论证的典范之作，结合文本做具体分析。

隆中对[1]

《三国志》

【题解】

这篇《隆中对》是陈寿《三国志·蜀志·诸葛亮传》中的一段记载。文章通过隆中对策，给读者塑造了诸葛亮这个具有远见卓识的政治家和军事家的形象。他善于审时度势，观察分析形势，善于透过现状，掌握全局，并能高瞻远瞩，推知未来。作者对诸葛亮这个人物形象的塑造，是逐步深入地完成的。本文的层次极为清晰，结构十分严谨。作者自始至终围绕着诸葛亮对策这个中心思想，围绕着诸葛亮这个人物形象进行叙写议论。

亮躬耕陇亩[2]，好为《梁父吟》[3]。身长八尺，每自比于管仲、乐毅[5]，时人莫之许也。惟博陵崔州平、颍川徐庶元直与亮友善，谓为信然。

时先主屯新野[5]。徐庶见先主，先主器[6]之，谓先主曰："诸葛孔明者，卧龙也，将军岂愿见之乎?"先主曰："君与俱来。"庶曰："此人可就见[7]，不可屈致[8]也。将军宜枉驾顾之[9]。"

由是先主遂诣[10]亮，凡三往，乃见。因屏人[11]曰："汉室倾颓[12]，奸臣窃命[13]，主上蒙尘[14]。孤不度德量力[15]，欲信[16]大义于天下；而智术[17]浅短，遂用猖蹶[18]，至于今日。然志犹未已，君谓计将安出?"

亮答曰："自董卓[19]以来，豪杰并起，跨[20]州连郡者不可胜数。曹操比于袁绍[21]，则名微而众寡。然操遂能克绍，以弱为强者，非惟天时，抑[22]亦人谋也。今操已拥百万之众，挟[23]天子而令诸侯[24]，此诚[25]不可与争锋。孙权[26]据有江东，已历[27]三世，国险而民附[28]，贤能为之用，此可以为援而不可图也。荆州北据汉、沔，利尽南海，东连吴、会，西通巴、蜀，此用武之国[29]，而其主不能守，此殆[30]天所以资[31]将军，将军岂有意乎？益州险塞，沃野千里，天府之土[32]，高祖因[33]之以成帝业。刘璋暗弱[34]，张鲁在北，民殷[35]国富而不知存恤[36]，智能之士思得明君。将军既帝室之胄[37]，信义[38]著[39]于四海，总揽[40]英雄，思贤如渴，若跨有荆、益，保其岩阻，西和诸戎，南抚夷越，外结好孙权，内修政理；天下有变，则命一上将将荆州之军以向宛、洛，将军身率益州之众出于秦川，百姓孰敢不箪食壶浆[41]以迎将军者乎？诚如是，则霸业可成，汉室可兴矣。”

先主曰：“善！”于是与亮情好日密。

关羽、张飞等不悦，先主解之曰：“孤之有孔明，犹鱼之有水也。愿诸君勿复言。”羽、飞乃止。

【注释】

[1] 隆中：地名，今湖北省襄阳市襄阳城西。对：回答，应对。“隆中对”并不是陈寿在《三国志》中提出的，而是后人加的，原文中并未提到隆中，隆中之说首次见于小说《三国演义》。

[2] 亮：即诸葛亮，字孔明，徐州琅琊阳都（今山东省临沂市沂南县）人。躬：亲自。陇亩：田地。

[3]《梁父（fǔ）吟》：又作《梁甫吟》，古歌曲名。传说诸葛亮曾经写过一首《梁父吟》歌词。

[4] 管仲：名夷吾，春秋时齐桓公的国相，帮助桓公建立霸业。乐（yuè）毅：战国时燕昭王的名将，曾率领燕、赵、韩、魏、楚五国兵攻齐，连陷七十余城。

[5] 先主：刘备。屯：驻扎。新野：今河南省南阳市新野县。

[6] 器：器重，重视。

[7] 就见：意思是到诸葛亮那里去拜访。就，接近、趋向。

[8] 屈致：委屈（他），召（他上门）来。致，招致、引来。

[9] 枉（wǎng）驾：屈尊。枉，委屈。驾，车马，借车马指刘备。顾：拜访。

[10] 诣：去，到。这里是拜访的意思。

[11] 屏（bǐng）人：这里是命人退避的意思。

[12] 汉室倾颓：指汉朝统治崩溃、衰败。

[13] 奸臣：指董卓、曹操等。窃命：盗用皇帝的政令。

［14］蒙尘：蒙受风尘，专指皇帝遭难出奔。

［15］度（duó）德量力：衡量（自己的）德行（能否服人），估计（自己的）力量（能否胜人）。

［16］信：通“伸”，伸张。

［17］智术：智谋，才识。

［18］用：因此。猖蹶：这里是失败的意思。

［19］董卓：字仲颖，东汉末任凉州刺史。宦官杀何进，董卓遂趁机率军进京，废少帝，立献帝，把持朝政，自此天下分崩离析，进入军阀混战的割据状态。

［20］跨：占据。

［21］袁绍：字本初，其祖辈在东汉时世为大官。东汉末，袁绍为冀州牧，控制冀、幽、并、青四州，为当时最大的割据势力，后被曹操在官渡打败，不久病死。

［22］抑：发语词，无意。

［23］挟（xié）：挟持，控制。

［24］诸侯：这里指当时割据一方的军阀。

［25］诚：的确。

［26］孙权：字仲谋，三国时吴主。其父孙坚以破虏将军割据江东，孙坚死后孙策进一步经营江东，奠定了东吴的基础。

［27］已历：已经经历。

［28］国险而民附：地势险要，民众归附。

［29］此用武之国：这是用兵之地，国，地方。意思是兵家必争之地。

［30］殆（dài）：大概。

［31］资：资助，给予。

［32］天府之土：指自然条件优越、物产丰饶、形势险固的地方。

［33］因：依靠，凭。

［34］刘璋：字季玉，当时为益州刺史。暗弱：昏庸懦弱。

［35］殷：兴旺富裕。

［36］存恤：爱抚，爱惜。恤，体恤、体谅。

［37］胄（zhòu）：后代。刘备是中山靖王刘胜（汉景帝刘启的儿子）的后代，所以称“帝室之胄”。

［38］信义：信用道义。

［39］著：闻名。

［40］总揽：广泛地罗致。揽，这里有招致的意思。

[41] 箪（dān）食壶浆：用竹筐盛着饭，用壶提着水。语出《孟子·梁惠王》。形容人民群众热情迎接和款待自己所爱戴的军队。

【译文】

诸葛亮亲自在田地中耕种，喜爱吟唱《梁父吟》，他身高八尺，常常把自己和管仲、乐毅相比，当时人们都不认可这件事。只有博陵的崔州平、颍川的徐庶与诸葛亮关系甚好，说确实是这样。

适逢先帝刘备驻扎在新野。徐庶拜见刘备，刘备很器重他，徐庶对刘备说："诸葛孔明这个人，是人间卧伏着的龙啊，将军可愿意见他？"刘备说："您和他一起来吧。"徐庶说："这个人只能您去他那里拜访，不可以委屈他，召他上门来，将军您应该屈尊亲自去拜访他。"

因此先帝就去隆中拜访诸葛亮，总共去了三次，才见到诸葛亮。于是刘备叫旁边的人退下，说："汉室的统治崩溃，奸邪的臣子盗用政令，皇上蒙受风尘遭难出奔。我不能衡量自己的德行能否服人，估计自己的力量能否胜任，想要为天下人伸张大义，然而我才智与谋略短浅，就因此失败，弄到今天这个局面。但是我的志向到现在还没有罢休，您认为该采取怎样的办法呢？"

诸葛亮回答道："自董卓独掌大权以来，各地豪杰同时起兵，占据州、郡的人数不胜数。曹操与袁绍相比，声望轻而（信服他的）民众少，然而曹操最终之所以能打败袁绍，凭借弱小的力量战胜强大力量的原因，不仅依靠的是天时好，而且也是人的谋划得当。现在曹操已拥有百万大军，挟持皇帝来号令诸侯，这确实不能与他争强。孙权占据江东，已经历三世了，地势险要，民众归附，又任用了有才能的人，孙权这方面只可以把他作为外援，但是不可谋取他。荆州北靠汉水、沔水，一直到南海的物资都能得到，东面和吴郡、会稽郡相连，西边和巴郡、蜀郡相通，这是大家都要争夺的地方，但是它的主人却没有能力守住它，这大概是天拿它来资助将军的，将军你可有占领它的意思吗？益州地势险要，有广阔肥沃的土地，自然条件优越，高祖凭借它建立了帝业。刘璋昏庸懦弱，张鲁在北面占据汉中，那里人民殷实富裕，物产丰富，刘璋却不知道爱惜，有才能的人都渴望得到贤明的君主。将军既是皇室的后代，而且声望很高，闻名天下，广泛地招揽英雄，思慕贤才，如饥似渴，如果能占据荆、益两州，守住险要的地方，和西边的各个民族和好，又安抚南边的少数民族，对外联合孙权，对内革新政治；一旦天下形势发生了变化，就派一员上将率领荆州的军队直指中原一带，将军您亲自率领益州的军队从秦川出击，老百姓谁敢不用竹篮盛着饭食，用壶装着酒来欢迎将军您呢？如果真能这样做，那么称霸的事业就可以成功，汉室天下就可以复兴了。”

刘备说：“好！”从此与诸葛亮的关系一天天亲密起来。

关羽、张飞等人不高兴了，刘备劝解他们说：“我有了孔明，就像鱼得到水一样。希望你们不要再说什么了。”关羽、张飞于是不再说什么了。

【学习提示】

1. 诸葛亮通过对天下大势的分析，为刘备展现了逐鹿中原的美好图景。结合文章，具体说说诸葛亮战略目标和战略思想的主要内容。

2. 陈寿《三国志》被时人誉为“善叙事”，其中语言精练就是“善叙事”的重要体现。熟读全文，举例赏析本文语言精练的艺术特色。

论盛孝章书

[魏] 孔 融

【题解】

孔融是东汉末代名儒，“建安七子”之首，当时文章宗师。他的文章很能代表建安前期的特点，胆大气盛，放言无忌，才气横溢。《论盛孝章书》是孔融写给曹操的一封信。孔融在信中叙述了好友盛孝章的危险处境，呼吁曹操对他加以救助，字里行间体现出作者对友情的珍视和对人才的爱惜。这篇文章充满感情，富有气势，而且论证有力，用事贴切，比喻形象，对照鲜明，骈散相间，行文变化自如，语言丰富精美。论证中旁征博引，文中提到《春秋传》的记载、孔子与朱穆的言论、古代国君和燕昭王的事例等，或引用，或证明，或深化观点，使文章具有一种高屋建瓴的气势，也使所揭示的交友求贤道理建立在典籍和史实的坚实基础之上，令人信服。

岁月不居[1]，时节如流。五十之年，忽焉已至。公为始满[2]，融又过二[3]。海内知识，零落[4]殆尽，惟会稽盛孝章尚存。其人困于孙氏[5]，妻孥湮没[6]，单孑独立，孤危愁苦。若使忧能伤人，此子不得复永年[7]矣！

《春秋传》[8]曰：“诸侯有相灭亡者，桓公不能救，则桓公耻之[9]。”今孝章，实丈夫之雄也，天下谈士[10]，依以扬声，而身不免于幽絷[11]，命不期于旦夕，是吾祖不当复论损益之友[12]，而朱穆[13]所以绝交也。公诚能驰一介[14]之使，加咫[15]尺之书，则孝章可致，友道可弘矣。

今之少年，喜谤前辈，或能讥评孝章。孝章要[16]为有天下大名，九牧[17]之人，所共称叹。燕君市骏马之骨[18]，非欲以骋道里，乃当以招绝足[19]也。惟公匡复汉室，宗社将绝[20]，又能正[21]之。正之之术，实须得贤。珠玉无胫而自至者，以人好之也[22]，况贤者之有足乎！昭王[23]筑台以尊郭隗，隗虽小才，而逢大遇[24]，竟能发明主之至心[25]，故乐毅[26]自魏往，剧辛[27]自赵往，邹衍[28]自齐往。向使郭隗倒悬而王不解[29]，临溺而王不拯，则士亦将高翔远引，莫有北首[30]燕路者矣。

凡所称引[31]，自[32]公所知，而复有云者，欲公崇笃斯义也[33]。因表不悉[34]。

【注释】

[1] 居：指停留。

[2] 公：指曹操。始满：刚满。这里指刚满五十岁。

[3] 过二：超过两岁。

[4] 零落：凋落。这里指死亡。

[5] 其人：指盛孝章。孙氏：指东吴孙氏政权。孙策平吴后，对英豪多所杀戮，盛孝章为当时名士，孙策也很忌恨他。但孙策死于建安五年（200），该文作于建安九年（204），则欲杀盛孝章者当为孙权。

[6] 妻孥（nú）：妻子、儿女。湮（yān）没：埋没。这里指丧亡。

[7] 永年：长寿。

[8]《春秋传》：阐明《春秋》经义的书。这里指《春秋公羊传》。

[9] “诸侯”三句：见《春秋公羊传・僖公元年》。前僖公元年（659），狄人出兵灭邢。齐桓公当时居霸主地位，未能发兵救援，自己感到羞耻。所以《春秋》作者有意为他隐讳，于这一年只写上“邢亡”两字，而不写亡于谁手。文章引用这几句话的意思是以曹操比齐桓公，暗示他拯救孝章是义不容辞的事。

[10] 谈士：善于言谈议论的人。

[11] 幽絷（zhí）：指被囚禁。絷，拘禁，束缚。

[12] 吾祖：指孔子。孔融是孔子后裔，故称。论损益之友：《论语・季氏》中有，“孔子曰：‘益者三友，损者三友。友直，友谅，友多闻，益矣；友便辟，友善柔，友便佞，损矣。’”

[13] 朱穆：字公叔，东汉时人。他有感于当时不讲交友之道的衰败风俗，写了《崇厚论》《绝交论》两篇文章，表示对世风的不满。

［14］介：一个。

［15］咫（zhǐ）：古以八寸为咫。

［16］要：总括来说。

［17］九牧：九州。古代分天下为九州，州长称牧伯，所以称九州为九牧，也就是“天下”的意思。

［18］“燕君”句：《战国策·燕策一》记载，“郭隗先生曰：‘臣闻古之君人，有以千金求千里马者，三年不能得。涓人言于君曰：‘请求之。’君遣之。三月，得千里马；马已死，买其骨五百金，反以报君。君大怒曰：‘所求者生马，安事死马而捐五百金？’涓人对曰：‘马死且买之五百金，况生马乎？天下必以王为能市马，马今至矣！’于是不能期年，千里之马至者三。’”市，买。

［19］绝足：绝尘之足。指奔驰时足不沾尘的千里马。孔融引用燕君市骏马骨的故事，是要曹操招致盛孝章。以为纵然孝章不是绝顶贤才，但把他招来可以得到好贤的名声，天下贤才必能接踵而来。

［20］宗社：宗庙和社稷。指国家政权。“宗庙”是皇帝祭祖宗的地方，“社稷”是皇帝祭天地的地方。绝：断绝。祭祀断绝即意味政权覆灭。

［21］正：扶正，安定。

［22］“珠玉”二句：语本《韩诗外传》卷六，“盖胥谓晋平公曰：‘夫珠出于江海，玉出于昆山，无足而至者，由主君之好也。士有足而不至者，盖主君无好士之意耳。’”

［23］昭王：燕昭王姬职（前311—前279）。燕昭王渴望贤者，以报齐国破燕之仇，请谋臣郭隗推荐，郭隗说：“请从我开始。我尚且受到尊重，何况比我更高明的贤士呢？”于是昭王就为他修建宫室，并以师礼相待。又相传昭王在易水东南筑黄金台，置千金于台，招纳天下贤士。

［24］大遇：隆重的待遇。

［25］明主之至心：指燕昭王招用贤才的至诚之心。

［26］乐毅：魏国人，燕昭王任为上将军，曾为燕伐齐，破齐七十余城。

［27］剧辛：赵国人，有贤才，跟乐毅一起合谋破齐。

［28］邹衍：齐国人，主张大九州说，燕昭王以师礼相待。

［29］向：从前。倒悬：倒挂着。比喻困苦危急。

［30］首：向。

［31］称引：指信中论说、引述的事情。

［32］自：本来。

［33］崇笃：推崇重视。斯义：指交友、招纳贤才的道理。

［34］不悉：不能详尽。旧时书信结尾常用的套语。

【译文】

光阴荏苒不停留，像流水一样消逝，很快就到了五十岁的年龄。您是刚满，而我已经超过两岁了。国内的相识知交，差不多都要死光了，只有会稽的盛孝章还活着。他受到东吴孙氏政权的困辱，妻子儿女都已死去，只留下他孤单无助的一个人，处境非常危险，心情十分痛苦。假使忧愁可以损害人的健康，孝章恐怕不能长寿了。

《春秋公羊传》里说：“诸侯之间有相互并吞的，齐桓公没有加以救援，自己感到是一种羞耻。”盛孝章确实是当今男子中的豪杰，天下一些善于言谈议论的人，常要依靠他来宣扬自己的名声，而他本人却不能避免被囚禁，生命朝不保夕。（像盛孝章这样的处境，如果不救他那就意味着）家祖孔子就不应该谈论朋友好坏的问题，也无怪朱穆所以要写他的《绝交论》了。您如果能赶快派遣一个使者，再带上一封短信，就可以把孝章招来，而交友之道也可以发扬光大了。

现在的年轻人喜欢说前辈的坏话，或许有人会对孝章加以讥讽评论。总的说来孝章是一个盛名天下、为天下人所称赏赞美的人。燕君购买骏马的尸骨，不是要它在道路上奔驰，而是通过它来招致千里马。我想您正在拯救和恢复汉朝王室，使将要覆灭的政权重新安定下来。天下要安定，关键在于得到贤才。珠玉不生脚，却能够到人的身边来，就是因为有人喜欢它们，何况贤士们生了脚呢？燕昭王筑了黄金台来尊崇郭隗，郭隗虽然是一个才能不高的人，却得到厚待，终能传播明主的诚心，所以乐毅从魏国前去，剧辛从赵国前去，邹衍从齐国前去。假如当初郭隗处于困苦危急之中，昭王不去帮助他，正像落水将要淹死的时候不去援救他，那么其他贤士也都将远走高飞，没有肯到北方燕国来的人了。

上面所说的一些事情，本来就是您所熟悉的，而我还是要再说一下，无非是想提请您对交友之道加以重视罢了。实在不能详尽地表达我的意思。

【学习提示】

1. 刘勰在《文心雕龙》中说孔融“气盛于为笔”，文章“气扬采飞”。结合本文说说你对这个观点的理解。

2. 论据是为证明论点服务的，需要贴切，尽量丰富多元，要具有典型性，这样才能增强说服力。梳理文章中的论据，理解其类型、特色和作用。

贞观君臣论断狱

《通鉴纪事本末》

【题解】

本篇选自《通鉴纪事本末》。该著是南宋袁枢编辑的中国第一部纪事本末体史书，凡四十二卷。文章取《资治通鉴》所记之事，区别门目，分类编排。专以记事为主，每一事详书始末，并自为标题。这篇文章在纪事本末体文体中，属于中心话题式的，话题集中，事件简明，角度各异，表达了贞观君臣在吏治中的思想和作为，对于读者了解当时政治有很大帮助。在内容方面，本文围绕断狱这一中心问题组织材料。第一层叙述戴胄抗颜执法，天下再无冤狱，并且为皇上赢得百姓的信任。第二层叙述李乾祐谏言皇上轻判裴仁轨。这两件事主要表达依法断狱的思想。第三层叙述君臣讨论死刑犯的覆奏问题，表达事关人命需慎重从事的思想。第四层叙述君臣讨论隋炀帝时期的断狱案例，借以总结历史教训，强调了在断狱中君臣双方的责任。

戴胄[1]忠清公直，擢为大理少卿[2]。上以选人[3]多诈冒资荫[4]，敕令自首，不首者死。未几，有诈冒事觉[5]者，上欲杀之。胄奏："据法应流[6]。"上怒曰："卿欲守法，而使朕失信乎？"对曰："敕者出于一时之喜怒，法者国家所以布大信[7]于天下也。陛下忿选人之多诈，故欲杀之，而既知其不可，复断[8]之以法，此乃忍小忿而存大信也。"上曰："卿能执法，朕复何忧！"胄前后犯颜[9]执法，言如涌泉，上皆从之，天下无冤狱。

鄃令裴仁轨[10]私役门夫[11]，上怒，欲斩之。殿中侍御史[12]长安李乾祐[13]谏曰："法者，陛下所与天下共也，非陛下所独有也。今仁轨坐[14]轻罪而抵极刑[15]，臣恐人无所措手足。”上悦，免仁轨死，以乾祐为侍御史。

上谓侍臣曰：“朕以死刑至重，故令三覆奏[16]，盖欲思之详熟[17]故也。而有司须臾之间，三覆已讫[18]。又，古刑人，君为之彻[19]乐减膳[20]。朕庭无常设之乐，然常为之不啖[21]酒肉，但未有著令[22]。又，百司断狱[23]，唯据律文，虽情在可矜[24]，而不敢违法，其间岂能尽无冤乎?”丁亥，制[25]：“决死囚者，二日中五覆奏，下诸州者三覆奏。行刑之日，尚食[26]勿进酒肉，内教坊[27]及太常[28]不举乐。皆令门下[29]覆视，有据法当死而情可矜者，录状[30]以闻。”由是全活[31]甚众。其五覆奏者以决前一二日，至决[32]日又三覆奏。唯犯恶逆者[33]一覆奏而已。

上尝与侍臣论狱[34]，魏征曰：“炀帝时尝有盗发，帝令於士澄[35]捕之，少涉疑似，皆拷讯取服，凡二千余人，帝悉令斩之。大理丞张元济[36]怪其多，试寻其状，内五人尝为盗，余皆平民。竟不敢执奏，尽杀之。”上曰：“此岂唯炀帝无道，其臣亦不尽忠。君臣如此，何得不亡？公等宜戒之!”

【注释】

［1］戴胄：唐初大臣。唐太宗升其为大理少卿，历任尚书左丞、民部尚书。

［2］大理少卿：大理寺次官，北齐始置，隋朝沿置，唐高宗复置一人，从四品上。

［3］选人：此指候选官员。

［4］荫：庇荫。指封建时代子孙因先代官爵或功勋而受到封赏。

［5］事觉：事情被发现。觉，发觉。

［6］流：流放。古代的一种刑法。

［7］信：信用。

［8］断：判断，决断。

［9］犯颜：冒犯君上或尊长。

［10］鄃（shū）：古县名。故城在今山东省平原县西南、夏津县东北。

［11］门夫：守卫城门的人。

［12］殿中侍御史：古代官名，也称殿中御史。掌纠察朝仪等事宜。

［13］李乾祐：唐太宗贞观年间历任殿中侍御史、侍御史、治书侍御史，后因罪被免官。

［14］坐：犯……罪或错误。

［15］极刑：死刑。

［16］三覆奏：三次审查奏请。

［17］详熟：详细，熟知；熟谙。

［18］讫（qì）：完结，终了。

［19］彻：通“撤”。撤去。

［20］减膳：古代帝王遇到天灾或天象变异等让自己感到内疚的情况时，常食素或减少肴馔，以示自责。

［21］啖（dàn）：吃。

［22］著令：明文规定。

［23］断狱：审理案件。

［24］矜：怜悯，同情。

［25］制：皇帝的命令，也指法令。

［26］尚食：指尚食局。古代官署名。北齐门下省总管御膳事的官署。隋朝门下省沿置，隋炀帝大业三年（607）改隶殿内省。唐朝殿中省沿置，掌储供。

［27］内教坊：唐朝教习雅音的地方。

［28］太常：古代官名。秦置奉常，汉景帝时改称太常。掌宗庙礼仪，兼掌选试博士。历代沿置，专司祭祀礼乐。

［29］门下：指门下省。古代官署名称，魏晋至宋的中央最高政府机构之一。隋唐时与中书省、尚书省同掌机要，共议国政，并负责审查诏令，签署章奏，有封驳之权。

［30］状：文体的一种，用于下对上叙述事情。

［31］全活：保全救活。

［32］决：处决。

［33］恶逆者：殴打或谋杀亲戚长辈和夫、兄、姊的人。

［34］论狱：讨论审理案件。

［35］於士澄：人名，活动于隋末。

［36］张元济：人名，唐初任大理丞。

【译文】

戴胄为人忠诚清廉公平正直，被提拔为大理寺少卿。皇上因为候选人大都对自己的做官资历造假，下令他们自首，不自首的人判处死刑。没过多久，有伪造做官资历的人被发现了，圣上想杀他。戴胄上奏说：“按照法律应当流放。”皇上愤怒地说：“你想遵守法律而让我说话不算话吗?”戴胄回答说：“下令的人只是因为一时的喜怒，而法律是国家用来向天下公布大信用的。陛下因为愤怒候选人的作假，所以想要杀他，然而既然已经知道不可以这样，交由法律处理，这正是忍耐小的愤怒保存大的信用。”皇上说：“你能够执行法律，我还有什么可担忧的呢?”戴胄经常就像这次一样宁肯使李世民发怒也要秉公执法，说出来的话语像不断涌出的泉水一样，而唐太宗全部都听从了他的建议，天下再也没有冤枉的案情了。

鄃令裴仁轨私下使唤看门的人，皇上很愤怒，想要斩杀他。殿中侍御史长安李乾祐劝谏道：“法律，是陛下和天下人共同遵守的，不是陛下独有的。如今仁轨犯了轻罪却遭受极刑，臣担心其他人因此而慌乱，不知如何是好。”皇上听了很开心，免了仁轨的死罪，让乾祐担任侍御史一职。

皇上对近侍大臣说：“我认为死刑极为重大，所以下令三次回奏，是打算深思熟虑的缘故。可是负责的官吏在片刻之间就完成三次回奏。另外，古代处决犯人，君主为此撤掉音乐演奏，减少膳食。我的宫廷里没有常设的音乐，虽然常常为此而不吃酒肉，但是没有明文规定。再者，百官断案，只依据法律条文，即使情理上有值得同情的，也不敢违法，这当中怎能完全没有冤枉的呢?”贞观五年十二月丁亥日，皇上下诏：“判决死刑犯，两天之内要五次回奏，在外地诸州的要三次覆奏。行刑的日子，主管膳食的不许上酒肉，内教坊和太常寺不许奏乐。（这些规定）都由门下省督察，有依据法律应当处死而情理上有值得同情的，记下情况上报朝廷。”因此而保全性命的（死囚）很多。五次回奏，是指处决前一两天（两次回奏），到处决当天还要三次回奏。只有犯恶逆罪的，只要一次回奏就行了。

太宗曾跟近侍大臣讨论诉讼案件，魏征说：“隋炀帝时曾发生盗窃案，隋炀帝命令於士澄逮捕窃贼，稍微牵连是非难断的，全都拷打审讯迫使服罪，总共两千多人，隋炀帝下令全部处斩。大理寺丞张元济奇怪窃贼如此之多，试着查究他们的罪状，得知其中五人曾是盗贼，其余都是平民百姓；可是张元济最终没敢坚持公道奏报真相，把所有人都杀掉了。”皇上说：“这岂只是隋炀帝无道，那些大臣也没有尽忠。君臣全都这样，怎么能够不灭亡！你们应该以此为鉴戒!”

【学习提示】

1. 唐太宗跟大臣们谈论诉讼案件，总结历史教训时说："此岂唯炀帝无道，其臣亦不尽忠。"结合本文，说说贞观君臣是如何履行自身职责的。

2. 纪事本末体与编年体、纪传体，合称为"古代三大史体"。纪事本末体，每事一题，为一专篇，把分散的材料按时间先后加以集中叙述，兼有编年体和纪传体的优点，详于记事，便于阅读。结合本文，说说你对纪事本末体这种史书体例的理解与认识。

贞观君臣论吏治

《通鉴纪事本末》

【题解】

本篇选自《通鉴纪事本末》。这篇文章侧重于话题品评，记述了唐太宗李世民即位后与君臣讨论治理天下的四件事，即论宗室、论止盗、问政道和议吏贿。通过事件的记述与展开，作者向读者展现了唐代初期的社会风貌以及君臣励精图治的情形，塑造了心系社稷、关注民生、从谏如流的明君形象，同时让读者看到了以封德彝、张玄素、裴矩为代表的一批敢于进谏的贤臣形象，使读者对贞观之治的形成原因有了较为切实的理解。这篇文章比较充分地彰显了纪事本末体这种文体在表达方式上以记述事件与议论思辨相结合的特征。文章以叙事推进文本，融议论思辨于其中，夹叙夹议。

唐高祖[1]武德九年秋八月甲子[2]，太宗[3]即皇帝位于东宫显德殿。初，上皇[4]欲强宗室[5]以镇[6]天下，故皇[7]再从[8]三从[9]弟及兄弟之子，虽童孺[10]皆为王，王者数十人。上从容[11]问群臣："遍封宗子，于天下利乎？"封德彝对曰："上皇敦睦[12]九族，大封宗室，自两汉以来未有如今之多者。爵命[13]既崇[14]，多给力役，恐非示天下以至公也。"上曰："然。朕为天子，所以养百姓也，岂可劳[15]百姓以养己之宗族乎！"十一月庚寅，降宗室郡王皆为县公[16]，惟有功者数人不降。

上与群臣论止盗。或请重法以禁之，上哂[17]之曰："民之所以为盗者，由赋繁役重，官吏贪求[18]，饥寒切身，故不暇顾廉耻耳。朕当去奢省费，轻徭薄[19]赋，选用廉吏，使民衣食有余，则自不为盗，安用[20]重法邪！"自是数年之后，海内[21]升平，路不拾遗，外户不闭，商旅野宿焉。

上闻景州录事参军张玄素名，召见，问以政道。对曰：“隋主好自专庶务[22]，不任群臣，群臣恐惧，唯知禀受[23]奉行而已，莫之敢违。以一人之智决天下之务，借使[24]得失相半，乖谬[25]已多，下谀上蔽，不亡何待！陛下诚[26]能谨择群臣而分任以事，高拱穆清[27]而考其成败，以施刑赏，何忧不治！”上善其言，擢为侍御史。

上患吏多受赇，密使左右试赂之。有司门令史[28]受绢一匹，上欲杀之，民部尚书[29]裴矩谏曰：“为吏受赂，罪诚当死。但陛下使人遗[30]之而受，乃陷人于法也，恐非所谓‘道[31]之以德，齐[32]之以礼’。”上悦，召文武五品已上告之曰：“裴矩能当官力争，不为面从，傥[33]每事皆然，何忧不治？”

臣光曰：“古人有言：‘君明臣直。’裴矩佞[34]于隋而忠于唐，非其性之有变也，君恶闻其过则忠化为佞，君乐闻直言则化为忠。是知君者表[35]也，臣者景[36]也，表动则景随矣。”

【注释】

［1］高祖：李渊的庙号。

［2］甲子：干支纪日法。

［3］太宗：李世民的庙号。

［4］上皇：太上皇的简写。

［5］宗室：对君主父系男性血亲形成的宗族的称法。

［6］镇：用武力维持天下安定。

［7］故皇：已经去世的皇帝，这里指高祖。

［8］再从：同曾祖的亲属关系，此处指叔伯兄弟。

［9］三从：同高祖的亲属关系，此处指远房的叔伯兄弟。

［10］孺：幼小的孩子。

［11］从容：不慌不忙。

［12］敦睦：使亲善和睦。

［13］爵命：封赏爵位的皇命。

［14］崇：尊贵。

［15］劳：使……劳苦。

［16］县公：爵位名，即开国县公。在唐代九等爵位制中，县公是公爵的第三等，从二品爵。

［17］哂：微笑，讥笑。

［18］贪求：贪污求贿。

［19］薄：减少。

［20］安用：哪里用得着。

［21］海内：古人认为我国疆土四面环绕着大海，故称国境之内为海内。

［22］庶务：各种政务。

［23］禀受：接受，承受。

［24］借使：假使，倘若；即使，纵然。

［25］乖谬：荒谬悖理的事情。

［26］诚：果真。

［27］高拱：双手高拢在袖中，比喻安坐而不需有所作为。穆清：太平祥和。

［28］司门令史：官名。唐代邢部司门司的属官。令史为官府部门的属吏的总称，地位低下。

［29］民部尚书：官名。十六国后凉、后燕皆置，掌尚书省民部曹。唐初沿置，高宗改名户部尚书。隋、唐正三品。

［30］遗：赠送。

［31］道：同“导”，诱导，引导。

［32］齐：整齐，约束。

［33］傥：同“倘”。

［34］佞（nìng）：巧言谄媚，指花言巧语的人。

［35］表：测日影的标杆。

［36］景：同“影”，日影。

【译文】

唐高祖武德九年秋天八月甲子这一天，唐太宗在东宫显德殿即位。起初，高祖想以加强皇室宗族的力量来威震天下，所以与皇帝同曾祖、同高祖的远房堂兄弟以及他们的儿子，即使童孺幼子均封为王，达数十人。为此，太宗语气和缓地征求群臣的意见：“遍封皇族子弟为王，对天下有利吗？”封德彝回答道：“太上皇亲善厚待皇亲国戚，大肆分封宗室，自东西汉以来都没有如此之多。封给的爵位既高，又多赐给劳力仆役，这恐怕不能向天下人显示自己的大公无私吧！”太宗说：“有道理。朕做天子，就是为了养护百姓，怎么可以劳顿百姓来养护自己的宗族呢！”十一月庚寅日（初五），将宗室郡王降格为县公，只有功勋卓著的几位不降。

唐太宗和群臣讨论如何平息盗贼。有人请求用严格的法令来禁止，太宗面含嘲笑着说：“百姓之所以成为盗贼，是因为赋税劳役繁重，官吏贪污，民众饥寒切身，所以才不顾廉耻的。朕应当捐弃奢华，减少费用，轻徭薄赋，任用清廉的官员，让百姓衣食有余，（百姓）自然就不做盗贼了，哪里需要用重法！”这样过了几年以后，天下太平，路不拾遗，外面的大门都不用关闭，商旅之人可以在荒郊野外露宿都不用担心治安问题。

太宗听说了景州录事参军张玄素的名声，召见他询问政道，张玄素答道：“隋主喜欢自己把持所有事务，不愿意信任群臣，因此群臣恐惧，只知道受命奉行而已，没有敢违抗的。以一人的智慧决定天下事，即使能够做到得失相半，犯的错误也已经很多了，加上君主被下面阿谀奉承所蒙蔽，不亡国还等什么！陛下如果能够谨慎地选择群臣，将政事分别交付给他们，自己安坐在朝廷上考察其成败而施以刑罚或者赏赐，（这样）何必担心天下治理不好呢？”太宗认为他说的很有道理，将他升为侍御史。

太宗担心官吏中多有接受贿赂的，便秘密安排身边的人去试探贿赂他们。有一个刑部的司门令史收受绢帛一匹，太宗得悉后想要杀掉他。民部尚书裴矩劝谏道：“当官的接受贿赂，犯了罪的确应当处死；但是陛下派人送上门去让其接受，这是有意引人触犯法律，恐怕不符合孔子所谓‘用道德加以诱导，以礼教来约束民心’的古训。”太宗听了很高兴，召集文武五品以上的官员，对他们说：“裴矩能够做到在位敢于力争，并不一味地顺从我，假如每件事情都能这样做，国家怎么能治理不好呢？”

臣司马光说：“古人说过，君主贤明则臣下敢于直言。裴矩在隋朝是位佞臣而在唐则是忠臣，不是他的品性有变化。君主讨厌听人揭短，则大臣的忠诚便转化为谄谀；君主乐意听到直言劝谏，则谄谀又会转化成忠诚。由此可知君主如同测影的表，大臣便似影子，表一动则影子随之而动。”

【学习提示】

1. 君王对待吏治的态度和自身吏治的能力，往往影响着一个时代的政治和民生。结合本文所记述的几件事，梳理归纳唐太宗在这方面的表现，进而谈谈这个人物的形象特点。

2. 纪事本末体文章大都以记述事件与议论思辨相结合的方式记录历史。以张玄素论政道的一段文字为例，对此特色加以简要分析。

朋党论

［宋］欧阳修

【题解】

《朋党论》是宋代文学家欧阳修在庆历四年（1044）上给宋仁宗的一篇奏章，目的是驳斥保守派的攻击，辩解朋党之诬。它包含三方面的内容：朋党之说自古有之；朋党有君子与小人之别；人君要善于辨别。作者首先从道理上论述君子之朋与小人之朋的本质区别。继而引用了六件史实，以事实证明了朋党的“自古有之”。最后通过对前引史实的进一步分析，论证了人君用小人之朋，则国家乱亡；用君子之朋，则国家兴盛。文章写得不枝不蔓，中心突出，有理有据，剖析透辟，具有不可辩驳的逻辑力量，实践了欧阳修“事信、意新、理通、语工”的文学主张。

臣闻朋党之说，自古有之，惟幸[1]人君辨其君子、小人而已。

大凡君子与君子以同道[2]为朋，小人与小人以同利为朋，此自然之理也。然臣谓小人无朋，惟君子则有之，其故何哉？小人之所好者，禄利也；所贪者，财货也。当其同利之时，暂相党引[3]以为朋者，伪也；及其见利而争先，或利尽而交疏，则反相贼害[4]，虽其兄弟亲戚不能相保。故臣谓小人无朋，其暂为朋者，伪也。君子则不然，所守[5]者道义，所行者忠信，所惜者名节[6]。以之修身[7]，则同道而相益；以之事国，则同心而共济[8]，始终如一，此君子之朋也，故为人君者，但当退[9]小人之伪朋，用君子之真朋，则天下治矣。

尧之时，小人共工、驩兜等四人[10]为一朋，君子八元、八恺[11]十六人为一朋。舜佐尧，退四凶小人之朋，而进元、恺君子之朋，尧之天下大治。及舜自为天子，而皋、夔、稷、契[12]等二十二人并列于朝，更相[13]称美，更相推让，凡二十二人为一朋，而舜皆用之，天下亦大治。《书》[14]曰："纣有臣亿万，惟[15]亿万心；周[16]有臣三千，惟一心。"纣之时，亿万人各异心，可谓不为朋矣，然纣以亡国。周武王之臣，三千人为一大朋，而周用[17]以兴。后汉献帝[18]时，尽取天下名士囚禁之[19]，目[20]为党人。及黄巾贼[21]起，汉室大乱，后方悔悟，尽解[22]党人而释之，然已无救矣。唐之晚年，渐起朋党之论[23]，及昭宗[24]时，尽杀朝之名士，或投之黄河，曰："此辈清流，可投浊流[25]。"而唐遂亡矣。

夫前世之主，能使人人异心不为朋，莫如纣；能禁绝善人为朋，莫如汉献帝；能诛戮清流之朋，莫如唐昭宗之世：然皆乱亡其国。更相称美，推让而不自疑，莫如舜之二十二臣，舜亦不疑而皆用之。然而后世不诮[26]舜为二十二人朋党所欺，而称舜为聪明之圣者，以能辨君子与小人也。周武之世，举其国之臣三千人共为一朋，自古为朋之多且大莫如周，然周用此以兴者，善人虽多而不厌[27]也。

嗟呼！夫兴亡治乱之迹[28]，为人君者可以鉴[29]矣！

【注释】

［1］惟：只。幸：希望。

［2］大凡：大体上。道：一定的政治主张或思想体系。

［3］党引：勾结。

［4］贼害：残害。

［5］守：信奉。

［6］名节：名誉气节。

［7］之：指代上文的"道义""忠信""名节"。修身：按一定的道德规范进行自我修养。

［8］济：取得成功。

［9］退：排除，排斥。

［10］共（gōng）工、驩兜（huān dōu）等四人：指共工、兜、鲧（gǔn）、三苗，即后文被舜放逐的"四凶"。

［11］八元：传说中上古高辛氏的八个才子。八恺：传说中上古高阳氏的八个才子。

［12］皋（gāo）、夔（kuí）、稷（jì）、契（xiè）：传说他们都是舜时的贤臣，皋掌管刑法，夔掌管音乐，稷掌管农业，契掌管教育。

［13］更（gēng）相：互相。

［14］《书》：《尚书》，也称《书经》。

［15］惟：语气词，这里表判断语气。

［16］周：指周武王，周朝开国君主。

［17］用：因此。

［18］汉献帝：东汉最后一个皇帝刘协。逮捕、囚禁“党人”应是桓帝、灵帝时的宦官所为。

［19］尽取天下名士囚禁之：东汉桓帝时，宦官专权，一些名士如李膺等二百多人因反对宦官被加上“诽讪朝廷”的罪名，逮捕囚禁。到灵帝时，李膺等一百多人被杀，六七百人受到株连，历史上称为“党锢之祸”。

［20］目：作动词用，看作。

［21］黄巾贼：此指张角领导的黄巾军。“贼”，是对农民起义的诬称。

［22］解：解除，赦免。

［23］朋党之论：唐穆宗至宣宗年间（821—859），统治集团内形成以牛僧孺为首的牛党和以李德裕为首的李党，朋党之间互相争斗，历时四十余年，史称“牛李党争”。

［24］昭宗：唐朝将要灭亡时的一个皇帝。杀名士投之黄河本发生于唐哀帝天祐二年，哀帝是唐代最后一个皇帝。

［25］“此辈清流”二句：这是权臣朱温的谋士李振向朱温提出的建议。朱温在白马驿（今河南洛阳附近）杀大臣裴枢等七人，并将他们的尸体投入黄河。清流，指品行高洁的人。浊流，指品格卑污的人。

［26］诮（qiào）：责备。

［27］厌：通“餍”，满足。

［28］迹：事迹。

［29］鉴：动词，照，引申为借鉴。

【译文】

臣听说关于朋党的言论，是自古就有的，只是希望君主能分清他们是君子还是小人就好了。

大概君子与君子因志趣一致结为朋党，而小人则因利益相同结为朋党，这是很自然的规律。但是臣以为小人并无朋党，只有君子才有。这是什么原因呢？小人所爱所贪的是薪俸钱财。当他们利益相同的时候，暂时地互相勾结成为朋党，那是虚假的；等到他们见到利益而争先恐后，或者利益已尽而交情淡漠之时，就会反过来互相残害，即使是兄弟亲戚，也不会互相保护。所以说小人并无朋党，他们暂时结为朋党，是虚假的。君子就不是这样，他们坚持的是道义，履行的是忠信，珍惜的是名节。用这些来提高自身修养，那么志趣一致就能相互补益。用这些来为国家做事，那么观点相同就能共同前进。始终如一，这就是君子的朋党啊。所以做君主的，只要能斥退小人的假朋党，进用君子的真朋党，那么天下就可以安定了。

唐尧的时候，小人共工、驩兜等四人结为一个朋党，君子八元、八恺等十六人结为一个朋党。舜辅佐尧，斥退"四凶"的小人朋党，而进用"元、恺"的君子朋党，唐尧的天下因此非常太平。等到虞舜自己做了天子，皋陶、夔、稷、契等二十二人同时位列于朝廷。他们互相推举，互相谦让，一共二十二人结为一个朋党。但是虞舜全都进用他们，天下也因此得到大治。《尚书》上说："商纣有亿万臣，是亿万条心；周有三千臣，却是一条心。"商纣王的时候，亿万人各存异心，可以说不成朋党了，但是纣王因此而亡国。周武王的臣下，三千人结成一个大朋党，但周朝却因此而兴盛。后汉献帝的时候，把天下名士都关押起来，把他们视作"党人"。等到黄巾贼来了，汉王朝大乱，然后才悔悟，解除了党锢释放了他们，可是已经无可挽救了。唐朝的末期，逐渐生出朋党的议论，到了昭宗时，把朝廷中的名士都杀害了，有的竟被投入黄河，说什么"这些人自命为清流，应当把他们投到浊流中去"。因而唐朝也就随之灭亡了。

前代的君主，能使人人异心不结为朋党的，谁也不及商纣王；能禁绝好人结为朋党的，谁也不及汉献帝；能杀害"清流"们的朋党的，谁也不及唐昭宗之时；但是都由此而使他们的国家招来混乱以至灭亡。互相推举谦让而不疑忌的，谁也不及虞舜的二十二位大臣，虞舜也毫不猜疑地进用他们。但是后世并不讥笑虞舜被二十二人的朋党所蒙骗，却赞美虞舜是聪明的圣主，原因就在于他能区别君子和小人。周武王时，全国所有的臣下三千人结成一个朋党，自古以来作为朋党又多又大的，谁也不及周朝；然而周朝因此而兴盛，原因就在于善良之士虽多（君主）却不感到满足。

唉！前代治乱兴亡的过程，为君主的可以作为借鉴了。

【学习提示】

1. 明代文学家谢榛在《四溟诗话》中说：“凡起句当如爆竹，骤响易彻。”响亮的开头具有震撼力。这篇文章起笔颇为不凡，试从内容、情感、结构以及气势营造等方面加以分析。

2. 本文特色之一是通篇运用对比，具有深刻的揭露作用和强大的批判力量。结合文章具体内容，对此加以简要赏析。

留侯论

[宋] 苏　轼

【题解】

《留侯论》是北宋文学家苏轼创作的一篇史论散文。这篇文章运用《史记·留侯世家》所记张良圯上受书及辅佐刘邦统一天下的事例，论证了“忍小忿而就大谋”“养其全锋而待其弊”的策略的重要性。文笔纵横捭阖，极尽曲折变化之妙，行文雄辩而富有气势。《留侯论》并不全面评论张良的生平和功业，而只论述他取得成功的主观原因——“能忍”的过人之节，发前人所未发，富有新意。

古之所谓豪杰之士，必有过人之节[1]。人情有所不能忍者，匹夫[2]见辱[3]，拔剑而起，挺身而斗，此不足为勇也。天下有大勇者，卒然[4]临之而不惊，无故加之而不怒。此其所挟持者甚大[5]，而其志甚远也。

夫子房[6]受书于圯上之老人也[7]，其事甚怪；然亦安知其非秦之世，有隐君子[8]者出而试之。观其[9]所以微[10]见[11]其意者，皆圣贤相与警戒之义；而世不察，以为鬼物[12]，亦已过矣。且其意不在书。当韩之亡，秦之方盛也，以刀锯鼎镬待天下之士[13]。其平居无罪夷灭[14]者，不可胜数。虽有贲、育[15]，无所复施[16]。夫持法太急者，其锋不可犯，而其势未可乘[17]。子房不忍忿忿之心，以匹夫之力，而逞于一击之间[18]；当此之时，子房之不死者，其间不能容发[19]，盖亦已危矣。千金之子[20]，不死于盗贼[21]，何者？其身之可爱，而盗贼之不足以死[22]也。子房以盖世之才，不为伊尹、太公之谋[23]，而特出于荆轲、聂政之计[24]，以侥幸于不死，此圯上老人所为深惜者也。是故倨傲鲜腆[25]而深折之。彼其能有所忍也，然后可以就大事，故曰：“孺子可教也[26]。”

楚庄王伐郑，郑伯肉袒牵羊以逆；庄王曰：“其君能下人，必能信用其民矣。”遂舍之[27]。勾践之困于会稽，而归臣妾于吴者，三年而不倦[28]。且夫有报人[29]之志，而不能下人者，是匹夫之刚也。夫老人者，以为子房才有余，而忧其度量之不足，故深折其少年刚锐之气，使之忍小忿而就大谋。何则？非有生平之素[30]，卒然相遇于草野之间，而命以仆妾之役[31]，油然[32]而不怪者，此固秦皇之所不能惊，而项籍之所不能怒也。

观夫高祖之所以胜，而项籍之所以败者，在能忍与不能忍之间而已矣。项籍唯不能忍，是以百战百胜而轻用其锋[33]；高祖忍之，养其全锋而待其弊[34]，此子房教之也。当淮阴破齐而欲自王，高祖发怒，见于词色[35]。由此观之，犹有刚强不忍之气，非子房其谁全之[36]？

太史公疑子房以为魁梧奇伟，而其状貌乃如妇人女子，不称其志气[37]。呜呼！此其所以为子房欤！

【注释】

［1］节：节操。

［2］匹夫：普通人。

［3］见辱：受到侮辱。

［4］卒然：突然。卒，通“猝”。

［5］所挟持者甚大：谓胸怀广阔，志意高远。挟持，指抱负。

［6］子房：张良，字子房。战国末年韩国人，出身于贵族世家，祖父与父亲均曾连任韩国数朝宰相。秦灭韩后，张良将全部家财都投入到反秦事业中，征求刺客行刺秦王政，为韩国报仇。因佐刘邦建立汉朝有功，封留侯。

［7］受书：接受兵书。书，指《太公兵法》。圯（yí）上：桥上。老人：指黄石公。事载于《史记·留侯世家》。

［8］隐君子：隐居的高士。

［9］观其：瞧他。其，指黄石公。

［10］微：略微，隐约。

［11］见：同“现”。

［12］以为鬼物：因黄石公的事迹较为离奇，语或涉荒诞，故有人认为他是鬼神之类。王充《论衡·自然》：“或曰……张良游泗水之上，遇黄石公，授太公书。盖天佐汉诛秦，故命令神石为鬼书授人。”

［13］以刀锯鼎镬（huò）待天下之士：谓秦王残杀成性，以刀锯杀人，以鼎镬烹人。

［14］夷火：火族。

［15］贲（bēn）、育：孟贲、夏育，古代著名勇士。

［16］无所复施：无法施展本领。

［17］其势未可乘：谓形势有利于秦，还没有可乘之机。

［18］而逞于一击之间：《史记·留侯世家》载“秦灭韩”后，秦皇帝东游，良与客狙击秦皇帝博浪沙中，误中副车。

［19］其间不能容发：当中插不了一根毛发。比喻情势危急。

［20］千金之子：富贵人家的子弟。

［21］不死于盗贼：不会死在和贼的拼搏上。

［22］不足以死：不值得因之而死。

［23］伊尹、太公之谋：谓安邦定国之谋。伊尹辅佐汤建立商朝，吕尚（太公望）是周武王的开国大臣。

［24］荆轲、聂政之计：谓行刺之下策。荆轲刺秦王与聂政刺杀韩相侠累两事，俱见《史记·刺客列传》。

［25］鲜腆：无礼。

［26］孺子可教也：谓张良可以教诲。

［27］“楚庄王伐郑”六句：楚庄王攻克郑国后，郑伯肉袒牵羊以迎，表示屈服。楚庄王认为他能取信于民，便释放了他，并退兵，与郑议和。肉袒，袒衣陈体。

［28］“勾践之困于会稽”三句：《左传·哀公元年》，“吴王夫差败越于夫椒，报檇李（越军曾击败吴军于此）也。遂入越。越子（勾践）以甲楯五千，保于会稽（山），使大夫种因吴太宰嚭以行成”。《国语·越语下》载勾践“令大夫种守于国，与范蠡入宦于吴。三年，而吴人遣之归”。归臣妾于吴，谓投降吴国为其臣妾。

［29］报人：向人报仇。

［30］非有生平之素：犹言素昧平生（向来不熟悉）。

［31］仆妾之役：指“取履”事。

［32］油然：盛兴貌。此谓悦敬之心油然而生。

［33］轻用其锋：轻率地消耗自己的兵力。

［34］弊：疲困，衰败。

［35］“当淮阴破齐”三句：《史记·淮阴侯列传》记载，韩信破齐，向刘邦请封“假王”，汉王大怒。张良赶紧提醒他不能得罪韩信。刘邦醒悟，便封韩信为齐王以笼络他。韩信后降封为淮阴侯，故称为淮阴。

［36］非子房其谁全之：不是张良，又有谁能来保全他呢？

［37］“太史公疑子房以为魁梧奇伟”三句：《史记·留侯世家》中有，“太史公曰：‘余以为其人计魁梧奇伟，至见其图，状貌如妇人好女。’”不称，不相称。

【译文】

古时候被人称作豪杰的志士，一定具有胜人的节操，（有）一般人的常情所无法忍受的度量。有勇无谋的人被侮辱，一定会拔起剑，挺身上前搏斗，这不足够被称为勇士。天下真正具有豪杰气概的人，遇到突发的情形毫不惊慌，当无原因受到别人侮辱时，也不愤怒。这是因为他们胸怀极大的抱负，志向非常高远。

张良被桥上老人授给兵书这件事，确实很古怪。但是，又怎么知道那不是秦代的一位隐居君子出来考验张良呢？看那老人用以微微显露出自己用意的方式，都具有圣贤相互提醒告诫的意义。一般人不明白，把那老人当作鬼神，也太荒谬了。再说，桥上老人的真正用意并不在于授给张良兵书（而在于使张良能有所忍，以就大事）。在韩国已灭亡时，秦国正很强盛，秦王嬴政用刀锯、油锅对付天下的志士，那些在家里平白无故被抓去杀头灭族的人，数也数不清。这时虽然有孟贲、夏育那样的勇士，也没有再施展本领的机会了。凡是执法过分严厉的君王，他的刀锋是不好硬碰的，而形势没有可乘之机。张良压不住他对秦王愤怒的情感，以他个人的力量，在一次狙击中求得一时的痛快，在那时他没有被捕被杀，那间隙连一根头发也容纳不下，也太危险了！富贵人家的子弟，是不肯死在盗贼手里的。为什么呢？因为他们的生命宝贵，死在盗贼手里太不值得。张良有超过世上一切人的才能，不去做伊尹、姜尚（所做的）那样深谋远虑之事，反而只学荆轲、聂政行刺的下策，侥幸没有死掉，这必定是桥上老人为他深深感到惋惜的地方。所以那老人故意态度傲慢无理、言语粗恶地深深羞辱他。他如果能忍受得住，方才可以凭借这点而成就大功业，所以到最后，老人说：“这个年轻人可以教育了。”

楚庄王攻打郑国，郑襄公脱去上衣裸露身体、牵着羊来迎接。庄王说：“国君能够对人谦让，委屈自己，一定能得到自己老百姓的信任和效力。”就此放弃对郑国的进攻。越王勾践在会稽陷于困境，他到吴国去做奴仆，好几年都不懈怠。再说，有向人报仇的心愿，却不能做人下人的，这是普通人的刚强而已。那老人，认为张良才智有余，而担心他的度量不够，因此深深挫折他年轻人刚强锐利的脾气，使他能忍得住小怨愤去成就远大的谋略。为什么这样说呢？老人和张良并没有平生的交情，突然在郊野之间相遇，却拿奴仆的低贱之事来让张良做，张良很自然而不觉得怪异，这本是秦始皇所不能使他惊惧和项羽所不能激怒他的原因。

看那汉高祖之所以成功，项羽之所以失败，原因就在于一个能忍耐、一个不能忍耐罢了。项羽不能忍耐，因此战争中是百战百胜，但是随随便便使用他的刀锋（不懂得珍惜和保存自己的实力）。汉高祖能忍耐，保持自己完整的锋锐，等到对方疲敝。这是张良教他的。当淮阴侯韩信攻破齐国要自立为王时，高祖发怒了，语气脸色都显露出来。从此可看出，他还有刚强不能忍耐的气度，不是张良，谁能成全他？

司马迁本来猜想张良的形貌一定是魁梧奇伟的，谁料到他的长相竟然像妇人女子，与他的志气和度量不相称。啊！外柔内刚，这就是张良之所以成为张良吧！

【学习提示】

1. 这篇文章文笔纵横捭阖，极尽曲折变化之妙，行文雄辩而富有气势，体现了苏轼史论汪洋恣肆的风格。从正文中论据的不同类型和作用的角度，对此加以简要分析。

2. 归有光《文章指南》评论说：作文须寻大头脑，立得意定，然后遣词发挥，方是气象浑成。如韩退之《代张籍与李浙东书》以“盲”字贯说，苏子瞻《留侯论》以“忍”字贯说是也。通读全文，体会这种章法的好处。

病梅馆记

［清］龚自珍

【题解】

《病梅馆记》是清代文学家龚自珍创作的一篇托物言志的散文。清朝封建统治者为了加强思想统治，奴役人民，一方面以八股文作为科举考试选用人才的法定文体，以束缚人们的思想；另一方面大兴文字狱，镇压知识分子。在长期严酷的思想统治下，人才遭受严重的压抑和摧残。作者托梅议政，形象地揭露和抨击了清朝封建统治者束缚人们思想，压抑、摧残人才的罪行，表达了作者要求改革政治，打破严酷的思想统治，追求个性解放的强烈愿望。全文共三段：第一段，剖析产生病梅的根由；第二段，表明自己疗梅的行动和决心；第三段，抒写自己辟馆疗梅的苦心。

江宁[1]之龙蟠[2]，苏州之邓尉[3]，杭州之西溪[4]，皆产梅。或曰："梅以曲为美，直则无姿；以欹[5]为美，正则无景；以疏为美，密则无态。"固也[6]。此文人画士，心知其意，未可明诏大号[7]以绳[8]天下之梅也；又不可以使天下之民斫[9]直[10]，删密，锄正，以夭梅病梅[11]为业以求钱也。梅之欹之疏之曲，又非蠢蠢[12]求钱之民能以其智力[13]为也。有以文人画士孤癖[14]之隐[15]明告鬻[16]梅者，斫其正，养其旁条[17]，删其密，夭其稚枝[18]，锄其直，遏[19]其生气，以求重价[20]，而江浙之梅皆病。文人画士之祸之烈至此哉！

予购三百盆，皆病者，无一完者。既泣[21]之三日，乃誓疗之：纵[22]之顺[23]之，毁其盆，悉[24]埋于地，解其棕缚[25]；以五年为[26]期，必复[27]之全[28]之。予本非文人画士，甘受诟厉[29]，辟病梅之馆以贮之。

呜呼！安得[30]使予多暇[31]日，又多闲田，以广贮江宁、杭州、苏州之病梅，穷予生之光阴以疗梅也哉！

【注释】

[1] 江宁：旧江宁府所在地，在今江苏南京。

[2] 龙蟠：龙蟠里，在今江苏南京清凉山下。

[3] 邓尉：山名，在今江苏苏州西南。

[4] 西溪：地名。

[5] 欹（qī）：倾斜。

[6] 固也：本来如此。固，本来。

[7] 明诏大号：公开宣告，大声疾呼。明，公开。诏，告诉，多指上告下。号，喊叫。

[8] 绳：名词作动词，约束。

[9] 斫：砍削。

[10] 直：笔直的枝干。

[11] 夭梅病梅：摧折梅，把它弄成病态。夭，使……摧折。病，使……成为病态。

[12] 蠢蠢：无知的样子。

[13] 智力：智慧和力量。

[14] 孤癖：特殊的嗜好。

[15] 隐：隐衷，隐藏心中特别的嗜好。

[16] 鬻（yù）：卖。

[17] 旁条：旁逸斜出的枝条。

[18] 稚枝：嫩枝。

[19] 遏（è）：遏制。

[20] 重价：高价。

[21] 泣：为……哭泣。

[22] 纵：放纵。

[23] 顺：使……顺其自然。

[24] 悉：全。

[25] 棕缚：棕绳的束缚。

［26］以……为：把……当做。

［27］复：使……恢复。

［28］全：使……得以保全。

［29］诟厉：讥评，辱骂。厉，病。

［30］安得：怎么能够。

［31］暇：空闲。

【译文】

江宁的龙蟠里，苏州的邓尉山，杭州的西溪，都出产梅。有人说："梅凭着弯曲的姿态被认为是美丽的，笔直了就没有风姿；凭着枝干倾斜被认为是美丽的，端正了就没有景致；凭着枝叶稀疏被认为是美丽的，茂密了就没有姿态。"本来就如此。（对于）这，文人画士在心里明白它的意思，却不便公开宣告，大声疾呼，用（这种标准）来约束天下的梅。又不能够来让天下种梅人砍掉笔直的枝干、除去繁密的枝条、锄掉端正的枝条，把枝干摧折、使梅花呈病态作为职业来谋求钱财。梅的枝干的倾斜、枝叶的疏朗、枝干的弯曲，又不是那些忙于赚钱的人能够凭借他们的智慧、力量做得到的。有的人把文人画士这隐藏在心中的特别嗜好明白地告诉卖梅的人，（使他们）砍掉端正的（枝干），培养倾斜的侧枝，除去繁密的（枝干），摧折它的嫩枝，锄掉笔直的（枝干），阻碍它的生机，用这样的方法来谋求大价钱，于是江苏、浙江的梅都成病态了。文人画士造成的祸害严重到这个地步啊！

我买了三百盆梅，都是病梅，没有一盆完好的。我已经为它们流了好几天泪，于是发誓要治疗它们：我放开它们，使它们顺其自然生长，毁掉那些盆子，把梅全部种在地里，解开捆绑它们的棕绳；以五年作为期限，一定使它们恢复（自然状态）和使它们完好。我本来不是文人画士，心甘情愿受到辱骂，开设一个病梅馆来贮存它们。

唉！怎么能让我有多一些空闲时间，又有多一些空闲的田地，来广泛贮存南京、杭州、苏州的病态的梅树，竭尽我毕生的时间来治疗病梅呢！

【学习提示】

1.《孟子》中讲："颂其诗，读其书，不知其人，可乎？是以论其世也。”知人论世是重要的读书法。结合对文章创作背景和作者政治理想的了解，说说知人论世读书法的重要性。

2. 托物言志，也称寄意于物，是指作者运用象征或起兴等手法，通过描绘客观事物某一个方面的特征来表达其情感或揭示作品的主旨。本文以梅喻人，托梅议政，寓意深刻。从病梅、文人画士、鬻梅者、疗梅者等角度，具体分析作者是如何以梅喻人展开论述的。

下 编

人物传记

汲黯传（节选）

《史记》

【题解】

汲黯是汉武帝朝中名闻遐迩的人物。他为人倨傲严正，忠直敢谏，从不屈从权贵，逢迎主上，以此令朝中上下皆感敬畏。司马迁怀着极其钦敬的心情为汲黯树碑立传，不多叙政绩，而倾全力表彰他秉正嫉恶、忠直敢谏的杰出品格。围绕这个中心，本文运用辐辏之法将众多零散的材料交织在一起，从多方面的人际关系中反复刻画人物个性，尤其是一再描写汲黯同最高统治者武帝和公孙弘、张汤之间的对立与冲突，就使他那汉廷第一直臣的光辉形象被异常鲜明地表现了出来。其中，汲黯那些一针见血、极具个性的言语被大量实录，其辞之犀利精粹，其情之激切义愤，皆力透纸背，震撼人心，对展示主人公思想品格起到了至为重要的作用。

汲黯字长孺，濮阳人也。其先有宠于古之卫君[1]。至黯七世，世为卿大夫。黯以父任[2]，孝景时为太子洗马，以庄见惮[3]。黯学黄老之言[4]，治官理民，好清静，择丞史而任之。其治，责大指[5]而已，不苛小[6]。岁余，东海大治。称之。

黯为人性倨[7]，少礼，面折[8]，不能容人之过。合己者善待之，不合己者不能忍见[9]，士亦以此不附焉。然好学，游侠[10]，任气节[11]，内行[12]修洁[13]，好直谏，数犯主之颜色，常慕傅柏、袁盎之为人也。善灌夫、郑当时及宗正刘弃。亦以数直谏，不得久居位。

当是时，太后弟武安侯蚡为丞相，中二千石[14]来拜谒，蚡不为礼。然黯见蚡未尝拜，常揖之。天子方招文学儒者，上曰吾欲云云，黯对曰："陛下内多欲而外施仁义，奈何欲效唐虞之治乎！"上默然，怒，变色而罢朝。公卿皆为黯惧。上退，谓左右曰："甚矣，汲黯之戆[15]也！"群臣或数[16]黯，黯曰："天子置公卿辅弼之臣，宁令从谀承意，陷主于不义乎？且已在其位，纵爱身，奈辱朝廷何！"

汉方征匈奴，招怀四夷[17]。黯务少事，乘上间[18]，常言与胡和亲，无起兵。上方向儒术[19]，尊公孙弘。及事益多，吏民巧弄[20]。上分别文法，汤等数奏决谳[21]以幸。而黯常毁儒，弘、汤深心疾黯，唯天子亦不说也，欲诛之以事。弘为丞相，乃言上曰："右内史界部中多贵人宗室，难治，非素重臣不能任，请徙黯为右内史。"为右内史数岁，官事不废。

大将军青既益尊，姊为皇后，然黯与亢礼[22]。人或说黯曰："自天子欲群臣下大将军，大将军尊重益贵，君不可以不拜。"黯曰："夫以大将军有揖客[23]，反不重邪？"大将军闻，愈贤黯，数请问国家朝廷所疑，遇黯过于平生。淮南王谋反[24]，惮黯，曰："好直谏，守节死义，难惑以非[25]。至如说丞相弘，如发蒙振落耳[26]。"

居数年，会更五铢钱，民多盗铸钱，楚地尤甚。上以为淮阳，楚地之郊[27]，乃召拜黯为淮阳太守。黯伏谢不受印，诏数强予，然后奉诏。诏召见黯，黯为上泣曰："臣自以为填沟壑[28]，不复见陛下，不意陛下复收用之。臣常有狗马病[29]，力不能任郡事，臣为中郎，出入禁闼[30]，补过拾遗，臣之愿也。"上曰："君薄淮阳邪？吾今[31]召君矣。顾[32]淮阳吏民不相得，吾徒得君之重，卧而治之。"黯既辞行，过大行李息，曰："黯弃居郡，不得与朝廷议也。然御史大夫张汤智足以拒谏，诈足以饰非，务巧佞之语，辩数[33]之辞，非肯正为天下言，专阿主意。主意所不欲，因而毁之；主意所欲，因而誉之。好兴事，舞文法，内怀诈以御[34]主心，外挟贼吏以为威重。公列九卿，不早言之，公与之俱受其僇[35]矣。"息畏汤，终不敢言。黯居郡如故治[36]，淮阳政清。后张汤果败，上闻黯与息言，抵[37]息罪。令黯以诸侯相秩[38]居淮阳。七岁而卒。

汲黯始列为九卿，廉，内行修洁。中废[39]，家贫，宾客益落。及居郡，卒后家无余赀[40]财。

太史公曰：夫以汲之贤，有势则宾客十倍，无势则否，况众人乎！一死一生，乃知交情。一贫一富，乃知交态[41]。一贵一贱，交情乃见[42]。悲夫！

【注释】

［1］古之卫君：战国后期卫侯降而为君，故云。

［2］任：保举。汉制规定，凡居官二千石以上者，任职满三年可保举同胞兄弟或儿子一人为郎官，称为“任子”。

［3］惮：惧怕。

［4］黄老之言：道家学说。道家以黄帝、老子为祖，故云。

［5］指：意图。

［6］苛小：挑剔苛求小节。后文“小苛”意同此。

［7］倨：傲慢。

［8］面折：当面顶撞。折，断，此指拒斥、驳回。

［9］忍见：耐着性子见面。

［10］游侠：好交游并且勇于解救他人危难的人。

［11］任气节：看重志气操守。

［12］内行：平日居家的品行。

［13］修洁：美好，纯洁。

［14］中二千石：汉代内自九卿郎将，外至郡守尉的俸禄等级，皆为二千石。其中包括中二千石、二千石和比二千石三个等级，中二千石是最高级。中，合乎，满。

［15］戆（zhuàng）：憨厚刚直。

［16］数：列举过失，指责。

［17］四夷：此泛指四方边境内外的少数民族。夷，古代统治者对东部各非华夏民族的蔑称。

［18］间：间隙，机会。

［19］方向儒术：正倾心于儒学。

［20］吏民巧弄：指下级官吏和不法之民玩弄智巧来逃避法网。

［21］谳：审判定案。

［22］亢礼：行平等之礼。亢，通“抗”，匹敌，相当，对等。

［23］揖客：行拱手礼的客人。

［24］淮南王谋反：淮南王刘安为报父仇早有反叛朝廷之心，自武帝建元二年（前139）起开始暗中结交权贵和宾客，收买民心，制造谋反器具，进行了长期的准备和谋

划。但是由于时机不成熟，始终未举事。最后因内部矛盾使阴谋泄露，刘安自杀身亡。

［25］非：指不正当的行为，此指谋反之事。

［26］发蒙：揭开盖东西的蒙布。振落：振掉快落的树叶。此句是比喻事情很好办，可轻易得手。

［27］郊：城外，野外。此指楚地的要道。

［28］“臣自”句：此句是说免官后将死无葬身之所。

［29］狗马病：对人称说自己疾病的谦辞。

［30］出入禁闼：意思是说希望随侍皇帝左右做近臣。禁闼，宫廷门户。

［31］今：此指日后即将发生之事，非谓眼前。

［32］顾：但，只。

［33］辩数：此指强辩。

［34］御：迎。

［35］僇：通“戮”，诛杀。

［36］“黯居”句：此句意思是说汲黯治理淮阳郡仍然保持从前任东海郡守时清静无为的作风。

［37］抵：抵偿，此指判人有罪，使受到应有的惩罚。

［38］以诸侯相秩：秩，俸禄等级。指朝廷给汲黯以优待。依汉制，郡太守月支俸钱低于诸侯国相。

［39］中废：中途被免官。

［40］赀（zī）：通“资”，钱财。

［41］交态：结交的状况，指交情的真伪深浅。

［42］见：同“现”，显现。

【译文】

汲黯字长孺，濮阳县人。他的祖先曾受古卫国国君恩宠。到他已是第七代，代代都在朝中荣任卿、大夫之职。靠父亲保举，孝景帝时汲黯当了太子洗马，因为人严正而被人敬畏。汲黯崇仰道家学说，治理官府和处理民事，喜好清静少事，把事情都交托自己挑选出的得力的郡丞和书史去办。他治理郡务，不过是督查下属按大原则行事罢了，并不苛求小节。一年多的时间，东海郡便十分清明太平，人们都很称赞他。

汲黯与人相处很傲慢，不讲究礼数，当面顶撞人，容不得别人的过错。

与自己心性相投的，他就亲近友善；与自己合不来的，就不耐烦相见，士人也因此不愿依附他。但是汲黯好学，又好仗义行侠，很注重志气节操。他平日居家，品行美好纯正；入朝，喜欢直言劝谏，屡次触犯皇上的面子，时常仰慕傅柏和袁盎的为人。

当时，窦太后的弟弟武安侯田蚡做了宰相。年俸中二千石的高官来谒见时都行跪拜之礼，田蚡竟然不予还礼。而汲黯求见田蚡时从不下拜，经常向他拱手作揖完事。这时皇上正在招揽文学之士和崇奉儒学的儒生，说我想要如何如何，汲黯便答道："陛下心里欲望很多，只在表面上施行仁义，怎么能真正仿效唐尧、虞舜的政绩呢！"皇上沉默不语，心中恼怒，脸一变就罢朝了，公卿大臣都为汲黯惊恐担心。皇上退朝后，对身边的近臣说："太过分了，汲黯太愚直！"群臣中有人责怪汲黯，汲黯说："天子设置公卿百官这些辅佐之臣，难道是让他们一味屈从取容，阿谀奉迎，将君主陷于违背正道的窘境吗？何况我已身居九卿之位，纵然爱惜自己的生命，但要是损害了朝廷大事，那可怎么办！"

汉朝正在征讨匈奴，招抚各地少数民族。汲黯力求国家少事，常借向皇上进言的机会建议与胡人和亲，不要兴兵打仗。皇上正倾心于儒家学说，尊用公孙弘，对此不以为意。及至国内事端纷起，下层官吏和不法之民都弄巧逞志以逃避法网，皇上这才要分条别律，严明法纪，张汤等人也便不断进奏所审判的要案，以此博取皇上的宠幸。而汲黯常常诋毁儒学，公孙弘、张汤则深恨汲黯，就连皇上也不喜欢他，想借故杀死他。公孙弘做了丞相，向皇上建议说："右内史管界内多有达官贵人和皇室宗亲居住，很难管理，不是素来有声望的大臣不能当此重任，请调任汲黯为右内史。"汲黯当了几年右内史，任中从未废弛荒疏过政事。

大将军卫青已经越发地尊贵了，他的姐姐卫子夫做了皇后，但是汲黯仍与他行平等之礼。有人劝汲黯说："从天子那里就想让群臣居于大将军之下，大将军如今受到皇帝的尊敬和器重，地位更加显贵，你不可不行跪拜之礼。"汲黯答道："因为大将军有拱手行礼的客人，就反倒使他不受敬重了吗？"大将军听到他这么说，更加认为汲黯贤良，多次向他请教国家与朝中的疑难之事，看待他胜过平素所结交的人。淮南王刘安阴谋反叛，畏惧汲黯，说："汲黯爱直言相谏，固守志节而宁愿为正义捐躯，很难用不正当的事情诱惑他。

至于游说丞相公孙弘，就像揭掉盖东西的蒙布或者把快落的树叶振掉那么容易了。”

过了几年，遇上国家改铸五铢钱，老百姓很多人私铸钱币，楚地尤其严重。皇上认为淮阳郡是通往楚地的交通要道，就征召汲黯任他为淮阳郡太守。汲黯拜伏于地辞谢圣旨，不肯接印，皇上屡下诏令强迫给他，他才领命。皇上下诏召见汲黯，汲黯哭着对皇上说：“我自以为死后尸骨将被弃置沟壑，再也见不到陛下了，想不到陛下又收纳任用我。我常有狗病马病的，体力难以胜任太守之职的烦劳。我希望当中郎，出入宫禁之门，为陛下纠正过失，补救缺漏。这就是我的愿望。”皇上说：“你看不上淮阳郡太守这个职位吗？过些时候我会召你回来的。只因淮阳地方官民关系紧张，我只好借助你的威望，请你躺在家中去治理吧。”汲黯向皇上告别后，又去探望大行令李息，他说：“我被弃置于外郡，不能参与朝廷的议政了。可是，御史大夫张汤他的智巧足以阻挠他人的批评，狡诈足以文饰自己的过失，他专用机巧谄媚之语，强辩挑剔之词，不肯堂堂正正地替天下人说话，而一心去迎合主上的心思。皇上不想要的，他就顺其心意诋毁；皇上想要的，他就跟着夸赞。他喜欢无事生非，搬弄法令条文，在朝中他深怀奸诈以逢迎皇上的旨意，在朝外挟制为害社会的官吏来加强自己的威势。您位居九卿，若不及早向皇上进言，您和他都会被诛杀的。”李息害怕张汤，始终不敢向皇上进谏。汲黯治理郡务，一如往昔作风，淮阳郡政治清明起来。后来，张汤果然身败名裂。皇上得知汲黯当初对李息说的那番话后，判李息有罪，诏令汲黯享受诸侯国相的俸禄待遇，依旧掌管淮阳郡。七年后汲黯逝世。

汲黯当初位列九卿，为政清廉，平日居家品行也美好而纯正。中途曾被罢官，家境清贫，宾客遂日趋没落。待到做郡守，死后家中没有剩余的财物。

太史公说：凭着汲黯那样的贤德，有权势时宾客十倍，无权势时情形就全然相反，他们尚且如此，更何况一般人呢！一死一生，乃知交情。一贫一富，乃知交态。一贵一贱，交情乃见。可悲啊！

【学习提示】

1. 在这篇文章中，作者着意表现汲黯秉正嫉恶、忠直敢谏的性格特征。

通读全文，概括作者主要记述了汲黯生平中的哪些重要事件。注意概括事件中所不可缺少的要素。

2.《史记》是一部纪传体史书，司马迁在他首创的这种体例中尤其擅长刻画人物。在这篇文章中，他将汲黯汉廷第一直臣的形象塑造得光辉而感人。认真阅读文章，从素材选择和艺术手法等方面做简要赏析。

淳于髡传

《史记》

【题解】

本文节选自《史记·滑稽列传》，主要记述了小人物淳于髡的几个故事。《太史公自序》云："不流世俗，不争势利，上下无所凝滞，人莫之害，以道之用，作《滑稽列传》。"滑稽（gǔ jī），是指语言动作诙谐有趣。作者在自序中评价了该传中人物的思想品格和他们所起的社会作用。这些赘婿倡优，在当时的地位极其低下，甚至为一般平民所不齿；但是他们的操行与见解，以及他们那种批逆鳞、论大事的智慧和勇气，却又往往为衮衮诸公所不及，这是使司马迁极为赞赏而又感慨极深的。《史记》中出现这么一篇《滑稽列传》，这本身就是对汉代上流社会的一种莫大的"滑稽"与讽刺。

淳于髡者，齐之赘婿也。长不满七尺，滑稽多辩，数使诸侯，未尝屈辱。

齐威王之时喜隐[1]，好为淫乐长夜之饮，沈湎[2]不治，委政卿大夫。百官荒乱，诸侯并侵，国且危亡，在于旦暮，左右莫敢谏。淳于髡说之以隐曰："国中有大鸟，止王之庭，三年不蜚[3]又不鸣，王知此鸟何也？"王曰："此鸟不飞则已，一飞冲天；不鸣则已，一鸣惊人。"于是乃朝诸县令长[4]七十二人，赏一人，诛一人，奋兵而出。诸侯震惊，皆还齐侵地。威行三十六年。语在《田完世家》中。

威王八年，楚大发兵加齐[5]。齐王使淳于髡之赵请救兵，赍金百斤，车马十驷[6]。淳于髡仰天大笑，冠缨索绝[7]。王曰："先生少之乎？"髡曰："何敢！"王曰："笑岂有说乎？"髡曰："今者臣从东方来，见道旁有禳田[8]

者，操一豚蹄，酒一盂，祝曰：‘瓯窭满篝[9]，污邪[10]满车，五谷蕃[11]熟，穰穰[12]满家。’臣见其所持者狭而所欲者奢，故笑之。”于是齐威王乃益赍黄金千镒[13]，白璧十双，车马百驷。髡辞而行，至赵。赵王与之精兵十万，革车[14]千乘。楚闻之，夜引兵而去。

威王大说，置酒后宫，召髡赐之酒。问曰：“先生能饮几何而醉？”对曰：“臣饮一斗亦醉，一石亦醉。”威王曰：“先生饮一斗而醉，恶能饮一石哉！其说可得闻乎？”髡曰：“赐酒大王之前，执法在傍，御史[15]在后，髡恐惧俯伏而饮，不过一斗径醉矣。若亲有严客[16]，髡帣韝鞠跽[17]，侍酒于前，时赐余沥[18]，奉觞上寿，数起[19]，饮不过二斗径醉矣。若朋友交游，久不相见，卒然相睹，欢然道故，私情相语，饮可五六斗径醉矣。若乃州闾之会[20]，男女杂坐，行酒稽留[21]，六博投壶[22]，相引为曹[23]，握手无罚，目眙不禁[24]，前有堕珥[25]，后有遗簪，髡窃乐此，饮可八斗而醉二三[26]。日暮酒阑[27]，合尊促坐[28]，男女同席，履舄交错[29]，杯盘狼藉，堂上烛灭，主人留髡而送客[30]。罗襦[31]襟解，微闻芗泽[32]，当此之时，髡心最欢，能饮一石。故曰：‘酒极则乱，乐极则悲，万事尽然。’言不可极，极之而衰。”以讽谏焉。齐王曰：“善。”乃罢长夜之饮，以髡为诸侯主客[33]。

【注释】

［1］齐威王：名因齐，是战国时齐国最有作为的国君。喜隐：好听隐语。

［2］沈湎（miǎn）：沉浸于酒。湎，沉于酒。

［3］蜚：同“飞”。

［4］朝诸县令长：让其所属的各个县令、县长皆来朝见。《汉书·百官公卿表》云：“县令、长，皆秦官，掌治其县。万户以上为令，减万户为长。”可供参考。

［5］“威王八年”二句：钱大昕考，“按《世家》及《表》，是年无齐楚交兵事，此传之言，多不足信”（《廿二史考异》）。威王八年，前371年。

［6］十驷：犹言十辆。古代一车四马谓之一驷。

［7］冠缨索绝：言其由于张嘴大笑，把系在下颔下面的帽带崩断了。冠缨，帽带。索，尽。

［8］禳田：祭祀求农事无灾害。

［9］瓯窭满篝：瓯窭，高地。篝，筐笼。高坡贫瘠之地，尚求收得装满篮笼。

［10］污邪：盖谓低洼易涝之地。

［11］蕃：繁盛，繁茂。

［12］穰穰：众多的样子。

［13］镒：一镒为二十四两。

［14］革车：战车。

［15］御史：执掌纠察、弹劾的官名。

［16］亲：指父母。严客：尊贵庄严的客人。

［17］帣韝鞠跽：帣（juǎn），收袖。韝（gōu），臂套。鞠，曲身。跽，小跪。意思是挽起衣袖，戴上袖套，躬身奉杯。

［18］余沥：剩酒。沥，水滴。

［19］数起：屡次地上前敬酒侍候。

［20］州闾之会：指乡里之间的不拘仪法的饮宴。

［21］行酒：依次敬酒。稽留：逗留。稽，停。

［22］六博投壶：古代的两种游戏。

［23］相引为曹：自相聚伙。曹，伙、辈。

［24］握手无罚，目眙（chì）不禁：指男女之间可以任意调情。眙，直视。

［25］珥：耳饰。

［26］醉二三：有两三分醉意。

［27］酒阑：酒宴临近结束。阑，尽。

［28］合尊：犹言“并桌”，把剩下的酒、菜归并在一张桌上。尊，同“樽”，酒器。促坐：大家靠近地坐在一起。

［29］履舄（xì）交错：男人女人的鞋子错杂地放在一起。履，鞋子。舄，木底鞋。古人上堂必须脱鞋，故男女促坐时便有所谓“履舄交错”了。

［30］主人留髡而送客：意指主人送客而出，留下淳于髡一人。

［31］罗襦：薄纱做的短上衣。襦，短衣。

［32］芗泽：香气。芗，同“香”。

［33］主客：官名，即后世的“典客”“大鸿胪”，职掌接待外来的宾客、使节等。

【译文】

淳于髡是齐国的“招女婿”。身高不足七尺，语言流畅诙谐、能言善辩，屡次出使诸侯之国，从没有受过屈辱。

齐威王在位时，喜好听隐语，又好彻夜宴饮，逸乐无度，陶醉于饮酒之中，不理政事，把政事托付给卿大夫。文武百官荒淫放纵，诸侯各国一起来侵犯，齐国灭亡就在朝夕之间了，齐王身边近臣都不敢进谏。淳于髡用隐语来劝谏齐威王，说："都城中有一只大鸟，落在了大王的庭院里，三年不飞也不叫，大王知道这鸟是怎么一回事吗？"威王说："这鸟不飞则已，一飞就直冲云霄；不叫则已，一叫就使人震惊。"于是就诏令全国七十二县的长官入朝议事，奖赏一人，诛杀一人，又发兵御敌，诸侯十分惊恐，都归还了侵占齐国的土地。齐国的声威竟维持达三十六年。这件事记载在《田完世家》中。

齐威王八年（前371），楚国派遣大军侵犯齐境。齐王派淳于髡到赵国去请救兵，让他携带礼品黄金百斤，驷马车十辆。淳于髡仰天大笑，将系帽子的带子都笑断了。威王说："先生是嫌礼物太少吗？"淳于髡说："怎么敢嫌少呢？"齐王说："那你的笑，难道有什么说辞吗？"淳于髡说："今天我从东边来时，看见路旁有个祈祷田神的人，拿着一只猪蹄，一杯酒，祷告说：'高地上收获的谷物盛满篝笼，低田里收获的庄稼装满车辆，五谷茂盛丰熟，米粮堆积粮仓。'我看见他拿的祭品很少，而所祈求的东西很多，所以笑他。"于是齐威王就把礼品增加到黄金千镒，白璧十双，驷马车百辆。淳于髡辞别动身，到了赵国。赵王拨给他十万精兵，一千辆裹有皮革的战车。楚国听到这个消息，连夜撤兵而去。

齐威王非常高兴，在后宫设置酒肴，召见淳于髡，赐他喝酒。问他说："先生喝多少酒才醉？"

淳于髡回答说："我喝一斗酒也能醉，喝一石酒也能醉。"威王说："先生喝一斗就醉了，怎么能喝一石呢？能把这个道理讲给我听听吗？"淳于髡说："大王当面赐酒给我，执法官站在旁边，御史站在背后，我心惊胆战，低头伏地地喝，喝不了一斗就醉了。如果父母有尊贵的客人来家，我卷起袖子，弓着身子，奉酒敬客，客人不时赏我残酒，屡次举杯敬酒应酬，喝不到二斗也就醉了。如果朋友间交游，好久没见面了，突然相见，欢欢喜喜说起往事，互诉衷情，大概喝五六斗就醉了。至于乡里之间的聚会，男女坐在一起，彼此敬酒，没有时间的限制，又作六博、投壶一类的游戏，呼朋唤友，相邀成对，握手言欢不受处罚，眉目传情不遭禁止，面前有落下的耳环，背后有丢掉的发簪，在这种时候，我最开心，可以喝上八斗酒，也不过两三分醉意。

天黑了，酒也快喝完了，把残余的酒并到一起，大家促膝而坐，男女同席，鞋子木屐混杂在一起，杯盘杂乱不堪，厅堂上的蜡烛已经熄灭，主人单留住我，而把别的客人送走，绫罗短袄的衣襟已经解开，略略闻到一阵香味，这时我心里最为高兴，能喝下一石酒。所以说，'酒喝得过多就容易出乱子，欢乐到极点就会发生悲痛之事。世上所有的事情都是如此。'这番话是说，无论什么事情不可走向极端，到了极端就会衰败。"淳于髡以此来委婉地劝说齐威王。齐威王说："好。"于是，威王就停止了彻夜欢饮之事，并任用淳于髡为接待诸侯宾客的宾礼官。

【学习提示】

1. 淳于髡身上有着司马迁所说的"不流世俗，不争势利"的可贵精神，以及"谈言微中，亦可以解纷"的非凡讽谏才能。结合具体事件举例说明。

2. 李景星在《史记评议》中说："若雅若俗，若正若反……数句之中，极嬉笑怒骂之致，真是神品。"这是对司马迁语言艺术，也是对淳于髡语言才能的肯綮之评。试做简析。

豫让传

《史记》

【题解】

《豫让传》是《史记·刺客列传》中的节选内容。豫让刺襄子，故事曲折，始终围绕“义不二心”而襄子偏又“义之”这个矛盾冲突展开，最后以刺衣伏剑结束对传主的记述。太史公“遇一种题，便成一种文字”，本传堪称《史记》全书中“第一种激烈文字”。从文学的角度看，这篇“最激烈文字”在现今仍有它的巨大审美价值。

豫让者，晋人也，故尝事范氏及中行氏，而无所知名。去而事智伯，智伯甚尊宠之。及智伯伐赵襄子，赵襄子与韩、魏合谋灭智伯，灭智伯之后而三分其地。赵襄子最怨智伯，漆其头以为饮器。豫让遁逃山中，曰：“嗟乎！士为知己者死，女为说己者容[1]。今智伯知我，我必为报仇而死，以报智伯，则吾魂魄不愧矣。”乃变名姓为刑人[2]，入宫涂厕[3]，中挟匕首，欲以刺襄子。襄子如厕，心动。执问涂厕之刑人，则豫让，内持刀兵，曰：“欲为智伯报仇！”左右欲诛之。襄子曰：“彼义人也，吾谨避之耳。且智伯亡无后，而其臣欲为报仇，此天下之贤人也。”卒释去之[4]。

居顷之，豫让又漆身为厉[5]，吞炭为哑[6]，使形状不可知，行乞于市。其妻不识也。行见其友，其友识之，曰：“汝非豫让邪？”曰：“我是也。”其友为泣曰：“以子之才，委质[7]而臣事襄子，襄子必近幸[8]子。近幸子，乃为所欲，顾不易邪[9]？何乃残身苦形[10]，欲以求报襄子，不亦难乎！”豫让曰：“既已委质臣事人，而求杀之，是怀二心以事其君也。且吾所为者极难耳！然所以为此者，将以愧天下后世之为人臣怀二心以事其君者也。”

既去，顷之，襄子当出，豫让伏于所当过之桥下。襄子至桥，马惊，襄子曰：“此必是豫让也。”使人问之，果豫让也，于是襄子乃数[11]豫让曰：“子不尝事范、中行氏乎？智伯尽灭之，而子不为报仇，而反委质臣于智伯。智伯亦已死矣，而子独何以为之报仇之深也？”豫让曰：“臣事范、中行氏，范、中行氏皆众人遇我[12]，我故众人报之[13]。至于智伯，国士[14]遇我，我故国士报之。”

襄子喟然叹息而泣曰：“嗟乎豫子！子之为智伯，名既成矣，而寡人赦子，亦已足矣。子其自为计，寡人不复释子！”使兵围之。豫让曰：“臣闻明主不掩人之美，而忠臣有死名之义。前君已宽赦臣，天下莫不称君之贤。今日之事，臣固伏诛[15]，然愿请君之衣而击之，焉以致报仇之意，则虽死不恨。非所敢望也，敢布腹心[16]！”于是襄子大义之，乃使使持衣与豫让。豫让拔剑三跃而击之，曰：“吾可以下报智伯矣！”遂伏剑自杀。死之日，赵国志士闻之，皆为涕泣。

【注释】

[1]“士为知己者死”二句：古成语。说（yuè），同“悦”，喜欢。容，梳妆打扮。

[2]刑人：受刑的人。这里犹“刑余之人”，即宦者。

[3]涂厕：修整厕所。涂，以泥抹墙。

[4]卒释去之：最终还是把豫让放走了。

[5]漆身为厉（lài）：以漆涂身，使肌肤肿烂，像患癞病。厉，同“癞”，癞疮。

[6]吞炭为哑：吞炭为了使声音变得嘶哑。

[7]委质：初次拜见尊长时致送礼物。这里有托身的意思。

[8]近幸：亲近宠爱。

[9]顾不易邪：难道还不容易吗。

[10]残身苦形：摧残身体，丑化形貌。

[11]数：列举罪过而责之。

[12]众人遇我：把我当成一般人对待。

[13]众人报之：像一般人那样报答。

[14]国士：一国之中的杰出人物。

［15］伏诛：受到应得的死罪。诛，杀死。

［16］敢布腹心：敢于披露心里话。

【译文】

豫让，是晋国人，过去曾经侍奉范氏和中行氏，但是没什么名声。（后来）他离开他们去奉事智伯，智伯非常尊重宠幸他。等到智伯攻打赵襄子时，赵襄子和韩、魏联合谋划灭了智伯；消灭智伯以后，三家分割了他的国土。赵襄子最恨智伯，就把他的头盖骨漆成饮具。豫让潜逃到山中，说："唉呀！好男儿应该为了解自己的人去死，好女子应该为爱慕自己的人梳妆打扮。现在智伯是我的知己，我一定替他报仇，献出生命，来报答智伯，那么我就是死了，魂魄也没有什么可惭愧的了。"于是（他）更名改姓，伪装成受过刑的人，进入赵襄子宫中修整厕所，身上藏着匕首，想要用它刺杀赵襄子。赵襄子到厕所去，心一悸动，拘问修整厕所的刑人，才知道是豫让，衣服里面还别着利刃。豫让说："我要替智伯报仇！"侍卫要杀掉他。襄子说："他是义士，我谨慎小心地回避他就是了。况且智伯死后没有继承人，而他的家臣想替他报仇，这是天下的贤人啊。"最后还是把他放走了。

过了不久，豫让又把漆涂在身上，使肌肤肿烂，像得了癞疮，吞炭使声音变得嘶哑，使自己的形体相貌不可辨认，沿街讨饭。就连他的妻子也不认识他了。路上遇见他的朋友，辨认出来，说："你不是豫让吗？"回答说："是我。"朋友为他流着眼泪说："凭着您的才能，委身侍奉赵襄子，襄子一定会亲近宠爱您。亲近宠爱您，您再干您所想干的事，难道不是很容易的吗？何苦自己摧残身体，丑化形貌，想要用这样的办法达到向赵襄子报仇的目的，不是更困难吗？"豫让说："托身侍奉人家以后，又要杀掉他，这是怀着异心侍奉他的君主啊。我知道选择这样的做法是非常困难的，可是我之所以选择这样的做法，就是要使天下后世那些怀着异心侍奉国君的臣子感到惭愧！"

豫让说完就走了，不久，襄子正赶上外出，豫让潜藏在他必定会经过的桥下。襄子来到桥上，马受惊，襄子说："这一定是豫让。"派人去查问，果然是豫让。于是襄子就列举罪过指责他说："您不是曾经侍奉过范氏、中行氏吗？智伯把他们都消灭了，而您不替他们报仇，反而托身为智伯的家臣。智伯已经死了，您为什么单单如此急切地为他报仇呢?”豫让说：“我侍奉范氏、中行氏，他们都把我当作一般人看待，所以我像一般人那样报答他们。至于智伯，他把我当作国士看待，所以我就像国士那样报答他。”

襄子喟然长叹，流着泪说：“唉呀，豫让先生！您为智伯报仇，已算成名了；而我宽恕您，也足够了。您该自己作个打算，我不能再放过您了！”命令士兵团团围住他。豫让说：“我听说贤明的君主不埋没别人的美名，而忠臣有为美名去死的道理。以前您宽恕了我，普天下没有谁不称道您的贤明。今天的事，我本当受死罪，但我希望能得到您的衣服刺它几下，这样也就达到我报仇的意愿了，那么，即使死了也没有遗恨了。我不敢指望您答应我的要求，我还是冒昧地说出我的心意!”于是襄子非常赞赏他的侠义，就派人拿着自己的衣裳给豫让。豫让拔出宝剑多次跳起来击刺它，说：“我可用以报答智伯于九泉之下了!”于是以剑自杀。自杀那天，赵国有志之士听到这个消息，都为他哭泣。

【学习提示】

1. 人物必然活动于事件之中，阅读人物传记要善于理清事件。豫让刺襄子的故事曲折而富于矛盾冲突，很好地表现了为义而复仇的主旨。试做简要赏析。

2. 吴见思在《〈史记〉论文》中指出，本传堪称《史记》全书中“第一种激烈文字”。认真阅读文章，体味“激烈”二字的内涵。

朱买臣传

《汉书》

【题解】

东汉史学家班固所著《汉书》中有《苏武传》《霍光传》《朱买臣传》《东方朔传》等名篇。《苏武传》被选入教材，《霍光传》做过高考命题材料，而另外两篇作品，主人公历来都被视为励志的楷模，值得研读。在传统评价中，朱买臣处贫好学、以苦为乐、知恩图报等品质使得他名传千古；而新近的研究认为，朱买臣以“巧而少信”为主要人格特质，即言语、行事，均非出自至诚，而好投机取巧；故而《朱买臣传》的撰写，基于两个意在笔先的原点加以演绎，一则是炫富乡里之小人丑态，二则是睚眦必报的阴暗心理。在表现艺术上，本文细节刻画生动，心理描写真实，而且以买臣与其妻之事贯穿其中，别有意味。

朱买臣，字翁子，吴人也。家贫，好读书，不治产业，常艾[1]薪樵[2]，卖以给食[3]。担束薪[4]，行且诵书。其妻亦负戴[5]相随，数止买臣毋歌呕[6]道中。买臣愈益疾歌，妻羞之，求去。买臣笑曰：“我年五十当富贵，今已四十余矣。女苦日久，待我富贵报女功。”妻恚[7]怒曰：“如公等，终饿死沟中耳，何能富贵！”买臣不能留，即听[8]去。其后，买臣独行歌道中，负薪墓间。故妻与夫家俱上冢[9]，见买臣饥寒，呼饭饮[10]之。

后数岁，买臣随上计[11]吏为卒，将重车[12]至长安，诣阙[13]上书，书久不报[14]。待诏公车[15]，粮用乏，上计吏卒更乞丐之。会邑子[16]严助贵幸[17]，荐买臣，召见，说《春秋》，言《楚词》，帝甚说之，拜买臣为中大夫，与严助俱侍中。是时，方筑朔方，公孙弘谏，以为罢敝[18]中国。上使买臣难诎[19]弘，语在《弘传》。后买臣坐事免[20]，久之，召待诏。

是时，东越数反复，买臣因言：“故东越王居保泉山，一人守险，千人不得上。今闻东越王更徙处南行，去泉山五百里，居大泽中。今发兵浮海，直指泉山，陈舟列兵，席卷南行，可破灭也。”上拜买臣会稽太守。上谓买臣曰：“富贵不归故乡，如衣绣夜行，今子何如？”买臣顿首辞谢。诏买臣到郡，治楼船，备粮食、水战具，须诏书到，军与俱进。

初，买臣免，待诏，常从会稽守邸者寄居饭食。拜为太守，买臣衣故衣，怀其印绶，步归郡邸。直上计时，会稽吏方相与群饮，不视买臣。买臣入室中，守邸与共食，食且饱，少见其绶，守邸怪之，前引其绶，视其印，会稽太守章也。守邸惊，出语上计掾吏。皆醉，大呼曰：“妄诞[21]耳！”守邸曰：“试来视之。”其故人素轻买臣者入内视之，还走，疾呼曰：“实然！”坐中惊骇，白[22]守丞，相推排陈列中庭拜谒。买臣徐出户。有顷，长安厩吏乘驷马车来迎，买臣遂乘传[23]去。会稽闻太守且至，发民除[24]道，县长吏并送迎，车百余乘。拜为太守，入吴界，见其故妻、妻夫治道。买臣驻车，呼令后车载其夫妻，到太守舍，置园中，给食之。居一月，妻自经[25]死，买臣乞其夫钱[26]，令葬。悉召见故人与饮食诸尝有恩者，皆报复[27]焉。

居岁余，买臣受诏将兵，与横海将军韩说等俱击破东越，有功。征入为主爵都尉，列于九卿。

数年，坐法免官，复为丞相长史。张汤为御史大夫。始，买臣与严助俱侍中，贵用事，汤尚为小吏，趋走[28]买臣等前。后汤以延尉治淮南狱[29]，排陷严助，买臣怨汤。及买臣为长史，汤数行丞相事，知买臣素贵，故陵折[30]之。买臣见汤，坐床上弗为礼。买臣深怨，常欲死之。后遂告汤阴事，汤自杀，上亦诛买臣。买臣子山拊官至郡守，右扶风。

【注释】

[1] 艾：同“刈”，割，砍。

[2] 薪樵：木柴。

[3] 给食：供给食用

[4] 束薪：捆扎起来的柴木。

［5］戴：同“载”，指挑。

［6］呕：同“讴”，唱。

［7］恚（huì）：愤怒。

［8］听：听凭，任凭。

［9］冢：坟墓。

［10］饭饮：给他吃喝。

［11］上计：战国、秦汉时地方官于年终将境内户口、赋税、盗贼、狱讼等项编造计簿，遣吏逐级上报，奏呈朝廷，借资考绩，谓之上计。

［12］重车：指古代运输辎重的兵车。将重车，即押送重车。

［13］诣阙（què）：到了朝廷。阙，帝王居地的统称。

［14］报：答复。

［15］公车：汉代官署名。为卫尉的下属机构，设公车令，掌管宫殿司马门的警卫。天下上事及征召等事宜，经由此处受理。后以指此类官署。

［16］邑子：同乡。

［17］贵幸：受到国君的宠幸。

［18］罢敝：这里是“使削弱国力”的意思。

［19］难诎：辩难说服。

［20］坐事免：因犯事遭免官。

［21］妄诞：虚妄夸大。

［22］白：报告。

［23］传：驿站的马车。

［24］除：清除，清理。

［25］自经：上吊。

［26］乞其夫钱：意思是送给她丈夫钱。乞，给予。

［27］报复：此处是报答、酬谢的意思。

［28］趋走：奔走，这里是当差的意思。

［29］狱：案件。

［30］陵折：侮辱。

【译文】

朱买臣，字翁子，是吴地人。家里贫困，喜爱读书；不善于置办财产家业，常常割草砍柴卖了来购取粮食。（时常）担着一捆柴，边走边高声诵读文章；他的妻子也背着柴跟随着他，多次阻止朱买臣，让他不要在路上高声歌唱，朱买臣歌唱声更大。妻子对此感到羞愧，要求离开他，朱买臣笑着说："我五十岁命该富贵，现在已经四十多了，你辛苦了很久了，等我富贵了，我要报答你的功劳。"妻子气愤地说："像你这样的人，最终就是饿死在沟里罢了，怎么能够富贵呢！"朱买臣没办法留住她，就听任她离开了。之后，朱买臣一个人在道路上边走边唱，背着柴在墓间行走。前妻和其丈夫都去上坟，看到朱买臣又冷又饿，召唤给他饭吃。

几年后，朱买臣跟随上计吏当差，押送重车到了长安。上计吏到朝廷上书后，皇上的回复迟迟不下，他们只好在公车府等待诏书。粮食用完了，上计吏最后变得像乞丐一样去讨要粮食。正好同乡严助很得宠幸，举荐朱买臣；朱买臣得到召见，在皇上面前讲解《春秋》《楚辞》，皇上很高兴；任命朱买臣为中大夫，与严助同为侍中。当时武帝刚刚建朔方郡，公孙弘上书劝谏，认为这样做恐怕会削减国力，武帝派买臣去辩解说服他，相关的话记在公孙弘的传记中。后来朱买臣犯了事被免职，很久后，重被召见到朝廷，等待重新任职。

当时地处东越的少数部族战乱频频，买臣因此上书说："原来的东越王盘踞和守护在泉山，一个人把守着，千人不能攻下。现在我听说东越王要往南迁，距离泉山五百里，在大泽中。如果现在就发兵过海，直接攻击泉山，准备好战船将士，席卷南下，东越国可以被攻破。"皇帝任命买臣为会稽太守，皇帝对朱买臣说："荣华富贵以后不返回故乡，就好比穿着锦绣衣服在夜间行走一样，现在你打算怎么办呀？"买臣磕头致谢告辞。诏令买臣到郡所在地，买高大的战船，准备粮食和水上作战的武器，必须等到诏令到，才能和军队一起出发。

起初，朱买臣被免了职，正等待着皇帝重新任命，常在会稽郡邸的守邸人那里借住吃饭。朝廷授予他会稽郡太守官职，买臣穿上过去罢免时的衣服，怀揣系着绶带的官印，步行回到郡邸。正值上计的时候，会稽郡办上计的官吏正一起聚着饮酒，对买臣都不屑看上一眼。买臣走进内房，守邸人和他一道吃饭。吃到快饱的时候，买臣稍微露出那系着官印的绶带，守邸人对此感到奇怪，就上前拿那绶带，端详着那方印章，正是会稽太守章。守邸人吃了一惊，走出屋外告诉了上计掾吏。掾吏们都喝醉了，大叫大喊道："胡说!"守邸人说："你们试把它拿来看看吧。"那位平素轻视买臣的旧相识走进室内看了官印，吓得回头就跑，高声嚷道："的确如此!"在座的人才惊怕起来，派人前去告诉守丞，彼此相互推拥着排成队列到中庭拜谒朱买臣。朱买臣这时慢慢地从内室中走出来。过了一会，长安厩吏驾着驷马车来迎接朱买臣，于是他便乘坐着驿车离去。会稽守丞听说太守将要到了，发动百姓清除道路；县吏一起送行和迎接的车辆达一百多辆。进入吴县境内，朱买臣见到他的前妻及丈夫二人正在修整道路；朱买臣停下车，叫后面的车辆载上他们夫妻一起到太守府，把他们安置在园里，供应他们饮食。住了一个月，那女人就上吊死了，朱买臣给她丈夫钱把她安葬了。又把以前的熟人全部找来，与他们一同吃饭；那些对自己有恩的人，都一一报答。

住了一年多，朱买臣接到诏书领军出征，与横海将军韩说等人一起打败东越国，取得战功，被征召入京做主爵都尉，位列九卿。

数年后，（朱买臣）因犯了法被免职，又重为丞相长史；张汤担任御史大夫。起初，朱买臣与严助都担任侍中，地位显贵，主管政事，张汤当时还在做小吏，在朱买臣等人跟前当差。后来，张汤担任廷尉处理淮南王反叛案件，乘机排挤陷害严助，朱买臣心内怨恨张汤。等到朱买臣做长史，张汤多次代行丞相职事，知道朱买臣一向自恃高贵，故意侮辱他。朱买臣拜访张汤，张汤却坐着不理睬他。朱买臣十分怨恨，常常想害死他。后来就告发张汤谋反，张汤自杀，皇上也杀了朱买臣。朱买臣的儿子朱山拊，随后做官到郡守和右扶风。

【学习提示】

1. 结合文本，欣赏班固在本文中所表现出来的塑造人物形象的高超艺术。

2. 现代学者鲍鹏山等人以为，朱买臣品行恶劣不端，巧而不信，与传统评价中朱买臣"处贫好学、以苦为乐、知恩图报"的品质形成了显著的矛盾。请结合文本及延伸读物，说说自己的理解。

范滂传

《后汉书》

【题解】

本文选自范晔《后汉书》。东汉自和帝以后，外戚、宦官交替专政。政治斗争愈演愈烈，社会政治日益昏暗，先后发生多起“党锢之祸”。范滂就在“党锢之祸”中被摧残致死。《范滂传》写的是范滂与宦官集团斗争的故事。范滂具有慨然澄清天下的志向，具有坚毅刚强、疾恶如仇的品质，具有秉公办事的作风。在写作上，作者主要是通过对话言谈来反映其品质、性格，这是本文刻画人物的一个特色；加之对范滂行为和气概的描写，使人物形象丰满生动，具有较强的艺术感染力，读之使人有一种既悲愤又激动的感受。

范滂[1]字孟博，汝南征羌[2]人也。少厉清节，为州里所服，举孝廉、光禄四行[3]。时冀州饥荒，盗贼群起，乃以滂为清诏使，案察之。滂登车揽辔[4]，慨然有澄清天下之志。及至州境，守令自知臧污[5]，望风解印绶去。其所举奏，莫不厌塞[6]众议。迁光禄勋主事。时陈蕃为光禄勋，滂执公仪[7]诣蕃，蕃不止之，滂怀恨，投版[8]弃官而去。郭林宗[9]闻而让蕃曰：“若范孟博者，岂宜以公礼格[10]之？今成其去就[11]之名，得无自取不优之议也？”蕃乃谢焉。

复为太尉黄琼[12]所辟。后诏三府掾属[13]举谣言[14]，滂奏刺史、二千石[15]权豪之党二十余人。尚书责滂所劾[16]猥[17]多，疑有私故。滂对曰：“臣之所举，自非叨秽[18]奸暴，深为民害，岂以污简札哉！间以会日迫促[19]，故先举所急，其未审[20]者，方更参实[21]。臣闻农夫去草，嘉谷必茂；忠臣除奸，王道以清。若臣言有贰[22]，甘受显戮[23]。”吏不能诘。滂睹时方艰，知意不行，因投劾[24]去。

太守宗资先闻其名，请署功曹[25]，委任政事。滂在职，严整疾恶。其有行违孝悌[26]，不轨[27]仁义者，皆扫迹斥逐[28]，不与共朝。显荐[29]异节，抽拔幽陋[30]。滂外甥西平[31]李颂，公族子孙，而为乡曲[32]所弃，中常侍[33]唐衡以颂请资，资用为吏。滂以非其人，寝[34]而不召。资迁怒，捶书佐[35]朱零。零仰曰：“范滂清裁，犹以利刃齿腐朽。今日宁受笞死，而滂不可违。”资乃止。郡中中人以下，莫不归怨，乃指滂之所用以为“范党”。

后牢修诬言钩党[36]，滂坐系黄门北寺狱[37]。狱吏谓曰：“凡坐系皆祭皋陶[38]。”滂曰：“皋陶贤者，古之直臣。知滂无罪，将理[39]之于帝；如其有罪，祭之何益！”众人由此亦止。狱吏将加掠考[40]，滂以同囚多婴病[41]，乃请先就格，遂与同郡袁忠[42]争受楚毒[43]。桓帝使中常侍王甫以次辨诘，滂等皆三木囊头[44]，暴于阶下。余人在前，或对或否，滂、忠于后越次而进。王甫诘曰：“君为人臣，不惟忠国，而共造部党，自相褒举，评论朝廷，虚构无端，诸所谋结，并欲何为？皆以情对，不得隐饰。”滂对曰：“臣闻仲尼之言，‘见善如不及，见恶如探汤[45]’。欲使善善同其清，恶恶同其污，谓王政之所愿闻，不悟更以为党。”甫曰：“卿更相拔举，迭为唇齿，有不合者，见则排斥，其意如何？”滂乃慷慨仰天曰：“古之循善，自求多福；今之循善，身陷大戮。身死之日，愿埋滂于首阳山[46]侧，上不负皇天，下不愧夷、齐。”甫愍然[47]为之改容。乃得并解桎梏[48]。

滂后事释，南归。始发京师，汝南、南阳士大夫迎之者数千两。同囚乡人殷陶、黄穆，亦免俱归，并卫侍于滂，应对宾客。滂顾谓陶等曰：“今子相随，是重吾祸也。”遂遁还乡里。

初，滂等系狱，尚书霍谞[49]理之。及得免，到京师，往候谞而不为谢。或有让滂者。对曰：“昔叔向婴罪，祁奚救之，未闻羊舌有谢恩之辞，祁老有自伐[50]之色”。竟无所言。

建宁[51]二年，遂大诛党人，诏下急捕滂等。督邮[52]吴导至县，抱诏书，闭传舍[53]，伏床而泣。滂闻之，曰：“必为我也。”即自诣狱。县令郭揖大惊，出解印绶，引与俱亡。曰：“天下大矣，子何为在此？”滂曰：“滂死则祸塞，何敢以罪累君，又令老母流离乎！”其母就与之诀。滂白母曰：“仲博[54]孝敬，足以供养，滂从龙舒君[55]归黄泉，存亡各得其所。惟大人割不可忍之恩，勿增感戚。”母曰：“汝今得与李、杜[56]齐名，死亦何恨！既有令名，复求寿考，可兼得乎？”滂跪受教，再拜而辞。顾谓其子曰：“吾欲使汝为恶，则恶不可为；使汝为善，则我不为恶。”行路闻之，莫不流涕。时年三十三。

【注释】

［1］范滂（pāng）：东汉时期大臣、名士。

［2］汝南征羌：汝南，古郡名，汉高祖置汝南郡，最初治所在上蔡县（今河南省驻马店市上蔡县西南），东汉时期郡治地迁至平舆县（今河南平舆县北）。征羌，古县名，今河南漯河市召陵区。

［3］光禄四行：据《汉官仪》记载：“光禄举敦厚、质朴、逊让、节俭，此为四行。”

［4］辔（pèi）：马缰绳。

［5］臧（zāng）污：贪污。臧，通“赃”。

［6］厌塞：压服，消释。厌，通“压”。

［7］执公仪：按正规的礼节。

［8］投版：即辞官。版，官吏朝会时执的朝版，记事以备遗忘。版，通“板”。

［9］郭林宗：郭泰，字林宗。东汉末为太学生领袖。党锢之祸起，归隐乡里教书，学生多达千人。

［10］格：要求，对待。

［11］去就：辞官。

［12］黄琼：字世英，江夏安陆（治所在今湖北云梦县）人。为官清正刚直，不阿权贵。

［13］掾（yuàn）属：帮忙的官吏。汉代自三公以至郡县，主官可自己选定掾属。

［14］举谣言：收集民间评论官吏的歌谣，从而提出对官吏的批评。

［15］刺史、二千石：刺史和郡太守。郡太守俸禄二千石，故名。

［16］劾（hé）：揭发罪状。此指这类文状。

［17］猥（wěi）：众多。

［18］叨秽：贪婪卑鄙。

［19］“间以”句：因为近来召开三公会议的日子迫近了。间，近来。会日，指召开

三公会议的日子。三公，即大司徒、大司马、大司空。

［20］审：查清。

［21］参实：检查核实。

［22］贰：不一致。

［23］显戮：明正典刑，陈尸示众。泛指处死，加罪而死。

［24］投劾：扔下弹劾的文状，意思是辞官而去。

［25］功曹：官名，功曹史的简称。汉代功曹的职权相当于郡太守的总管。

［26］孝悌（tì）：孝，孝顺父母。悌，敬爱兄长。

［27］轨：依循，遵循。

［28］扫（sǎo）迹：绝迹。斥逐：清除、驱逐。

［29］显荐：表彰、推荐。

［30］抽拔幽陋：提拔被压制的，以及身份低贱的人。

［31］西平：郡名，治所在西都（今青海西宁市）。

［32］乡曲：乡里。曲，偏僻的处所、乡里。

［33］中常侍：官名。主管传达皇帝的诏令文书，权力极大。东汉专以宦官充任。

［34］寝：搁置，压下。

［35］书佐：官名。此指功曹的属官，主管起草和缮写文书。

［36］钩党：结成朋党。

［37］北寺狱：东汉由宦官掌管的监狱，主管监禁、审讯大臣。

［38］皋陶：相传为舜的掌刑官，后被禹选为接班人，早死，未及继位。

［39］理：辩白，申诉。

［40］掠考：亦作“掠拷”，指笞击拷问。

［41］婴病：疾病缠身。

［42］袁忠：东汉著名官僚袁安之孙。袁安位至三公，以正直敢言著称。

［43］楚毒：酷刑折磨。

［44］三木囊头：三木，指颈、手、足用木制刑具锁住。囊头，把头蒙住。

［45］见善如不及，见恶如探汤：语出《论语·季氏》。探汤，形容避恶或除恶之快。汤，热水。

［46］首阳山：有数处，此指洛阳东北的首阳山。商末，孤竹君的两个儿子伯夷和叔齐因相互推让王位，逃奔周。武王灭商后，伯夷、叔齐逃往首阳山，不食周粟而死。

［47］愍（mǐn）然：哀怜的样子。

［48］桎梏（zhìgù）：木制刑具，在手曰梏，在足曰桎。

［49］霍谞（xǔ）：字叔智，东汉魏郡邺县人。官至少府、廷尉。汉桓帝曾嘉奖他的忠节。

［50］自伐：夸耀自己的功劳。

［51］建宁：汉灵帝第一个年号（168—172）。

［52］督邮：汉代郡太守的重要属吏。负责督察县乡，传达诏命，兼管捕捉犯人。

［53］传（zhuàn）舍：供行人休息、住宿的处所。

［54］仲博：指范滂的弟弟。

［55］龙舒君：范滂的父亲。名显，曾任龙舒侯相。

［56］李、杜：李，李膺，字元礼，以正直闻名，党锢之祸中被指为首领，有“天下楷模”之称。杜，杜密，字周甫，桓帝时官至太仆，因反对宦官专权，党锢之祸中被罢官，太学生称其为“天下良辅杜周甫”。

【译文】

范滂字孟博，汝南郡征羌县人。他从小就磨砺出高洁的节操，被州里人钦佩，因品行孝顺、正直而被推举为孝廉和光禄四行。当时冀州闹饥荒，盗贼很多。于是朝廷任用范滂为清诏使，派他前去巡行查办。范滂登上车子，揽起缰绳，走马赴任，慷慨激昂有澄清天下污秽的志向。他一到州界，那些太守、县令自知贪污枉法，解下大印，望风而逃。范滂所上奏朝廷的意见，无不符合公众的意愿。后升任光禄主事。那时陈蕃担任光禄勋，范滂就按规定的礼节去参见，陈蕃也不制止他，范滂怀恨不满，扔下笏板辞官离去。郭林宗听说后责备陈蕃说：“像范孟博这样的人才，怎么能用规定的礼节去要求他呢？今天你成就了他辞官清高的名声，难道不是自取不肯优待贤才的非议吗？”陈蕃于是向范滂道歉。

范滂又被太尉黄琼聘用。后来朝廷下诏命三府的属官通过举报民间的歌谣来揭发官吏，范滂就举奏刺史、太守权豪之党共二十多人。尚书责备范滂所弹劾的人太多了，怀疑他夹杂有私心。范滂回答说：“我检举的，假如不是卑鄙贪婪、狡猾暴戾而深深地祸害百姓的人，我难道会因为私心而使奏章受到玷污吗？因为近来召开三公会议的日子迫近了，所以我先举奏了最紧要的；那些没有查清的，将要进一步查实。我听说农夫除去杂草，好的禾苗必定茂盛；忠臣除掉奸臣，政治一定清明。如果我说的话有不可信或不一致的地方，我甘愿受死。”官吏无法反驳。范滂看到时局艰难，知道自己的志向不能实现，就扔下弹劾的文状辞掉官职离开了。

太守宗资早就听说范滂的美名，就请他担任自己的功曹史，把政务委托给他。范滂在职期间，严厉惩治恶人。将那些不孝顺父母和不敬重兄长、不遵循仁义处世的人，一律清除、驱逐出官府，不肯与他们共事。范滂还表彰、推荐品德高尚之人，提拔默默无闻、地位低下的人。范滂的外甥西平人李颂，是王侯之家的子弟，但他乡里的人都不推举他，中常侍唐衡为李颂向宗资求情，宗资就任用李颂为吏。范滂却认为他外甥李颂不是合适人选，就把这件事压下不办。宗资迁怒他人，捶打书佐朱零。朱零昂起头来说：“范滂决断刚正，就像用快刀斩断枯朽。今天我宁可被打死，但范滂的吩咐不能违背。”宗资这才作罢。郡中才能中等以下的人，无不怨恨范滂，共同指责他所任用的人为“范党”。

后来牢修诬告范滂等人结党营私，范滂被关进黄门北寺狱。狱吏对范滂说：“凡坐牢的人都要祭皋陶。”范滂说：“皋陶是贤人，古代正直的大臣。他知道范滂无罪，将到天帝那里去评理；如果范滂有罪，即使祭皋陶又有什么帮助呢！”狱中其他人因此也不祭皋陶了。狱吏要拷打狱中的犯人，由于关在一起的囚犯许多人疾病缠身，范滂就自己要求先受刑，于是就和同郡袁忠争着要先受拷打。桓帝派中常侍王甫逐个审问犯人，范滂等犯人都脚镣手铐，头上蒙物，排在阶下。其他人在前面，正在应对，有的回答，有的没有回答，范滂和袁忠从后面不按次序抢到前面。王甫审问道：“你当臣子的，不思忠于国家，却结党营私，互相吹捧，评论朝廷的政治，编造种种不实的事端，诸如此类的谋划，到底要干什么，从实招来，不得隐瞒。”范滂对他说：“我听说孔子讲过：‘见到好人好事唯恐赶不上似的赶快学习照做，见到坏人坏事像手探沸水那样赶快远远避开。’让善人和善人同处清洁之地是为了便于任用，让恶人和恶人同处污浊之地是为了便于去除，这是清明政治所要求的，我不明白这样做怎么会是结党。”王甫说：“你提拔同党，互为呼应，有不合意的，则排斥之，这是什么用意？”范滂于是慷慨激昂地仰天说道：“古人行善，自求福星高照；今我行善，却遭杀身之祸。我死之后，希望把我埋葬在首阳山边，这样我上不辜负皇天，下无愧于伯夷、叔齐。”王甫听了这番话，脸上露出哀怜的神色。于是把范滂的脚镣、手铐给解除了。

后来范滂出狱，回到南方。从京城出发的时候，汝南郡、南阳郡的士大夫出来迎接他的车子就有几千辆。和范滂一起坐牢的同乡殷陶、黄穆也被赦免，和他一起回乡，侍卫在范滂两边，接待前来的宾客。范滂回头对殷陶等人说："今天你们跟随我，这是加重我的灾祸。"于是就悄悄地返回故乡。

在此之前，范滂等人被囚禁，尚书霍谞审理案件。等到范滂被赦免，来到京师，去问候霍谞时竟然不谢恩。有人责备范滂。范滂说："过去叔向犯罪，祁奚去救他，没听说叔向讲过谢恩的话，祁奚有自夸功劳的意思。"范滂始终没有讲谢恩的话。

建宁二年（169），朝廷大肆捕杀党人，皇上颁下诏书立即逮捕范滂等人。督邮吴导来到范滂所在的县里，抱着诏书，关上传舍的门，伏在床上哭泣。范滂听说后，说："这一定是因为我的缘故。"立即自动去监狱。县令郭揖大吃一惊，出来解除印绶，拉着范滂要跟他一同逃跑，说："天下这么大，你为何要待在此地等死？"范滂说："我范滂一死，大祸也就结束了，我怎么敢连累阁下，又让老母流离他乡呢？"范滂的母亲听了就同他诀别。范滂对母亲说："弟弟仲博很孝敬您老人家，足以供养您老人家的生活，我跟随父亲龙舒君命归黄泉，生者和死者各得其所。万望母亲大人割断骨肉之情，不要悲伤。"范母说："你今天得以和李膺、杜密齐名，就是死了又有什么遗憾呢！既然已经有了美名，又希望长寿，两者怎么可以兼得呢？"范滂跪着接受母亲的教诲，再拜而别。又回过头对儿子说："我要让你做恶人吧，但恶人不可做；我要让你做善人吧，但我就是不做恶人的，（而结果却如此！）"人们听说这些话，无不流下了眼泪。范滂死时才三十三岁。

【学习提示】

1. 范滂最终因党锢之祸而死，南朝史学家范晔曾说："夫上好则下必甚，矫枉故直必过，其理然矣。若范滂、张俭之徒，清心忌恶，终陷党议，不其然乎？"你对此如何理解？

2. 典故"不谢霍谞"出自本文范滂的行事。近代历史学家蔡东藩认为："其不谢霍谞，非特自白无私，且免致中官借口，谤及谞身，滂之苦衷，固可为知者道，难为俗人言也。"你对此如何看待？

李白传

《新唐书》

【题解】

本篇选自《新唐书·文艺列传》。《新唐书》为北宋欧阳修、宋祁等合撰，是记载唐朝历史的纪传体史书。在这篇传记中，作者通过两件逸事表现李白的性格与才华，一件是“醉中写乐章”，一件是“高力士脱靴”，寥寥数笔就将李白才华横溢、不畏权贵、豁达任性、天真浪漫等典型性格特征勾勒出来。对此，作者娴熟使用正面描写与侧面烘托的手法；此外，作者略写其他方面，与两件逸事形成点面互补、详略得宜的表达效果。

李白，字太白，兴圣皇帝[1]九世孙。其先隋末以罪徙[2]西域，神龙[3]初，遁还，客巴西[4]。白之生，母梦长庚星[5]，因以命之。十岁通诗书，既长，隐岷山。州举有道[6]，不应，苏颋为益州长史[7]，见白异之，曰：“是子天才英特，少益以学[8]，可比相如。”然喜纵横术[9]，击剑，为任侠，轻财重施，更客任城[10]，与孔巢父、韩准、裴政、张叔明、陶沔居徂徕山，日沈饮[11]，号“竹溪[12]六逸”。

天宝[13]初，南入会稽[14]，与吴筠[15]善，筠被召，故白亦至长安。往见贺知章，知章见其文，叹曰：“子，谪仙人[16]也!”言于玄宗，召见金銮殿[17]，论当世事，奏颂一篇。帝赐食，亲为调羹，有诏供奉[18]翰林。白犹与饮徒醉于市。帝坐沈香亭[19]，意有所感，欲得白为乐章[20]，召入，而白已醉，左右以水靧面，稍解，授[21]笔成文，婉丽精切无留思。帝爱其才，数宴见。白尝侍帝，醉，使高力士脱靴，力士素贵，耻之，擿[22]其诗以激杨贵妃，帝欲官白，妃辄沮止[23]。白自知不为亲近[24]所容，益骜放不自修，与知章、李适之、汝阳王琎、崔宗之、苏晋、张旭、焦遂为“酒八仙人”。恳求还山，帝赐金放还。白浮游四方，尝乘舟与崔宗之自采石[25]至金陵，著宫锦袍坐舟中，旁若无人。

安禄山反，转侧宿松、匡庐间，永王璘[26]辟为府僚佐，璘起兵，逃还彭泽；璘败，当诛。初，白游并州，见郭子仪，奇之。子仪尝犯法，白为救免。至是，子仪请解官以赎，有诏长流夜郎。会赦，还寻阳，坐[27]事下狱。时宋若思将吴兵三千赴河南，道寻阳，释囚辟为参谋[28]，未几辞职。李阳冰为当涂令，白依之。代宗立，以左拾遗召，而白已卒，年六十余。

白晚好黄老，度牛渚矶至姑孰[29]，悦谢家青山[30]，欲终焉[31]。及卒，葬东麓。元和[32]末，宣歙[33]观察使范传正祭其冢，禁樵采。访后裔，惟二孙女嫁为民妻，进止[34]仍有风范，因泣曰：“先祖志在青山，顷葬东麓，非本意。”传正为改葬，立二碑焉。告二女，将改妻士族，辞以孤穷失身，命也，不愿更嫁。传正嘉叹，复[35]其夫徭役。

文宗时，诏以白歌诗、裴旻剑舞、张旭草书为“三绝”。

【注释】

［1］兴圣皇帝：即西凉武昭王李暠（hào），唐玄宗天宝二年追谥。

［2］徙：流放。

［3］神龙：唐中宗的年号（705—707）。

［4］巴西：即绵州。

［5］长庚星：金星，也叫太白星。

［6］有道：汉代察举制度中的特举科目。有道，即指有道德、才艺的人可由此科被举荐为官。汉代的察举制度中有常设的科目，比如茂才、孝廉、光禄四行等，也有特设科目如贤良方正、贤良文学、明经、明法、至孝、敦厚等。唐时沿用此科目。

［7］苏颋：唐代文学家。益州：治所在今四川成都。长史：幕僚的负责人。

［8］少益以学：稍加学问磨炼。

［9］纵横术：纵横家游说之术。

［10］更客任城：变更客居于任城（今山东济宁）。

［11］沈饮：沉醉于饮酒。沈，通“沉”。

［12］竹溪：在山东徂徕山下。

［13］天宝：唐玄宗的年号（742—756）。

［14］会稽：今浙江绍兴。

［15］吴筠：唐代道士。唐玄宗征召为翰林。

［16］谪仙人：这里理解为下凡的仙人。

［17］金銮殿：唐代大明宫内殿名。

［18］供奉：以某种技艺侍奉皇帝。

［19］沈香亭：沉香亭。沈，通“沉”。

［20］乐章：可配乐的诗词。

［21］授：拿给。

［22］擿（tī）：挑剔，指摘。

［23］沮止：阻止。沮，通“阻”。

［24］亲近：皇帝的亲信。

［25］采石：即采石矶，又名牛渚矶，在安徽当涂西北长江东岸。

［26］永王璘：唐玄宗第十六子李璘。

［27］坐：因……而获罪。

［28］参谋：唐代节度使及各路统帅所属幕僚之一。

［29］姑孰：今安徽省当涂县姑孰镇。

［30］谢家青山：在今安徽省当涂县，因东晋时谢朓曾居此而名。又名青林山。

［31］终焉：终，终老。焉，兼词“于是”，在这里。

［32］元和：唐宪宗的年号（806—820）。

［33］宣歙：宣，宣州，治所在今安徽宣城。歙，歙州，治所在今安徽歙县。

［34］进止：举止。

［35］复：免除。

【译文】

李白，字太白，是兴圣皇帝九代孙。他的祖先于隋朝末年因为犯罪被流放到西域。神龙初年，他的祖辈从西域逃回来，客居于绵州。

李白出生的时候，他母亲梦见太白星，因此给他取字叫太白。十岁时就通读诗书，及至长大成人，隐居于岷山。当时所在州郡凭有道科举荐他，可是他没有应举。苏颋为益州长史时，看见李白并认为（他）是不同一般的人，说：“这个青年天才英特，如果再稍加努力学习，便可以同司马相如相比。”然而李白爱好纵横术数，学击剑，想当个游侠之士，轻视财产而乐于施舍。李白又客居任城，同孔巢父、韩准、裴政、张叔明、陶沔居于徂徕山，整天沉醉于酣饮之中，当时号称“竹溪六逸”。

天宝初年，李白南游到会稽，和吴筠友善。吴筠被召入京，因此李白也到了长安。李白去拜见贺知章，贺知章见到他的诗文，感慨惊叹地说：“您是天上下降人间的仙人啊。”在玄宗面前说起李白，玄宗就在金銮殿召见李白，谈论当代的大事，李白于是献上一篇赋颂。玄宗皇帝赐李白吃的东西，并且亲自为他调羹，下诏命他为翰林供奉。李白还是和酒徒在街市中醉酒。玄宗皇帝坐在沉香亭，心中突然有些感慨，想要李白替他写歌词，于是召李白入宫。但是李白已经醉倒，左右侍从用水洗他的脸，酒醉稍醒，拿笔给他，下笔成文，辞章婉转华丽，意精旨切，不留余思。玄宗爱他的才华，好几次设宴召见他。李白曾陪玄宗皇帝饮酒，醉了，让高力士替他脱鞋。高力士一向高贵，把替李白脱鞋当作耻辱的事，于是指摘李白诗中的毛病来激怒杨贵妃。玄宗皇帝想让李白当官，杨贵妃就背后阻止。李白自己知道不被玄宗的亲信所容忍，愈加不自律放荡不羁，和贺知章、李适之、汝阳王李琎、崔宗之、苏晋、张旭、焦遂被称为“酒八仙人”。李白恳切请求引退还居山林，玄宗皇帝也就赏赐金锦放他回去。李白浮游漂泊于四方，曾与崔宗之乘船从采古矶至金陵，身上穿着皇帝所赐宫锦袍，坐在船中，好像旁边没有人一样。

安禄山起兵造反，李白辗转于宿松和匡庐之间。永王李璘聘请他到幕下当僚佐，及至永王李璘起兵，他即逃回彭泽了；永王失败了，李白按照罪行被判处斩。当初，李白游并州，见过郭子仪，李白把郭子仪当作奇特的人。当时郭子仪犯法，李白救了他，他才免受处罚。这个时候郭子仪愿解除官职来为李白赎罪，于是朝廷下诏把李白长期流放夜郎。恰逢大赦，（李白）又回寻阳，又因为一件事获罪而下狱。那时宋若思率领吴地之兵三千人将赴河南，路经寻阳，把李白释放了，并且聘任他为行军参谋，没有过多久，李白又辞去参谋之职。李阳冰任当涂县令，李白去投奔。代宗即帝位以后，召李白任左拾遗之职，而李白这时候已经死了，终年六十多岁。

李白晚年爱好黄老之学，经牛渚矶来到姑孰，喜爱谢家青山，他想在此地终老。等到他死了，先葬在谢家青山东麓。元和末年，宣歙观察使范传正拜祭他的墓，并下令禁止在李白坟墓周围砍柴和放牧。范传正访问李白的后裔，只有两个孙女已嫁给平民做妻子，行为举止仍然保持着大家的风范。她们就伤心地说："先祖是想埋在青山的呀，临时葬在东麓，这不是他原来的想法啊。"于是范传正把李白移葬在谢家青山，并在那里立了两通石碑。他还告诉李白的两位孙女，要将他们改嫁给士族做妻子；两位孙女说，孤独穷苦而委身于平民，怕是命该注定的，不想再改嫁了。范传正嘉奖并赞叹她们，并免除她们丈夫的徭役。

唐文宗时，下诏把李白的歌诗、斐旻的剑舞、张旭的草书，合称为"三绝"。

【学习提示】

1. 杜甫《饮中八仙歌》中云："李白斗酒诗百篇，长安市上酒家眠。天子呼来不上船，自称臣是酒中仙。"阅读传文及杜甫诗句后，你了解到李白具有哪些性格特点？你如何看待李白的性格特点？

2.《旧唐书》与《唐才子传》中都有李白传记，与这篇《李白传》相比，前两者都没有"元和末"至文末的相关内容记录。研究三书此传的写法，说说它们的区别与优劣。

祖逖北伐

《通鉴纪事本末》

【题解】

本篇节选自《通鉴纪事本末》，是纪事本末体中的人物中心类文本。文章以时间为线，叙述了祖逖渡江南下，建言北伐，渡江北上，平定黄河以南大部，以及深感内乱将至而复国无望，抱病而逝等主要生平事迹，表现了祖逖胸怀大志、忧国忧民的品质和为收复失地而敢于进言、身体力行的胆识。文章语言典雅简明，成就了闻鸡起舞、中流击楫等成语；文章注重正面描写与侧面烘托相结合，前半篇多从正面塑造形象，后半篇多从侧面叙述其功业和影响，相得益彰。

初，范阳祖逖[1]，少有大志，与刘琨俱为司州主簿[2]，同寝，中夜闻鸡鸣，蹴琨觉[3]，曰："此非恶声[4]也！"因起舞[5]。

及渡江，左丞相睿以为军谘祭酒[6]。逖居京口[7]，纠合骁健[8]，言于睿曰："晋室之乱，非上无道而下怨叛[9]也，由宗室[10]争权，自相鱼肉[11]，遂使戎狄[12]乘隙，毒流中土[13]。今遗民既遭残贼[14]，人思自奋[15]，大王诚能命将出师[16]，使如逖者统之以复中原[17]，郡国[18]豪杰，必有望风响应[19]者矣。"睿素无北伐之志，以逖为奋威将军、豫州刺史[20]，给千人廪[21]，布三千匹，不给铠仗[22]，使自召募。

逖将其部曲[23]百余家渡江，中流[24]击楫[25]而誓曰："祖逖不能清中原而复济[26]者，有如大江！"遂屯淮阴[27]，起冶铸兵[28]，募得二千余人而后进[29]。

逖既入谯城，石勒遣石虎围谯，桓宣救之，虎解去。晋王传檄[30]天下，称："石虎敢[31]帅犬羊[32]，渡河纵毒[33]，今遣九军，锐卒三万，水陆四道，径造[34]贼场，祖逖节度[35]。"大兴三年，逖镇雍丘，数遣兵邀击后赵兵，后赵镇戍归逖者甚多，境渐蹙[36]。秋七月，诏加逖镇西将军。逖在军，与将士同甘苦，约己务施，劝课农桑[37]，抚纳附[38]，虽疏贱[39]者皆结以恩礼[40]。

逖练兵积谷，为取河北之计。后赵王勒患之，乃下幽州为逖修祖、父墓，置守冢二家，因与逖书，求通使及互市[41]。逖不报书，而听其互市，收利十倍。禁诸将不使侵暴后赵之民。边境之间，稍得休息。

四年秋七月，以尚书仆射戴渊为征西将军，镇合肥，逖以已翦荆棘[42]收河南地，而渊一旦来统之，意甚怏怏[43]，又闻王敦与刘、刁构隙[44]，将有内难。知大功不遂，感激发病。九月，卒于雍丘。豫州士女若丧父母，谯、梁间皆为立祠。

祖逖既卒，后赵屡寇河南，拔[45]襄城、城父，围谯，豫州刺史祖约不能御，退屯寿春。后赵遂取陈留，梁、郑之间复骚然[46]矣。

【注释】

［1］祖逖（tì）：字士雅，范阳遒县（今河北省涞水县北）人。东晋名将。

［2］与刘琨俱为司州主簿：和刘琨一起做司州主簿。刘琨，东晋将领，诗人，中山魏县（今河北省邯郸市魏县）人。司州，地名，治所在今河南洛阳市东。主簿，主管文书簿籍的官。

［3］蹴琨觉：踢醒刘琨。蹴（cù），踢、蹬。觉（jué），睡醒。

［4］恶（è）声：恶，不好。恶声，传说半夜鸡叫是不吉之兆。

［5］因起舞：于是起床舞剑。因，于是。舞，指舞剑。

［6］左丞相睿以为军谘祭酒：左丞相司马睿派他做军谘祭酒。睿，即司马睿，东晋元帝，当时为琅琊王，任左丞相。军谘（zī）祭酒，军事顾问一类的官。

［7］京口：地名，今江苏镇江。

［8］纠合骁健：集合勇猛健壮的人。纠合，集合。骁（xiāo）健，指勇猛健壮的人。

［9］怨叛：怨恨反叛。

［10］宗室：皇帝的宗族。

［11］鱼肉：比喻残杀、残害。

［12］戎狄：我国古代对西北地区少数民族的称呼。

［13］中土：指中原地区。

［14］遗民既遭残贼：沦陷区的人民已遭到残害。遗民，指沦陷区的人民。残贼，残害、伤害。

［15］自奋：自己奋起（反抗）。

［16］大王诚能命将出师：您如果能任命将领，派出军队。大王，指司马睿。诚，假如。命将出师，任命将领，派出军队。

［17］统之以复中原：统率他们来收复中原。复，收复。中原，当时指黄河中下游地区。

［18］郡国：指全国各地。

［19］望风响应：听见消息就起来响应。望风，这里是听到消息的意思。

［20］豫州刺史：豫州长官。豫州，在今河南东部及安徽西部一带。刺史，州的长官。

［21］廪（lǐn）：官府发的粮米，这里指军粮。

［22］铠仗：铠甲武器。铠（kǎi），铠甲。仗，刀戟等兵器的总称。

［23］将其部曲：统率他的部下。部曲，当时世家大族的私人军队。

［24］中流：江心。

［25］击楫：敲打船桨。

［26］济：渡。

［27］屯淮阴：驻扎在淮阴。屯，军队驻扎。淮阴，地名，今江苏淮阴。

［28］起冶铸兵：起炉炼铁，铸造兵器。

［29］进：进发。

［30］传檄：传布檄文。

［31］敢：斗胆、胆敢。

［32］犬羊：狗和羊。比喻任人宰割者，如俘虏、囚犯等；旧时对外敌的蔑称，乌合之众。

［33］纵毒：肆意残害。

［34］径造：直接奔赴，到达。

［35］节度：调度，指挥。

［36］渐蹙：日渐紧迫，穷蹙。

［37］劝课农桑：劝，勉励。课，督促。桑，泛指栽桑养蚕及丝织等业。农桑，泛指农业及相应的手工业、养殖业等。

［38］抚纳附：招引、安抚接纳敌方投诚的人以扩充势力。

［39］疏贱：关系疏远、地位低下的人。

［40］结以恩礼：以恩礼结。恩礼，旧谓尊上对下的礼遇。

［41］通使及互市：互派使者并通商贸易。

［42］翦荆棘：扫除障碍。翦，同“剪”，剪除，歼灭。

［43］怏怏：形容不满意或不高兴的神情。

［44］构隙：造成裂痕。指结怨。刘、刁，指司马睿阵营的刘隗与刁协，与王敦、王导兄弟属于对立阵营。

［45］拔：攻取、攻占。

［46］骚然：骚动、骚乱的样子。

【译文】

从前，范阳有一个叫祖逖的人，年轻时就有大志向，曾与刘琨一起担任司州的主簿。与刘琨同寝，夜半时听到鸡鸣，他踢醒刘琨，说：“这不是令人厌恶的声音。”就起床舞剑。

渡江以后，左丞相司马睿让他担任军咨祭酒。祖逖住在京口，聚集起骁勇强健的壮士，对司马睿说：“晋朝的变乱，不是因为君主无道而是臣下怨恨叛乱，由皇亲宗室之间争夺权力，自相残杀，这样就使外族人钻了空子，祸害遍及中原。现在晋朝的遗民遭到摧残伤害后，大家都想着自强奋发，大王您确能派遣将领率兵出师，使像我祖逖这样的人统领军队来光复中原，各地的英雄豪杰，一定会有闻风响应的人！”司马睿一直没有北伐的志向，他听了祖逖的话以后，就任命祖逖为奋威将军、豫州刺史，仅仅拨给他千人的口粮，三千匹布，不供给兵器，让祖逖自己想办法招募士兵。

祖逖带领自己私家的军队共一百多户人家渡过长江，在江中敲打着船桨说：“祖逖如果不能使中原清明而光复成功，就像大江一样有去无回！”于是到淮阴驻扎，建造熔炉冶炼浇铸兵器，又招募了两千多人然后继续前进。

祖逖已经进入谯城，石勒派遣石虎包围了谯城，桓宣来解救祖逖，石虎解围而去。晋王传檄文昭告天下，称：“石虎胆敢率领犬羊乌合之众，渡过黄河荼毒民众，现派遣琅琊王司马裒等九军、精锐士卒三万，由水、陆四路直赴贼寇所在地，受祖逖指挥。”大兴三年，祖逖镇守雍丘，多次派遣兵士拦击后赵军队，后赵镇守的将士归附祖逖的很多，后赵疆土日益缩小。这一年秋天七月，皇帝下诏加封祖逖镇西将军。祖逖在军中，与将士同甘共苦，严于律己，广施恩惠，勉励督促农业生产，安抚接纳新来归附的人，不论贵贱都加以礼遇。

祖逖在积谷练兵，为夺取黄河以北做打算。后赵王石勒很担心这件事，于是到幽州为祖逖修了祖父、父亲的坟墓，安排了两户人家替他们看守祖坟，于是给祖逖写了一封信，请求通使及互相贸易。祖逖没有答复这封信，而听凭双方民间互相贸易，收取十倍的利润。禁止将领们不让他们侵犯后赵的百姓。两国边境之间，稍微得到了休养生息。

四年秋七月，朝廷任命尚书仆射戴渊为征西将军，镇守合肥。祖逖已经扫除了障碍，收复了黄河以南的土地，而戴渊突然有一天来统领这里，祖逖内心怏怏不乐，又听说王敦与刘隗、刁协互相结怨，将要有内乱。祖逖知道大功不能告成，情绪激动引发重病。九月，死在雍丘。豫州的男女百姓都像失去了自己的亲生父母一样，谯国、梁国之间都为祖逖建立祠堂。

祖逖去世后，后赵多次侵犯河南，攻取了襄城、城父，包围谯城。豫州刺史祖约不能抵抗，退守寿春。后赵于是攻取陈留，梁、郑之间又骚乱不安了。

【学习提示】

1. 中国古代历史中，像祖逖一样胸怀大志、忧国忧民的贤臣不在少数，但有些人最终却成为政治斗争的牺牲品。结合文章和延伸阅读，谈谈你是如何看待这些贤臣的命运，如何理解这种历史现象的。

2. 优秀的古代散文中凝练出了很多后世沿用的成语，每个成语背后都有一段精彩的故事，都深藏着中华文化的底蕴。建议阅读本书过程中做好整理，形成一本富有个性的成语学习手册。

海瑞传

《明史》

【题解】

本篇节选自《明史》。《明史》是二十四史中的最后一部，总体水平相对较高。海瑞是明代著名政治家，身历嘉靖、隆庆、万历三朝，一生刚直不阿，以清正廉明著称于世，被后人誉为“海青天”。海瑞为人正直刚毅，职位低下时就敢于蔑视权贵，从不谄媚逢迎。一生忠心耿耿，直言敢谏，曾经买好棺材，告别妻子，冒死上书。海瑞一生清贫，他抑制豪强，安抚穷困百姓，打击奸臣污吏，因而深得民众爱戴。他的生平事迹在民间广泛流传，经演义加工后，成为许多戏曲节目的重要内容。

海瑞，字汝贤，琼山[1]人。举乡试[2]。入都，即伏阙[3]上《平黎策》[4]，欲开道置县[5]，以靖[6]乡土[7]。识者壮之[8]。署南平教谕[9]。御史诣学宫[10]，属吏咸伏谒[11]，瑞独长揖[12]，曰：“台谒当以属礼，此堂，师长教士地，不当屈。”[13]迁淳安[14]知县。布袍脱粟[15]，令老仆艺[16]蔬自给。总督胡宗宪[17]尝语人曰：“昨闻海令为母寿，市肉二斤矣。”宗宪子过淳安，怒驿吏，倒悬之。瑞曰：“曩胡公按部[18]，令所过毋供张[19]。今其行装盛，必非胡公子。”发橐[20]金数千，纳之库，驰告宗宪，宗宪无以罪。都御史鄢懋卿[21]行部[22]过，供具[23]甚薄，抗言邑小不足容车马。懋卿恚[24]甚。然素闻瑞名，为敛威去，而属[25]巡盐御史[26]袁淳论[27]瑞及慈溪[28]知县霍与瑕[29]。与瑕，尚书韬[30]子，亦抗直[31]不谄懋卿者也。时瑞已擢嘉兴通判，坐谪兴国州判官。[32]久之，陆光祖为文选[33]，擢瑞户部主事[34]。

时世宗享国日久[35]，不亲朝，深居西苑[36]，专意斋醮[37]。督抚大吏[38]争上符瑞[39]，礼官辄表贺[40]。廷臣[41]自杨最[42]、杨爵[43]得罪后，无敢言时政者。四十五年[44]二月，瑞独上疏[45]。

帝得疏，大怒，抵之地，顾左右[46]曰：“趣执之[47]，无使得遁!”宦官黄锦在侧曰：“此人素有痴名。闻其上疏时，自知触忤[48]当死，市一棺，诀妻子，待罪于朝，僮仆亦奔散无留者，是不遁也。”帝默然。少顷复取读之，日再三，为感动太息，留中[49]者数月。尝曰：“此人可方比干[50]，第[51]朕非纣[52]耳。”会[53]帝有疾，烦懑[54]不乐，召阁臣[55]徐阶[56]议内禅[57]，因曰：“海瑞言俱是。朕今病久，安能视事。”又曰：“朕不自谨惜[58]，致此疾困。使[59]朕能出御便殿[60]，岂受此人诟詈[61]耶?”遂逮瑞下诏狱[62]，究主使者[63]。寻移刑部，论[64]死。狱上[65]，仍留中。户部司务[66]何以尚[67]者，揣帝无杀瑞意，疏请释之。帝怒，命锦衣卫[68]杖之百，锢[69]诏狱，昼夜搒讯[70]。越二月，帝崩，穆宗[71]立，两人并获释。

帝初崩，外庭多未知。提牢主事闻状，以瑞且见用，设酒馔款之。瑞自疑当赴西市，恣饮啖，不顾。主事因附耳语：“宫车适晏驾，先生今即出大用矣。”瑞曰：“信然乎?”即大恸，尽呕出所饮食，陨绝于地，终夜哭不绝声。既释，复故官。俄改兵部。擢尚宝丞，调大理。

隆庆元年[72]，徐阶为御史齐康所劾，瑞言：“阶事先帝，无能救于神仙土木之误[73]，畏威保位，诚亦有之。然自执政以来，忧勤国事，休休有容[74]，有足多者[75]。康乃甘心鹰犬[76]，搏噬善类[77]，其罪又浮[78]于高拱[79]。”人韪其言[80]。

历两京左、右通政[81]。三年[82]夏，以右佥都御史巡抚应天十府[83]。属吏惮其威，墨者[84]多自免去[85]。有势家朱丹其门[86]，闻瑞至，黝之[87]。中人[88]监织造[89]者，为减舆从[90]。瑞锐意兴革，请浚吴淞、白茆，通流入海，民赖其利。素疾大户兼并[91]，力摧豪强，抚穷弱。贫民田入于富室者，率夺还之。徐阶罢相里居[92]，按问[93]其家无少贷[94]。下令飚发凌厉[95]，所司惴惴奉行[96]，豪有力者至窜他郡以避。而奸民多乘机告讦[97]，故家大姓[98]时有被诬负屈者。又裁节邮传冗费[99]。士大夫出[100]其境率不得供顿[101]，由是怨颇兴。都给事中[102]舒化论瑞，迂滞[103]不达政体[104]，宜以南京清秩[105]处之，帝犹优诏[106]奖瑞。已而给事中戴凤翔劾瑞庇奸民，鱼肉缙绅[107]，沽名乱政，遂改督南京粮储[108]。瑞抚吴甫半岁[109]。小民闻当[110]去，号泣载道[111]，家绘像祀之。将履新任，会高拱掌吏部，素衔[112]瑞，并其职于南京户部，瑞遂谢病[113]归。

万历[114]初，张居正[115]当国，亦不乐瑞，令巡按御史[116]廉察[117]之。御史至山中视，瑞设鸡黍[118]相对食，居舍萧然[119]，御史叹息去。居正惮瑞峭直[120]，中外[121]交荐，卒不召。十二年[122]冬，居正已卒，吏部拟用左通政[123]。帝雅[124]重瑞名，畀[125]以前职[126]。明年正月，召为南京右佥都御史[127]，道改南京吏部右侍郎[128]，瑞年已七十二矣。疏言衰老垂死，愿比古人尸谏之义，大略谓："陛下励精图治，而治化[129]不臻[130]者，贪吏之刑轻也。诸臣莫能言其故，反借待士有礼之说，交口[131]而文[132]其非。夫待士有礼，而民则何辜哉?"因举太祖法剥皮囊草[133]及洪武三十年定律枉法八十贯论绞，谓今当用此惩贪。其他规切[134]时政，语极剀切[135]。独劝帝虐刑[136]，时议以为非。御史梅鹍祚[137]劾之。帝虽以瑞言为过，然察其忠诚，为夺鹍祚俸。

帝屡欲召用瑞，执政阴沮[138]之，乃以为南京右都御史。诸司素偷惰[139]，瑞以身矫之[140]。有御史偶陈戏乐[141]，欲遵太祖法予之杖。百司惴恐，多患苦[142]之。提学御史[143]房寰[144]恐见纠擿[145]，欲先发[146]，给事中钟宇淳复怂恿，寰再上疏丑诋[147]。瑞亦屡疏乞休，慰留[148]不允。十五年，卒官。

瑞无子。卒时，佥都御史王用汲[149]入视[150]，葛帏敝籝[151]，有寒士所不堪者[152]。因泣下，醵金为敛[153]。小民罢市[154]。丧出江上[155]，白衣冠送者夹岸，酹[156]而哭者百里不绝。赠太子太保，谥忠介。

瑞生平为学，以刚为主，因自号刚峰，天下称刚峰先生。

【注释】

[1] 琼山：今海南省海口市琼山区。

[2] 乡试：明清两代科举考试的一级，每三年一次，在各省省城举行，由本省秀才与监生参加，考中者称举人。

[3] 伏阙：拜伏于宫阙下。古时臣下直接向皇帝有所陈请，多用此词。

[4]《平黎策》：海瑞在嘉靖二十九年（1550）到京师参加会试时向皇帝进呈的一份

奏章，《海瑞集》中题名《平黎疏》。黎，我国少数民族之一，聚居在海南岛中南部。策，回答、阐述有关经义或政事等问题的一种文体，科举考试往往考这种文体。

［5］开道置县：这是《平黎策》中提出的主张。海瑞主张一面用兵，一面开通十字道路设立县所城池来治理，这样才可以长治久安。

［6］靖：平定，安静。

［7］乡土：指琼州府。明代琼州府的辖境包括整个海南岛，治所在琼山。

［8］识者：有学识的人。壮之：认为他很有胆量。

［9］署：暂代。南平：即“荆南”，市名，在福建省中部偏北、闽江上游。教谕：学官名。宋代在京师设立的小学和武学中始置教谕。元、明、清县学亦置教谕，掌文庙祭祀，教育所属生员。县学的学官，主管教诲生员，类似现在的校长。

［10］御史：职官名。其长官为御史大夫，为汉三公之一，次为御史中丞，掌秘书，兼司纠察，官署称为御史府，汉代以降称为御史台，以中丞为台长，始专任弹劾。至明改为都察院，以都御史统辖诸御史。诣：到。学宫：学校。

［11］伏谒：谒见尊者。

［12］长揖：拱手高举，自上而下地向人行礼。（不伏地下拜，表示不过分降低身份。）

［13］“台谒”四句：台，指御史的驻所。屈，屈膝下跪。在御史府上拜见大人应该行下属的礼节，这里是学堂，师长教学生读书的地方，不应该下跪。

［14］淳安：县名。在浙江省杭州市西南部、新安江中游，邻接安徽省。

［15］布袍：布制长袍。脱粟：糙米；只去皮壳、不加精制的米。

［16］艺：种植。

［17］胡宗宪：安徽绩溪人。倭寇骚扰沿海各地，朝廷任他为浙江巡抚，不久，又任他为兵部右侍郎，总督军务。后因平倭有功，加右都御史、太子太保。

［18］按：巡察。部：管辖的地方。

［19］供张（zhàng）：亦作“供帐”，陈设供宴会用的帷帐、用具、饮食等物。亦谓举行宴会。

［20］橐（tuó）：口袋，行囊。橐金，即囊中之金。

［21］鄢懋卿：丰城（今江西省丰城市）人，嘉靖进士，官至刑部右侍郎，弄权纳贿，无所不为。严嵩的爪牙，事败后落职戍边。

［22］行部：巡行所管辖的地区。

［23］供具：供应的东西。

［24］恚（huì）：恨、怒。

［25］属：嘱咐。

［26］巡盐御史：官名。明代都察院在两淮、两浙等产盐地设巡盐御史，负责巡视盐政。

［27］论：衡量，评定；论罪。

［28］慈溪：隶属浙江省宁波市。

［29］霍与瑕：字勉衷，南海人，嘉靖进士。

［30］韬：霍韬，字渭先，南海人，曾任南京礼部尚书。

［31］抗直：刚正不屈。

［32］“时瑞”二句：海瑞任淳安知县时，曾升迁嘉兴通判，后因受到袁淳的弹劾，未到任，从原职改调兴国州。擢（zhuó），提拔。嘉兴，府名，治所在嘉兴（今浙江省嘉兴市）。通判，官名，在知府下掌管粮运、农田水利和诉讼等事项。兴国州，在今湖北省阳新县一带，当时是地瘠民贫的地方。判官，官名，辅佐知州和同知处理政务。

［33］陆光祖为文选：陆光祖任吏部文选司郎中。陆光祖，字与绳，平湖（今浙江平湖）人，嘉靖进士，官至礼部尚书，为人方正，卒谥庄简。吏部文选司主管选拔文官，文选司郎中是文选司的长官。

［34］户部主事：户部的一种中级官员，职位在员外郎之下。户部，掌管土地、户籍、赋税、财政等事务的中央机关。

［35］世宗：明世宗朱厚熜（cōng），年号嘉靖。享国：在位，指做皇帝。享，保有。

［36］西苑：皇宫西面的花园，即现在的中南海和北海。

［37］斋醮（jiào）：请僧道设祭坛，祈祷神佛。

［38］督抚大吏：总督、巡抚之类的大官。

［39］符瑞：封建统治阶级往往把一些不常见的自然现象指为祥瑞，妄说那是上天显象，将有吉祥的事情发生。

［40］礼官辄表贺：主管礼仪的官就上表庆贺。辄，就。

［41］廷臣：朝内的大臣。

［42］杨最：当时为太仆寺卿。明世宗好神仙，听信方士的话，想要以太子监国，杨最上疏劝阻，被杖责而死。

［43］杨爵：当时是御史。明世宗日夕斋戒祀神，经年不视朝，杨爵上疏极谏，世宗震怒，把杨爵关在狱里，五年后才放出来。可是刚到家十天，又被捉到狱里，过了七年才放回。

［44］四十五年：嘉靖四十五年（1566）。王国宪《海忠介公年谱》记为嘉靖四十四

年十月海瑞上疏，与《明史》所记不同。

［45］瑞独上疏：当时海瑞上疏激烈批评世宗斋醮误国，弄得“吏贪官横，民不聊生”。独，唯独，只有他一个。

［46］左右：指身边的宦官。

［47］趣执之：快把他捉起来。趣（cù），通“促”，赶快，急促。执，捉拿，拘捕。

［48］触忤（wǔ）：冒犯。忤，逆。

［49］留中：（奏章）搁置在宫中，不批，不交办。中，特指宫禁之内，也借指朝廷。

［50］方比干：与比干相比。比干，纣王的叔父，因为劝诫纣王被杀。方，比拟，相比。

［51］第：只是。

［52］纣：商朝末代之王，非常荒淫残暴。

［53］会：恰巧，正赶上。

［54］懑（mèn）：烦闷。

［55］阁臣：内阁长官。明代以大学士为内阁长官，司宰相职，负责起草诏令，批答奏章。

［56］徐阶：字子升，华亭（今上海市松江区）人。官至礼部尚书、东阁大学士。

［57］内禅：传帝位给太子。禅（shàn），禅让，传帝位与人。

［58］谨惜：谨慎爱惜。

［59］使：假使。

［60］出御便殿：出来到便殿处理政务。

［61］诟詈（gòulì）：辱骂。“诟詈”一作“诟责”。

［62］诏狱：关押钦犯的牢狱。狱，牢狱。

［63］究主使者：追查鼓动海瑞上疏的人。

［64］论：定罪。

［65］狱上：审理定案，送呈皇帝。狱，案件，官司。

［66］户部司务：户部的一种低级官职。

［67］何以尚：广西兴业（今广西玉林市兴业县）人。官至南京鸿胪卿。

［68］锦衣卫：官署名。明初本为护卫皇宫的近卫军，后兼管刑狱、巡察缉捕等事。

［69］锢（gù）：禁锢，监禁。

［70］搒（péng）讯：拷问。搒，用竹板或鞭、杖等拷打。

［71］穆宗：名朱载垕（hòu），年号隆庆。

［72］隆庆元年：公元 1567 年。

［73］无能救于神仙土木之误：不能挽救（先帝）犯神仙土木的错误。神仙，指斋醮求长生。土木，指建筑方面的铺张浪费。

［74］休休有容：语本《书·秦誓》“其心休休焉，其如有容”。后因以“休休有容”形容君子宽容有气量。休休，形容宽容，气魄大。有容，有所包容，宽宏大量。

［75］有足多者：有值得赞扬的地方。多，赞扬。

［76］甘心鹰犬：甘心作鹰犬，供人驱使。鹰犬，打猎时用于逐取禽兽，比喻供人驱使。

［77］搏噬善类：打击陷害好人。搏噬，搏击吞噬。善类，好人。

［78］浮：超过。

［79］高拱：字肃卿，新郑（今河南新郑市）人。嘉靖进士，官至礼部尚书等。

［80］人韪（wěi）其言：人们认为他的话是对的。韪，正确。此处指“以……为正确”。

［81］两京左、右通政：明朝在京师顺天府和南京应天府（称两京）设置通政司，司设有通政使、左右通政等官。海瑞曾任南京通政司右通政。

［82］三年：明穆宗隆庆三年（1569）。

［83］以右佥（qiān）都御史巡抚应天十府：以右佥都御史的身份，做应天十府的巡抚。应天十府包括现在江苏、安徽两省大部分地区，巡抚驻在苏州。应天，今南京市。

［84］墨者：贪污的官。

［85］自免去：自动请求免职离开。

［86］朱丹其门：把他家的门漆成红色。表示有位有势。

［87］黝之：把它涂黑。黝（yǒu），黑色。这里的“黝”和上文的“朱丹”都用作动词。

［88］中人：宦官。

［89］监织造：明朝在南京、苏州等地各置提督织造太监一人，掌管制造皇室用的丝织品。

［90］为减舆从：因而减少了车马随从等排场。

［91］素疾大户兼并：一向痛恨大地主兼并农民的土地。

［92］罢相里居：免去大学士职，在家乡居住。

［93］按问：考察审问。按，追究，查办。

［94］无少贷：一点也不宽容。贷，宽恕，宽免。

［95］飙发凌厉：雷厉风行。飙，暴风。凌厉，奋迅直前的样子。

［96］司：官吏。惴惴：畏惧、小心的样子。

［97］告讦（jié）：告发。讦，攻击或揭发他人的短处。

［98］故家：世家大族，世代仕宦之家。大姓：世家，大族。

［99］裁节邮传冗（rǒng）费：裁减驿站等处过多的费用。冗，繁杂，多余。

［100］出：经过。

［101］供顿：招待食宿。供，供给酒食。顿，安排住宿。

［102］都给事中：六科的长官。掌管侍从、规谏、稽查违误、补阙拾遗等事。

［103］迂滞：迂阔固执。

［104］政体：为政的要领。

［105］清秩：名义高而没有多少事可做的官职。

［106］优诏：宽厚的旨意。

［107］鱼肉缙绅：以缙绅为鱼肉，意思是欺凌仕宦。缙，插。绅，衣带。缙绅，古代做官的人上朝时把笏（手板）插在衣带上，因此称仕宦为缙绅。

［108］改督南京粮储：调海瑞任南京督粮道。督粮道是管理督运漕粮的官。

［109］抚：治理。甫半岁：才半年。

［110］当：将要，将。

［111］载道：满路。

［112］衔：怀恨在心。

［113］谢病：告病。声称有病，自己引退。

［114］万历：明神宗年号。

［115］张居正：字叔大，号太岳，江陵（今湖北江陵）人，嘉靖进士，神宗时为首辅，前后掌政十年。

［116］巡按御史：都察院派驻各省督察地方政务的官员。

［117］廉察：察看。廉，考察，查访。

［118］鸡黍：鸡和黍米饭。待客的普通饭食。

［119］萧然：冷清的样子。形容贫寒。

［120］峭直：严峻刚直。

［121］中外：朝里朝外。

［122］十二年：万历十二年。

［123］吏部拟用左通政：吏部想任用海瑞为左通政。

［124］雅：素来，向来。

［125］畀（bì）：给，给予。

［126］前职：大概指南京通政司右通政使。

［127］右佥都御史：明朝将前朝的御史台改为都察院，都察院级别与六部相同。主要负责官员为左右都御史二人，左右副都御史二人，左右佥都御史四人。左右都御史及六部尚书均为二品。

［128］吏部右侍郎：官名。吏部副长官之一，位列吏部左侍郎后。

［129］治化：谓治理国家、教化人民。

［130］臻：达到目的。

［131］交口：众口同声。

［132］文：掩饰。

［133］剥皮囊草：古代酷刑，剥下人皮，用草填充之。

［134］规切：劝诫谏正。

［135］剀切（kǎi qiè）：切实，恳切。

［136］虐刑：残酷的刑罚。

［137］梅鹍祚：明宁国府宣城人，字仲举。万历十一年进士。由庶吉士改御史。疏言锦衣卫多中官私人，相比为奸，忤旨夺俸，出按广西卒。

［138］阴沮：暗暗地阻止。阴，暗中，暗地里。沮（jǔ），阻止。

［139］诸司：众属官。偷惰：苟且因循。

［140］以身矫之：用自己的模范行动加以纠正。矫，矫正，纠正。

［141］偶陈戏乐（yuè）：意思是偶尔在家里演戏。陈，列，摆出。

［142］患苦：厌恶，憎恨。

［143］提学御史：在两京督查学政的御史。

［144］房寰：字心宇，明朝官员，浙江德清人。

［145］纠擿（tì）：弹劾揭发。

［146］欲先发：想要先发制人。

［147］丑诋：辱骂，诋毁。

［148］慰留：劝慰挽留。

［149］王用汲：字明受，晋江（今福建晋江）人。隆庆进士。官至南京刑部尚书。为人刚正，遇事敢为，曾因忤宰相张居正免官。卒谥恭质。

［150］入视：视，治理，处理。入视，意为上门处理后事。

［151］葛帏敝籯：（屋里只有）葛布做的帷帐，破旧的竹箱。

［152］寒士所不堪者：贫穷的读书人所不能忍受的。

［153］醵（jù）金为敛：凑钱殡葬他。醵，聚集。敛，通“殓”，给死人穿衣，

入棺。

［154］罢市：因悲痛而不做生意。

［155］丧（sāng）出江上：丧，死者的遗体，灵柩。灵柩经过江面时。

［156］酹（lèi）：以酒洒地以示祭奠。

【译文】

海瑞，字汝贤，琼山人。中举人。到北京，即拜伏于宫殿下献上《平黎策》，要开辟道路设立县城，用来安定乡土，有见识的人赞扬海瑞的设想。代理南平县教谕（时），御史到学宫，部属官吏都伏地通报姓名，海瑞单独长揖而礼，说："到御史所在的衙门当行部属礼仪，这个学堂，是老师教育学生的地方，不应屈身行礼。"迁淳安知县，穿布袍、吃粗粮糙米，让老仆人种菜自给。总督胡宗宪曾告诉别人说："昨天听说海县令为老母祝寿，才买了二斤肉啊。"胡宗宪的儿子路过淳安县，向驿吏发怒，把驿吏倒挂起来。海瑞说："过去胡总督按察巡部，命令所路过的地方不要供应太铺张。这个人行装丰盛，一定不是胡公的儿子。"打开袋有金子数千两，收入到县库中，派人乘马报告胡宗宪，胡宗宪没因此治罪。都御史鄢懋卿巡查路过淳安县，酒饭供应得十分简陋，（海瑞）回答说淳安县邑狭小不能容纳众多的车马。懋卿十分气愤，然而他早就听说过海瑞的名字，只得收敛威风而离开，但他嘱咐巡盐御史袁淳治海瑞和慈溪知县霍与瑕的罪。霍与瑕，尚书霍韬的儿子，也是坦率正直不谄媚鄢懋卿的人。当时，海瑞已提拔为嘉兴通判，因此事贬为兴国州判官。过了很长时间，陆光祖主持文官选举，提拔海瑞任户部尚书。

当时，明世宗朱厚熜在位时间长了，不去朝廷处理政务，深居在西苑，专心致志地设坛求福。总督、巡抚等边关大吏争着向皇帝贡献有祥瑞征兆的物品，礼官总是上表致贺。朝廷大臣自杨最、杨爵被惩罪以后，没有人敢说时政。嘉靖四十五年二月，海瑞单独上疏。

嘉靖皇帝读了海瑞上书，十分愤怒，把上疏扔在地上，对左右说："快把他逮起来，不要让他跑掉。"宦官黄锦在旁边说："这个人向来有傻名。听说他上疏时，自己知道冒犯该死，买了一个棺材，和妻子诀别，在朝廷听候治罪，奴仆们也四处奔散没有留下来的，（他）是不会逃跑的。"皇帝听了默默无言。过了一会又读海瑞上疏，一天里反复读了多次，为上疏感到叹息，只得把上疏留在宫中数月。（嘉靖皇帝）曾说："这个人可和比干相比，但朕不是商纣王。"正遇上皇帝有病，心情闷郁不高兴，召来阁臣徐阶议论让帝位给皇太子的事，便说："海瑞所说的都对。朕病了很长时间，怎能临朝听政。"又说："朕确实不自谨，导致身体多病。如果朕能够在便殿议政，岂能遭受这个人的责备辱骂呢？"遂逮捕海瑞关进诏狱，追究主使的人。不久移交给刑部，判处死刑。狱词送上后，仍然留在宫中不发布。户部有个司务叫何以尚的，揣摩皇帝没有杀死海瑞的心意，上疏陈请将海瑞释放。皇帝大怒，命锦衣卫杖责一百，关进诏狱，昼夜用刑审问。过了两个月，嘉靖皇帝死，明穆宗继位，海瑞和何以尚都被释放出狱。

嘉靖皇帝刚死，外面一般都不知道。提牢主事听说了这个情况，认为海瑞不仅会释放而且会被任用，就办了酒菜来款待海瑞。海瑞自己怀疑应当是被押赴西市斩首，恣情吃喝，不管别的。主事因此附在他耳边悄悄说："皇帝已经死了，先生即将出狱受重用了。"海瑞说："确实吗？"随即悲痛大哭，把刚才吃的东西全部吐了出来，晕倒在地，一夜哭声不断。被释放出狱，官复原职，不久改任兵部。（又被）提拔为尚宝丞，调任大理。

隆庆元年，徐阶被御史齐康所弹劾，海瑞上言说："徐阶侍奉先帝，确实有未把先帝从崇尚仙道与大兴土木中挽救出来的失误，他惧怕皇威保持禄位，实在也是有这样的事。然而自从主持国政以来，忧劳国事，气量宽宏能容人，有很多值得称赞的地方。齐康如此心甘情愿地充当飞鹰走狗，攻击吞噬善类，其罪恶又超过了高拱。"人们赞成他的话。

海瑞之后历任南京、北京左、右通政。隆庆三年夏天，以右佥都御史身份巡抚应天十府。属吏害怕他的威严，贪官污吏很多自动离职。有显赫的权贵把门漆成红色的，听说海瑞来了，改漆成黑色的。宦官在江南监织造，因海瑞来减少了舆从。海瑞一心一意兴利除害，请求整修吴淞江、白茆河，通流入海，百姓得到了兴修水利的好处。海瑞早就憎恨大户兼并土地，全力摧毁豪强势力，安抚穷困百姓。贫苦百姓的土地有被富豪兼并的，大多夺回来交还原主。徐阶罢相后在家中居住，海瑞追究徐家也不给予优待。推行政令气势猛烈，所属官吏恐惧，奉行不敢有误，豪强甚至有的跑到其他地方去躲避。而有些奸民多乘机揭发告状，世家大姓不时有被诬陷受冤枉的人。又裁减邮传冗费，士大夫路过海瑞的辖区大都得不到很好的张罗供应，因此怨言越来越多。都给事中舒化说海瑞迂腐固执不通晓施政的要领，应当用南京清闲的职务安置他，皇帝还是用嘉奖的语言下诏书鼓励海瑞。不久给事中戴凤翔弹劾海瑞庇护奸民，鱼肉士大夫，沽名乱政，遂被改任南京粮储。海瑞巡抚吴地才半年。平民百姓听说海瑞解职而去，呼号哭泣于道路，家家绘制海瑞像祭祀他。海瑞要到新任上去，正遇高拱掌握吏部，（他）早就仇恨海瑞，把海瑞的职务合并到南京户部当中，海瑞因此因病引退，回到琼山老家。

明神宗万历初年，张居正主持国政，也不喜欢海瑞，命令巡按御史考察海瑞。御史到山中审察，海瑞安排鸡肉、黍米宴相招待，房屋居舍冷清简陋，御史叹息而去。张居正惧怕海瑞严峻刚直，中外官员多次推荐，最终也不任用。万历十二年冬天，张居正已死，吏部拟用（海瑞）为左通政，皇帝向来器重海瑞名望，给他以前的职务。正月，召为南京右佥都御史，在道上改为南京吏部右侍郎，海瑞当时年已七十二岁了。他上疏言衰老垂死，愿意效仿古人尸谏的意思，大略说："陛下励精图治，而治平教化不至的原因，在于对贪官污吏刑罚太轻。诸臣都不能说到其原因，反而借待士有礼的说法，大家众口同声地掩饰他的过错。待士有礼，而平民百姓则有什么罪呢？"因而举明太祖刑法剥人皮装上草制成皮囊以及洪武三十年定律枉法达八十贯判处绞刑（的规定），说应当用这样的方法惩治贪污。（还有）其他方面的谋划时政，言语极为切实。只有劝皇帝用暴虐刑法，当时评议认为是错误的。御史梅鹍祚弹劾海瑞。皇帝虽然认为海瑞言论有过失，然而清楚海瑞的忠诚，为此免去梅鹍祚俸禄。

皇帝屡次要召用海瑞，主持国事的阁臣暗中阻止，于是任命（他）为南京右都御史。诸司向来苟且怠慢，海瑞身体力行矫正弊端。有的御史偶尔陈列戏乐，海瑞要按明太祖法规给予杖刑。百官恐惧不安，都怕受其苦。提学御史房寰恐怕被举发要先告状，给事中钟宇淳又从中怂恿，房寰再次上疏诽谤诬蔑海瑞。海瑞也多次上疏请求退休，皇帝下诏慰留，不允许辞官。万历十五年，海瑞死于任上。

海瑞没有儿子。去世时，佥都御史王用汲上门处理后事，只见（屋里）用葛布制成的帏帐和破烂的竹器，有些是贫寒的文人也不愿使用的，因而禁不住哭起来，凑钱为海瑞办理丧事。海瑞的死讯传出，南京的百姓因此罢市。海瑞的灵柩用船运回家乡时，穿着白衣戴着白帽的人站满了两岸，祭奠哭拜的人百里不绝。朝廷追赠海瑞太子太保，谥号忠介。

海瑞一生的治学，以刚为主，因而自号刚峰，天下称为刚峰先生。

【学习提示】

海瑞，被中国历代百姓称为“海青天”。《剑桥中国明代史》曾这样评价海瑞：“海瑞，是严峻守法的官员，热心保护老百姓，制止绅士的非法行为。”而海外历史学家黄仁宇对海瑞的评价则是：“海瑞，古怪的模范官僚。海瑞是忠臣，又是孝子。海瑞尊重法律，按照规定的最高限度执行。海瑞从政 20 多年的生活，充满了各种各样的纠纷。他的信条和个性使他既被人尊重，也被人遗弃。当人们评论他的政治措施时，却不仅会出现意见分歧，而且分歧的程度极大。在各种争执之中最容易找出的一个共通的结论，就是他的所作所为无法被接受为全体文官们办事的准则。”请结合文章内容和延伸阅读，谈谈你对海瑞政治、德行、理想与现实处境的看法。

陶渊明传

［南朝］萧　统

【题解】

陶渊明生前及身后一段时间，其作品不为人称道，几乎亡佚无存，仅被《诗品》列为中品。陶渊明逝世百年后，南朝梁代文学家萧统编纂《陶渊明集》，是为我国第一部文人专集。萧统亲为陶集作序，称誉陶渊明“其文章不群，词采精拔；跌宕昭彰，独超众类；抑扬爽朗，莫之与京。横素波而傍流，干青云而直上。语时事则指而可想，论怀抱则旷而且真”，高度赞扬了陶渊明的人格与作品。《陶渊明传》收录于萧统所著《昭明太子集》，全文讲述了陶渊明真挚淳朴、高洁脱俗的人格及其一生的经历。

陶渊明，字元亮。或云潜，字渊明。浔阳柴桑人也。曾祖侃，晋大司马。渊明少有高趣，博学，善属文；颖脱不群，任真[1]自得。尝著《五柳先生传》以自况[2]，时人谓之实录。

亲老家贫[3]，起为州祭酒[4]，不堪吏职，少日自解归。州召主簿，不就[5]。躬耕自资，遂抱羸疾。江州刺史檀道济往候[6]之，偃卧瘠馁[7]有日矣。道济谓曰：“贤者处世，天下无道则隐，有道则至；今子生文明之世，奈何自苦如此？”对曰：“潜也何敢望贤，志不及也。”道济馈以粱肉，麾[8]而去之。

后为镇军、建威参军，谓亲朋曰：“聊欲弦歌[9]以为三径[10]之资，可乎？”执事者闻之，以为彭泽令。不以家累自随，送一力给其子，书曰：“汝旦夕之费，自给为难，今遣此力，助汝薪水[11]之劳。此亦人子也，可善遇之。”公田悉令吏种秫，曰：“吾常得醉于酒足矣！”妻子固请种粳，乃使二顷五十亩种秫，五十亩种粳。岁终，会郡遣督邮[12]至，县吏请曰：“应束带见之。”渊明叹曰：“我岂能为五斗米，折腰向乡里小儿！”即日解绶去职，赋《归去来》。征著作郎，不就。

江州刺史王弘欲识之，不能致也。渊明尝往庐山，弘命渊明故人庞通之赍[13]酒具，于半道栗里[14]之间邀之。渊明有脚疾，使一门生二儿舁[15]篮舆[16]；既至，欣然便共饮酌。俄顷弘至，亦无迕[17]也。

先是颜延之为刘柳后军功曹，在当阳与渊明情款[18]，后为始安郡，经过浔阳，日造渊明饮焉。每往，必酣饮致醉。弘欲邀延之坐，弥日[19]不得。延之临去，留二万钱与渊明；渊明悉遣送酒家，稍就取酒。尝九月九日出宅边菊丛中坐，久之，满手把菊，忽值弘送酒至；即便就酌，醉而归。渊明不解音律，而蓄无弦琴一张，每酒适，辄抚弄以寄其意。贵贱造之者，有酒辄设。渊明若先醉，便语客：“我醉欲眠，卿可去！”其真率如此。郡将尝候之，值其酿熟，取头上葛巾漉酒，漉毕，还复著之。

时周续之入庐山，事释慧远；彭城刘遗民亦遁迹匡山；渊明又不应征命，谓之“浔阳三隐”。后刺史檀韶苦请续之出州，与学士祖企、谢景夷三人，共在城北讲《礼》，加以雠校[20]。所住公廨[21]，近于马队[22]。是故渊明示其诗云：“周生述孔业，祖谢响然臻；马队非讲肆[23]，校书亦已勤。”

其妻翟氏亦能安勤苦，与其同志。自以曾祖晋世宰辅，耻复屈身后代，自宋高祖王业渐隆，不复肯仕。元嘉四年将复征命，会卒。时年六十三。世号靖节先生。

【注释】

［1］任真：任性率真。

［2］自况：自比。

［3］亲老家贫：父母年老，家里贫穷。古时将“亲老家贫，不为禄仕”视为“三不孝”之一。

［4］祭酒：汉魏以后官名。汉代有博士祭酒，为博士之首。

［5］就：担任。

［6］候：问候，看望。

［7］偃卧瘠馁：卧病挨饿。

［8］麾：通“挥”。

［9］弦歌：出任邑令。

［10］三径：隐士隐居之处。

［11］薪水：打柴汲水。

［12］督邮：官名。汉置，郡的重要属吏，代表太守督察县乡，宣达教令，兼司狱讼捕亡。唐以后废。

［13］赍（jī）：把东西送给别人。

［14］栗里：地名。在今江西省九江市西南。

［15］舁（yú）：共同抬东西.

［16］篮舆：古代供人乘坐的交通工具，形制不一，一般以人力抬着行走，类似轿子。

［17］无迕（wǔ）：不抵触，不违逆。迕，违背，不顺从。

［18］情款：情意诚挚融洽。

［19］弥日：整天。

［20］雠（chóu）校：校对文字。

［21］公廨（xiè）：官署，古代官吏办公处所的通称。

［22］马队：指马肆。马肆有马成队，故称，即买卖马等牲畜的市场。

［23］讲肆：指讲堂，讲舍。

【译文】

陶渊明，字元亮。有人说他叫陶潜，字渊明。浔阳柴桑人。他的曾祖父陶侃，是晋朝的大司马。陶渊明少年时就有很高的志向，博学多识，擅长写文章；聪颖洒脱，卓尔不群，任性率真，清高自负。曾经作《五柳先生传》自娱自乐，当时的人称这篇文章为实录。

（陶渊明）家里贫穷，父母年老，被起用任命为州祭酒，他忍受不了官场琐事，不久自己弃官回家了。州郡召他担任主簿，没有接受。他亲自耕种自给自足，身患疾病。江州刺史檀道济前去探望他，陶渊明卧床挨饿好几天了。檀道济说：“贤人处世，朝廷无道就隐居，政治开明就出来做官，如今你生在开明盛世，为什么如此糟践自己呢?”陶渊明回答说：“我怎敢充当贤人，我的志向比不上他们。”檀道济送给他粮食和肉，他却挥手叫檀道济离开。

后来担任镇军、建威参军。陶渊明对亲戚朋友说："我打算当一个小县的县令过隐居的生活，可以吗？"当政者听说后，调任他为彭泽县令。他不带家眷独自上任，送了一个劳力给他的儿子，写信说："你每天的用度，要自给自足，现在派给你一个佣人，帮助你砍柴打水。他也是别人的儿子，你要善待他。"官府的公田都让人种高粱，说："我常常能喝醉酒就够了。"妻子、儿子坚持要求种粮食，于是下令二顷五十亩的田地种高粱，五十亩种水稻。年终，恰逢州郡派督邮到彭泽县，下属请示陶渊明说："您应该装束整齐穿官服面见他。"陶渊明叹气说："我怎么能为了五斗米，向乡里小人折腰！"当天就解下官印辞去官职，写了一篇《归去来》赋。朝廷征聘他为著作郎，他没有接受。

江州刺史王弘打算和他结交，却请不来他。陶渊明曾经去庐山，王弘让陶渊明的老朋友庞通之准备酒席，在半路的栗里邀请他。陶渊明脚上有病，让一个门生和两个儿子交替抬轿，到了以后，欣然和庞通之一同饮酒。不一会儿王弘到了，陶渊明也没有抵触的情绪。

起初颜延之担任刘柳后军功曹，在浔阳和陶渊明有交情，后来到始安郡做官，经过浔阳，常常到陶渊明的住所饮酒。每次去，都要畅饮直到喝醉。王弘打算邀请颜延之赴宴，整天都找不到。颜延之临调走的时候，留下二万钱给陶渊明；陶渊明全部送给酒店，以便一来就能喝酒。他有一次九月九日在房子边上菊花丛中闲坐，时间长了，采了一手菊花，忽然赶上王弘送酒来了，随即就喝，喝醉才回去。陶渊明不懂音律，却保存了一张无弦琴，每次喝酒喝到酣畅之处，都弹拨一番寄托心意。来拜访的人不论贵贱，只要有酒就招待他们。陶渊明如果先喝醉，就告诉客人："我喝醉了要睡觉，你可以走了。"他的天真直率达到这种地步。郡将曾经来拜访他，正赶上他酿的酒糟熟了，陶渊明就用头上的葛巾筛酒，筛完，又把头巾扎在头上。

当时周续之来到庐山，跟随慧远法师学佛，彭城人刘遗民也隐居在匡山，陶渊明又不接受朝廷征聘，他们号称"浔阳三隐"。后来刺史檀韶苦苦请求周续之出山，和学者祖企、谢景夷三人，一起在城北讲授《礼记》，给他们"雠校"的官衔。他们住的公寓，就好像是马肆。所以陶渊明写诗给他们说："周生述孔业，祖谢响然臻；马队非讲肆，校书亦已勤。"

陶渊明的妻子翟氏也能安于勤劳清苦，和陶渊明志趣相同。渊明自认为曾祖父是晋朝的宰相，耻于在后一个朝代降低身份，自从南朝宋高祖刘裕的基业渐渐兴盛，他再不愿意做官。宋文帝元嘉四年将要接受朝廷征聘，此时他去世了，时年六十三岁。后世人称他为靖节先生。

【学习提示】

1. 萧统作为一个文学史的“发掘者”，作为陶渊明的“发现者”，他在文章中塑造了一个怎样的陶渊明形象？找出具体文字略加赏析。

2. 文人的交往大都别有情趣。这篇文章里有意识地记录了陶渊明与当时文人的交往，可梳理概括出来，思考它们对于塑造形象和表现主题有何作用。

方山子传

[宋] 苏　轼

【题解】

《方山子传》是北宋文学家苏轼创作的一篇散文。文章通过作者与方山子的相遇与相交，了解他的人生经历，通过对这些人生经历的描述，表达了作者对方山子特立独行性格和人生取向的赞赏。苏轼打破传记文学的写作常规，在《方山子传》一文中，改变介绍人物姓氏、籍贯、生卒年月、家世、生平等平铺直叙式的写作手法，而着力选取人物活动的几组有价值的特写镜头，几个表现人物性格的生活侧面，加以惟妙惟肖的刻画描摹，展现了一个形象丰满生动，见心灵、见性格的人物。

方山子[1]，光、黄[2]间隐人[3]也。少时慕朱家、郭解[4]为人，闾里[5]之侠[6]皆宗之[7]。稍壮，折节[8]读书，欲以此驰骋当世[9]，然终不遇。晚乃遁[10]于光、黄间，曰岐亭[11]。庵居蔬食，不与世相闻。弃车马，毁冠服，徒步往来山中，人莫识也。见其所著帽，方屋[12]而高，曰："此岂[13]古方山冠[14]之遗象[15]乎?"因谓之方山子。

余谪居于黄，过岐亭，适见焉[16]。曰："呜呼！此吾故人陈慥季常也。何为而在此?"方山子亦矍然[17]，问余所以至此者。余告之故。俯而不答，仰而笑，呼余宿其家。环堵萧然[18]，而妻子奴婢皆有自得之意。

余既耸然异之，独念方山子少时，使酒[19]好剑[20]，用财如粪土。前十有九年，余在岐山[21]，见方山子从两骑，挟二矢，游西山。鹊起于前，使骑逐而射之，不获。方山子怒马[22]独出，一发得之[23]。因与余马上论用兵及古今成败，自谓一世豪士。今几日耳，精悍之色[24]犹见于眉间，而岂山中之人哉？

然方山子世有勋阀，当得官[25]，使从事于其间，今已显闻。而其家在洛阳，园宅壮丽与公侯等。河北有田，岁得帛千匹，亦足以富乐。皆弃不取，独来穷山中[26]，此岂无得而然哉[27]？

余闻光、黄间多异人[28]，往往佯狂[29]垢污[30]，不可得而见。方山子傥[31]见之欤？

【注释】

［1］方山子：即陈慥，字季常。北宋名臣太常少卿陈希亮第四子。

［2］光、黄：光州、黄州，两州连界。光州州治在今河南潢川县。

［3］隐人：隐士。

［4］朱家、郭解：西汉时著名游侠，见《史记·游侠列传》。

［5］闾里：乡里。

［6］侠：侠义之士。

［7］宗之：崇拜他，以他为首。宗，尊奉。

［8］折节：改变原来的志趣和行为。

［9］驰骋当世：在当代施展才学抱负。

［10］遁：遁世隐居。

［11］岐亭：宋时黄州的镇名，在今湖北麻城市西南。

［12］屋：这里指帽顶。

［13］岂：难道是。

［14］方山冠：汉代祭祀宗庙时乐师所戴的一种帽子，后来唐宋时隐士喜戴。

［15］遗象：犹遗制。

［16］“余谪居”三句：苏轼《岐亭五首叙》：“元丰三年正月，余始谪黄州，至岐亭北二十五里，山上有白马青盖来迎者，则余故人陈慥季常也。为留五日，赋诗一篇而去。”谪，降职。

［17］矍（jué）然：惊讶睁眼相视貌。

［18］环堵萧然：用陶渊明《五柳先生传》“环堵萧然，不蔽风日”成句，谓室内空无所有。

［19］使酒：喝醉酒后爱发脾气，任性而行。

［20］好剑：好摆弄刀剑一类武器。

［21］余在岐山：指宋仁宗嘉祐八年（1063）至英宗治平二年（1065）间作者与陈季常的交往期。据年谱推算，嘉祐六年（1061）苏轼被授凤翔府签判。年底抵达凤翔，此时宋选为凤翔府太守。嘉祐八年（1063）三月二十九日，仁宗驾崩。四月，英宗即位。六月，宋选罢知凤翔府任，64 岁的陈希亮来代。其后，陈希亮因赃罢官。治平二年（1065）正月，苏轼凤翔签判任满返归京师。苏轼与陈希亮（及其子）在凤翔相识相处约三年，不早于 1063 年。上文的“前十有九年”，若以贬谪黄州的元丰三年推算，当是 1061 年。与苏轼任凤翔府签判时间吻合，但是与陈希亮一家至凤翔府时间不合。其中恐是苏轼记忆或推算有误。

［22］怒马：愤怒地鞭马独自冲出去。

［23］一发得之：一箭射中它。

［24］精悍之色：精明英武的神情气度。精悍，精明强干。

［25］“然方山子”二句：苏轼《陈公弼传》记载，陈希亮（公弼）“当荫补子弟，辄先其族人，卒不及其子慥”。世有勋阀，世代有功勋，属世袭门阀。

［26］穷山中：荒僻的山中。

［27］“此岂”句：难道没有独特的造诣修养能够做到这一点吗?

［28］异人：指特立独行的隐沦之士。

［29］佯狂：装疯。

［30］垢污：言行不屑循常蹈故，被人们认为是德行上的垢污。

［31］傥：或者。

【译文】

方山子，是光州、黄州一带的隐士。年轻时，仰慕汉代游侠朱家、郭解的品行，乡里的游侠之士都推崇他。（等到他）年岁稍长，就改变志趣，发奋读书，想以此来驰名当代，但是一直没有交上好运。到了晚年隐居在光州、黄州一带名叫岐亭的地方。住茅草屋，吃素食，不与社会各界来往。放弃坐车骑马，毁坏书生衣帽，徒步在山里来往，没有人认识他。人们见他戴的帽子顶方方的且又很高，就说：“这不就是古代乐师戴的方山冠遗留下来的样子吗?”因此就称他为“方山子”。

我因贬官居住在黄州，有一次经过岐亭时，正巧碰见了他。我说：“哎，这是我的老朋友陈慥陈季常呀，怎么会在这里呢?”方山子也很惊讶，问我到这里来的原因。我把原因告诉了他，他低头不回答，继而仰天大笑，请我住到他家去。他的家里四壁萧条，然而他的妻子、儿女、奴仆都显出怡然自得的样子。

我对此感到十分惊异，就回想起方山子年轻的时候，曾是个嗜酒弄剑、挥金如土的游侠之士。十九年前，我在岐山下，见到方山子带着两名骑马随从，身带两箭，在西山游猎。只见前方一鹊飞起，他便叫随从追赶射鹊，未能射中。方山子拉紧缰绳，独自跃马向前，一箭射中飞鹊。他就在马上与我谈论起用兵之道及古今成败之事，自认为是一代豪杰。至今又过了多少日子了，但那股英气勃勃的神色，依然在眉宇间显现，这怎么会是一位蛰居山中的人呢？

方山子出身于世代功勋之家，理应有官做，假如他能置身官场，到现在已经声名显赫了。他原本家在洛阳，园林宅舍雄伟富丽，与公侯之家相同。在河北还有田地，每年可得上千匹的丝帛收入，这些也足以使生活富裕安乐了。然而他都抛开不去享用，偏偏要来到穷僻的山里，这难道不是因为他独有会心之处才会如此的吗？

我听说光州、黄州一带有很多奇人异士，常常假装疯癫，衣衫破旧，但是无法见到他们；方山子或许能遇见他们吧？

【学习提示】

1. 人物传记一般分为自传和他传，又有事传和评传之说。除自传外，一般而言作者不会进入传主的事件世界。但是在本篇中，苏轼将自己融入了陈季常的生活中，这样的写法有什么好处？

2. 清人沈德潜在《唐宋八大家文读本》中指出："生前作传，故别于寻常传体。通篇只是叙其游侠隐沦，而不及世系与生平行事，此传中变调也。写游侠须眉欲动，写隐沦姓字俱沈，自是传神能事。"结合这段文字，体味本传的这一艺术特色。

南宫生传

［明］高　启

【题解】

这篇文章是明代文学家高启的一篇人物传记。文章描写南宫生经历了三次变化，由早年的尚侠，变为壮年的“思自树功业”，学兵习武，但无所遇，再变而为“静退”，“怡然处约”。文中重点是描写他的豪侠尚气，喜欢交游，助人之急。特别是他抗直不屈，以气势折服“恃武横甚”的二员将军的故事，更是写得生动而令人钦敬。

南宫生，吴人，伟躯干，博涉书传[1]。少任侠，喜击剑走马，尤善弹，指飞鸟下之。家素厚藏，生用周[2]养宾客，及与少年饮博遨戏，尽丧其赀[3]。逮壮，见天下乱，思自树功业，乃谢[4]酒徒，去学兵，得风后《握奇》[5]阵法。将北走中原，从豪杰计事。会道梗，周流[6]无所合。遂溯大江，游金陵[7]，入金华、会稽[8]诸山，搜览瑰怪[9]；渡浙江[10]，泛具区[11]而归。家居以气节闻，衣冠[12]慕之，争往迎候，门止车日数十辆。生亦善交，无贵贱皆倾身与相接。

有二将军，恃武横甚，数殴辱士类，号虎冠。其一尝召生饮。或曰：“彼酗不可近也！”生笑曰：“使酒人恶能勇？吾将柔之矣！”即命驾往。坐上座，为语古贤将事。其人竦听[13]，居樽[14]下拜，起为寿，至罢会，无失仪。

其一尝遇生客次[15]，顾生不下己，目慑[16]生而起。他日见生独骑出，从健儿带刀策马踵[17]后生，若将肆暴者。生故缓辔，当中道进，不少避。知生非懦儒，遂引去，不敢突冒呵避[18]。明旦，介客[19]诣生谢，请结欢。生能以气服人类如此。性抗直多辩，好箴切[20]友过。有忤己，则面数之，无留怨。与人论议，蕲[21]必胜，然援事析理，众终莫能折。

时藩府[22]数用师，生私策其隽蹶[23]，多中。有言生于府，欲致生幕下，不能得；将中生法，生以智免。

家虽贫，然喜事故在，或馈酒肉，立召客与饮啖相乐。四方游士至吴者，生察其贤，必与周旋款曲[24]，延誉上下。所知有丧疾不能葬疗者，以告生，辄令削牍疏[25]所乏，为请诸公间营具[26]之，终饮[27]其德不言。故人皆多[28]生，谓似楼君卿[29]、原巨先[30]，而贤过之。

久之，稍厌事，阖门寡将迎[31]，辟一室，庋[32]历代法书、周彝[33]、汉砚、唐雷氏琴[34]，日游其间以自娱。素工草隶，逼钟、王[35]，患求者众，遂自闳[36]，希[37]复执笔。歆慕[38]静退，时赋诗见志，怡然处约[39]，若将终身。

生姓宋，名克，家南宫里，故自号云。

【注释】

［1］传：指解释经书的文字。

［2］周：救济。

［3］赀（zī）：通“资”，财货，这里指家财。

［4］谢：告别。

［5］风后：相传为黄帝相。《握奇》：《握奇经》，古代的兵书。旧题风后撰，汉代公孙弘解，晋代马隆述赞。这是一部依托的书。

［6］周流：周行各地。

［7］金陵：今江苏南京市。

［8］金华：山名，在今浙江金华市北。会（kuài）稽：山名，在今浙江绍兴市东南。

［9］瑰怪：指瑰丽怪异的景象。

［10］浙江：水名。古名渐水，又名之江，因其多曲折，故名浙江。北源新安江，南源兰溪，二水合于建德市东南，因不同地段而有桐江、富春江、钱塘江等名称。

［11］具区：太湖的古名。

［12］衣冠：指衣冠之士，即世族、士绅。

［13］竦听：恭敬地听着。

［14］居樽：停杯。

［15］客次：做客住宿的处所。

［16］慑（shè）：威慑。

［17］踵：跟随。

［18］突冒：冲撞冒犯。呵避：吆喝躲开。

［19］介客：传信的宾客。

［20］箴切：规劝。

［21］蕲：通“祈”，求。

［22］藩府：指张士诚府第。

［23］策：谋算。隽（jùn）：克敌制胜。蹶：挫败。

［24］周旋款曲：交往款待。

［25］削牍：刻在木简上。这里指书写在纸上。疏：条陈。

［26］营具：筹划齐备。

［27］饮：隐没。

［28］多：赞许。

［29］楼君卿：楼护，字君卿，汉代人。初为京兆吏，喜结交士大夫，为众人所信服。被擢升为太守。后依附王莽，位列九卿。

［30］原巨先：原涉，字巨先，曾为谷口令，为报叔父仇自劾去官，成为西汉时有名的游侠。事迹见《汉书·游侠传》。

［31］将迎：送迎。

［32］庋（guǐ）：收藏。

［33］周彝：周代青铜祭器。

［34］雷氏琴：唐代蜀中雷威所制的琴，世称为“雷琴”。

［35］逼：近似。钟：钟繇，字元常，三国魏著名书法家。王：王羲之，晋代著名书法家。

［36］闷（bì）：闭。

［37］希：少。

［38］歆慕：羡慕。

［39］处约：安于生活俭约。

【译文】

南宫生，是苏州人。身材高大，读书很多。年轻时喜爱侠义的行为，爱好击剑和骑马，尤其长于用弹弓，对准飞的鸟就能击落它。家中向来财物多，南宫生就用（家中的财物）供养宾客，并且和少年们一起喝酒赌钱，花尽了家中的资产。到了壮年，见天下大乱，就想着要建功立业，于是离开酒肉朋友们，去学习兵法，学得了风后布阵打仗的方法。准备往北到中原去，跟随豪杰们图谋大的事业，正赶上道路不通，各处走走都不如意，就沿着长江往上走，到了南京。又到了金华县和会稽山，渡过钱塘江，在太湖上游行过一通后归来。南宫生在家乡一向以有气节而出名，士大夫们都仰慕他，争着到他家请他或问候他，他家门前停放（来宾）的车一天有几十辆。南宫生也喜爱跟人结交，无论贵贱，都弯着身子恭敬地跟他们交往。

有两个武官靠着有武力，很蛮横，多次殴打侮辱读书人，（人们）称说（他们）是戴着帽子的老虎。其中一个人曾经请南宫生喝酒，有人说："那个人酒醉后会行凶伤人，不能跟他接近。"南宫生笑着说："依仗酒醉撒酒疯的人怎么会勇悍？我将要制服他。"即命令仆人套车前往，酒席上南宫生坐在上座，给（那个军将）讲说古代好将帅的故事。那个人非常恭敬地听着，还在下面行礼敬酒，一直到宴会结束，也没有失礼的地方。

另外一个人曾经在别人家做客时遇到南宫生，看到南宫生不把自己放在眼里，就怒目而视南宫生并离开了。某一天看见南宫生一个人骑着马出去，就带了一些打手，拿着刀，策马跟在南宫生的后面，好像就要动手打人。南宫生故意放慢缰绳在路中央走，一点也不躲避。那个人知道南宫生不是软弱的人，就带着人走了，不敢冲撞冒犯叫他避开道。第二天早上那个人还由朋友引见到南宫生那里赔礼，请求交好。南宫生能以气节服人大多像这样。南宫生性格刚直，善于谈论，喜爱规劝朋友的过错。朋友中有抵触自己的，就当面指出他的过错，一点也不记仇。跟人谈论，总是求胜，能引证事实，分析道理，众人没有能驳倒他的。

当时藩府多次用兵打仗，南宫生私下推断藩府的胜败，大多能猜中。有人到藩府说南宫生（如何推断军事胜败），（张士诚）想招揽南宫生到藩府做幕客，没有办成，就设计让南宫生受到法律制裁，南宫生靠巧妙的主意没有受到危害。

南宫生家里虽然因为受人陷害而穷了，但（他）喜爱跟人结交的习惯依然如故，有时赠送酒肉（给朋友），站着召朋友一起喝酒吃肉以娱乐。四方到苏州游玩的士人，南宫生了解到他们是有贤德的，一定会殷勤恳切地和他们交往，在各种场合宣扬他们的美德。相识的人家中死了人或有人生了病没有钱财以供安葬或治病的，告诉南宫生，他就会让人用纸写清缺少什么，替他们到公众之中去筹划办理，最后做了好事也不说。所以人们大多称赞他，说他像任侠好客的楼君卿、原巨先，甚至超过了他们两人。

很长时间以后，他渐渐地不愿意到外面活动了，就关闭家门少接待宾客。清扫出一间屋子，收藏历代书法家所写的可以效法的书法作品、周朝的铜器、汉代的笔砚和唐代的雷氏琴，天天在那里自娱自乐。他一向工于草书和隶书，近于钟繇、王羲之的造诣，但苦于索求的人太多，就隐藏不露，很少再拿笔写字。他羡慕安静退隐（的生活），常常作诗来表示自己的心意，安乐地过着朴素谦退的生活，像是要这样度过一生。

南宫生姓宋，名克，家在南宫里，所以自己给自己取号为“南宫生”。

【学习提示】

1. 比较阅读是提高鉴赏力的重要方法。南宫生与方山子的人生有颇多相似之处，试连读两篇文章做比较，说说他们之间的异同点。

2. 当代作家冯骥才的《俗世奇人全本》书写了清末民初天津卫的地域风貌、风土人情，也展现出我国民间文化的精巧技艺与其中蕴藏的智慧。作品中的不少人物与南宫生可视为一类，建议延伸阅读以领悟文化传承的意味。

文天祥传

[明] 陈弘绪

【题解】

文天祥是吉州庐陵（今江西吉安）人，南宋末年杰出的民族英雄。1278年被元军所俘，坚贞不屈，拒不投降。1279年被押至大都，1283年初就义于柴市。这篇传记记叙了文天祥为元军所俘、囚禁、遇害身死的事迹，热情歌颂了他坚持与敌人斗争到底的浩然正气、宁死不屈的民族精神。作者选用天文祥被捕后的两个事例，通过描写他面对敌酋，昂首挺立，不怕威胁，义正词严地驳斥敌人的劝降，以及他自杀、绝食，决不向敌人下跪等行为，生动地刻画出文天祥的英雄气概和高贵的品格，感人肺腑。

文天祥，字宋瑞，又字履善，吉之吉水人也。体貌丰伟，美皙如玉，秀眉而长目，顾盼烨然。自为童子时，见学宫所祠乡先生欧阳修、杨邦乂、胡铨像，皆谥“忠”，即欣然慕之。曰：“没不俎豆其间，非夫也。”年二十举进士，对策集英殿。时理宗在位久，政理浸怠，天祥以法天不息为对，其言万余，不为稿，一挥而成。帝亲拔为第一。考官王应麟奏曰：“是卷古谊若龟鉴，忠肝如铁石，臣敢为得人贺。”寻丁父忧，归。（本段文字增补自《宋史》）

祥兴元年[1]十一月，天祥进潮阳县[2]，已遂有陈懿之变，天祥被执于五坡岭[3]。陈懿者，潮州剧盗[4]，与其党刘兴，数叛附[5]为害，天祥执兴诛之。懿乃潜导[6]元帅张弘范兵济潮阳。天祥方饭[7]五坡岭，弘范奄至[8]，众不及战，天祥仓皇出走，千户[9]王惟义前执之。一时官属、士卒死者甚众。

天祥见弘范于潮阳，不拜，踊跃[10]请就戮。弘范驱之前，与俱至厓山[11]，使为书招张世杰[12]。天祥曰："吾不能捍父母[13]，乃教人叛父母乎？"索之固[14]，乃书《过零丁洋[15]》一诗与之，其末云"人生自古谁无死，留取丹心照汗青！"弘范笑而置之。二年[16]正月，厓山破，陆秀夫[17]沉其妻孥，冠裳抱帝赴海。从而死者数十万人。弘范置酒军中大会，从容语天祥曰："国亡，丞相忠孝尽矣。能以事宋者事元，将不失宰相。"天祥泫[18]然出涕，曰："国亡不能救，为人臣者，死有余罪！敢逃死而二其心[19]乎？"弘范义之，遣使护天祥至燕[20]。

初，天祥被执，取怀中脑子[21]尽服之，不死；已[22]在道不食八日，又不死。既至燕，丞相孛罗命盛供张[23]。天祥义不寝处，坐达旦。乃移至兵马司[24]，设卒守之。孛罗召见，使跪，天祥曰："南人[25]不能跪。"左右或牵头，或拏手，或按足，或以膝倚其背，卒不跪。孛罗曰："自古有以宗庙土地与人又遁去者否[26]？"天祥曰："奉国与人，是卖国之臣也。卖国者必不去，去者必不卖国。前被拘留时，国亡当死，徒以度宗二子[27]在浙东，老母在广，故去之耳。"问："德祐[28]非君乎？"曰："吾君也。"曰："弃嗣君而立二王[29]，忠乎？"曰："当此之时，社稷为重，君为轻。忠臣但为宗庙社稷计，故从怀、愍而北非忠，从元帝为忠[30]；从徽、钦而北非忠，从高宗为忠[31]。"孛罗不能诘，呼狱吏引去。自是囚兵马司四年，未尝一食官饭[32]。坐一土室，广八尺，深可四寻[33]，日放意文墨，以泄悲愤。其为诗有《指南录》三卷，《后录》五卷，集杜句二百首；又自谱生平行事一卷，曰《纪年录》，天下争传诵之。

未几，中山[34]狂人薛宝住自称宋主，有兵千人，欲取文丞相。京城亦有匿名书，言"某日烧蓑城苇[35]，率两翼兵为变，丞相无忧"。疑丞相者，天祥也。于是召入谕之，曰："汝何愿？"天祥曰："愿赐之一死足矣！"

至元十九年[36]十二月，天祥临刑。当过市时，意气洋洋自若，观者如堵[37]。天祥从容谓吏曰："吾事毕矣。"问市人孰为南北，南向再拜，遂死。数日，其妻欧阳氏收其尸，面如生，年四十七。其衣带中有赞曰："孔曰成仁，孟曰取义，惟其义尽，所以仁至。读圣贤书，所学何事？而今而后，庶几无愧。"（"数日"后文字增补自《宋史》）

【注释】

［1］祥兴元年：1278 年。祥兴，南宋末帝赵昺（bǐng）的年号。

［2］潮阳县：今广东省汕头市潮阳区。

［3］五坡岭：在今广东海丰北。

［4］剧盗：大盗。

［5］数：多次。叛附：叛变宋朝，依附元朝。

［6］潜导：暗中引导。

［7］饭：用饭。

［8］奄至：突然来到。

［9］千户：下级军官名。

［10］踊跃：情绪激昂貌。

［11］厓山：在广东斗门西靠海处。

［12］张世杰：范阳（今河北涿州）人，南宋末抗元将领。

［13］父母：喻国家。这里指皇帝。

［14］固：再三。

［15］零丁洋：在广东珠海和香港之间。

［16］二年：祥兴二年（1279）。

［17］陆秀夫：字君实，盐城（今江苏盐城）人，南宋末年的名臣。厓山被元军攻破，他背负宋末帝赵昺投海而死。

［18］泫：流泪。

［19］二其心：变心。

［20］燕：元朝的国都燕京，即今北京。

［21］脑子：这里指一种毒药。

［22］已：随后。

［23］供张：陈设供宴会用的帷帐、用具、饮食等物，也指举行宴会。

［24］兵马司：官署名，负责京城警备。

［25］南人：指南宋人。

［26］“自古”句：宋恭帝德祐元年（1275），元军进逼临安（今浙江杭州），次年正月，谢太后向元军投递降表，派文天祥进元营谈判，被元军扣留。后来设法逃脱，辗转返宋。孛罗所言指此事。

［27］徒：只。度宗二子：指宋度宗的两个儿子，即长子赵昰（shì）、三子赵昺。

［28］德祐：宋恭帝赵㬎的年号，这里指宋恭帝。

［29］弃嗣君而立二王：元军攻陷临安后，宋恭帝逃走，南宋臣僚于福州立赵昰为帝。1278 年，赵昰死，众臣僚又立赵昺为帝。嗣君指宋恭帝。

［30］“故从”二句：西晋末年，刘曜于 311 年攻破洛阳，虏晋怀帝到平阳（今山西临汾西南）。怀帝卒，晋愍帝即位于长安。316 年，刘曜攻占长安，虏愍帝到平阳，覆灭西晋王朝。317 年，司马睿在建康（今江苏南京）重建政权，是为东晋元帝。

［31］“从徽、钦”二句：宋徽宗、宋钦宗于靖康二年（1127）被金兵俘虏，同年，康王赵构即位于南京应天府（今河南省商丘市），是为南宋高宗。

［32］官饭：官府供给的饭食。

［33］寻：古代的长度单位，八尺为寻。

［34］中山：今河北省正定县东北。

［35］蓑城苇：覆盖在城墙的芦苇。蓑，用草覆盖。

［36］至元十九年：至元，元世祖的年号。至元十九年即 1282 年。

［37］如堵：形容人多而密。堵，墙。

【译文】

文天祥字宋瑞，又字履善，吉州吉水人。身材高大相貌堂堂，漂亮白皙像玉石，眉清目秀，顾盼生辉。在童子时，看到学校祭供的同乡先辈欧阳修、杨邦乂、胡铨像，谥号都叫“忠”，就景仰他们，说：“死后如果不侧身在他们中间享受祭供，就不是大丈夫。”（文天祥）二十岁考中进士，在集英殿考策问。当时理宗在位时间长，政务渐渐懈怠，文天祥以遵循天意不懈怠作答，长达一万多字，不起草稿，一挥而就，皇帝亲自选拔为第一名。考官王应麟奏道：“这份答卷古义好像明镜，忠心像铁石，所以臣敢为获得人才而庆贺。”随即遭父丧，回家。

祥兴元年十一月，文天祥进驻潮阳县，不久就有了陈懿的变故，在五岭坡被抓起来。陈懿是潮州大盗，跟他的同伙刘兴多次背叛宋朝，依附元朝，危害潮州百姓。文天祥抓捕刘兴并杀了他，陈懿就暗中引导元朝将领张弘范渡至潮阳。（当时）文天祥正在五岭坡用饭，张弘范忽然来到，众人来不及抵抗，文天祥仓皇逃走，千户王惟义上前抓住了他。一时间官员和士兵死了很多。文天祥（被押解到潮阳），在那里见到张弘范，不肯下拜，情绪激昂，要张弘范杀了他。张弘范快步走到他面前，带他一起到厓山，让他写信去招降张世杰。文天祥说："我不能护卫皇上，还教别人背叛皇上，能这样做吗?"张弘范坚持索要劝降信，文天祥就将他的《过零丁洋》一诗写出来交给张弘范。诗歌尾联写道："人生自古谁无死，留取丹心照汗青!"弘范笑笑没有管他。第二年的正月，厓山被攻破之后，陆秀夫将自己的妻儿沉入大海，然后戴好帽子穿好衣服，抱着皇帝投海而死。随从而死的有几十万人。张弘范在军营中摆酒聚会，对文天祥说："国家亡了，你忠孝已经尽到了，如果能像为宋朝做事那样为我们皇上做事，至少也能做宰相啊。"文天祥流着泪说："国家亡了不能去救，作为人臣就算死了都不够抵罪，怎敢逃避死亡而生出二心?"张弘范认为他很有义胆，派人护送文天祥去京师大都。

文天祥刚被抓起来的时候，取出怀中的毒药全部吞服下去，但没有被毒死；随后在路上八天不吃饭，又没有饿死。到了燕京，丞相孛罗让人为文天祥准备了丰富的饭菜。文天祥坚持大义，不愿安卧休息，整夜就坐在那里。于是把文天祥转交到兵马司，派士兵看守起来。不久，丞相孛罗召见他，想要让他跪拜，文天祥说："南人不行跪拜礼。"孛罗的手下（想迫使他跪下），有人按住摁头，有人抓手，有人抓脚，有人用膝盖抵住背部，文天祥最终没有跪。孛罗说："从古至今，有把宗庙土地送给别人之后又逃跑的人吗?"文天祥说："把国家拱手送给别人，这是卖国贼啊！卖国者贪图利益，一定不会离开，离开的人一定不是卖国的人。我先前被拘捕，国家灭亡我应当去赴死，只是因为度宗二子在浙东、老母亲在广东，所以才逃走啊。"孛罗说："德祐皇帝是君主吗?"回答说："是我的君主"。孛罗说："抛弃德祐皇帝而拥立二王，是忠诚吗?"文天祥说："在那个时候，一切以国家为重，皇上要轻一些。忠臣只为宗庙社稷考虑，所以跟从怀帝、愍帝去北方的人不是忠臣，而跟从元帝南渡恢复社稷的人是忠臣；跟从徽宗、钦宗去北方的人不是忠臣，跟从高宗南渡恢复社稷的人是忠臣。"孛罗说不出话来，没法反问了，于是让士兵将（文天祥）带走。自此，（文天祥）被囚禁在兵马司的牢狱里四年，没有吃过一口官府提供的饭食。文天祥被关的那间牢房，宽八尺，深约四寻。文天祥每天奋笔疾书写文章，来表达自己的悲痛愤怒之心。他的诗作有《指南录》三卷，《后录》五卷，集合了杜句二百多首；还有自己谱写的生平行事一卷，称为《纪年录》，天下人都争着传诵。

不久之后，中山府狂人薛宝住自称为宋主，有一千人马，想要抢夺文丞相。京城也有匿名信，传言说：“某一天要焚烧掉覆盖城墙的苇草，率领两翼军队哗变作乱，丞相可以不必担忧。”朝廷怀疑传言所说的丞相就是指文天祥，于是召文天祥入宫，说：“你有什么想法?”文天祥说：“愿赐我一死，就足够了!”

元世祖至元十九年（1282）十二月，文天祥即将受刑。他被押过街市时，气概神色自然，态度从容，观看的人像墙一样团团围住。他不慌不忙地向执刑的官吏说：“我的事都已做完了。”他问市场上围观的人何处是南，何处是北，面向南方拜了又拜，然后受刑而死。几天后，他的妻子欧阳氏前去收尸，文天祥的面庞看起来就像活着一样。文天祥终年四十七岁。他衣带中有赞文说：“孔子教训咱们成仁，孟子教训咱们取义，只有自己尽了道义，仁德才会实现。我读圣人贤人的书，所学到的莫非是其他东西吗？从今往后，我大约对圣人贤人的教导没有内疚了。”

【学习提示】

1. 文天祥在《正气歌》中写道：“时穷节乃见，一一垂丹青。”《过零丁洋》中也有名句：“人生自古谁无死，留取丹心照汗青。”结合本传，梳理概括出文天祥成仁取义、彪炳史册的英雄事迹。

2. 陈弘绪《文天祥传》原文并无开篇和结尾的有关文字（文中已经标注），试比较宋史与陈弘绪的两种写法，也可以将本文作为第三种写法看待，揣摩加上这些文字的初衷与价值。

徐文长传

［明］袁宏道

【题解】

《徐文长传》是明代文学家袁宏道创作的一篇人物传记。文章以“奇”为主线，写徐文长才能奇异、性情奇怪、遭遇奇特。首段为序，交代立传缘由。通过阅读者惊讶忘情的情态，反衬作品奇特尖新，其人才能奇异，作者相识恨晚，引出下文。中间数段叙写传主生平，以“入、出、卒”为顺序。“入”总写才能、性情、遭际，“声名藉甚”与“屡试辄蹶”对比见“数奇”；笑傲纵谈与“膝语蛇行”对比见性奇；薛君采奇其才，胡宗宪重其笔，嘉靖帝喜其表，足见才卓。“出”重点写才能奇异，其诗意境奇伟、匠心独出；其文蕴有卓识、气沉法严；其书笔意奔放、苍劲妩媚；其画超逸有致。诗文书画均如其人，狂放纵情，不同流俗。“卒”重点写遭遇不偶：下狱论死，佯狂自戕，抱愤而卒。结尾为议，感慨传主因奇而奇，“悲夫”一叹，余情邈邈。全文将惺惺相惜之情入乎笔墨，文笔疏荡，形神兼备。

余一夕坐陶太史[1]楼，随意抽架上书，得《阙编》诗一帙[2]，恶楮毛书[3]，烟煤败黑，微有字形。稍就灯间读之，读未数首，不觉惊跃，急呼周望：“《阙编》何人作者，今邪古邪?”周望曰：“此余乡徐文长先生书也。”两人跃起，灯影下读复叫，叫复读，僮仆睡者皆惊起。盖不佞生三十年[4]，而始知海内有文长先生。噫，是[5]何相识之晚也！因以所闻于越人士者，略为次第[6]，为《徐文长传》。

徐渭，字文长，为山阴诸生[7]，声名藉甚[8]。薛公蕙校越时[9]，奇其才，有国士之目[10]。然数奇[11]，屡试辄蹶[12]。中丞胡公宗宪[13]闻之，客诸幕[14]。文长每见，则葛衣乌巾[15]，纵谈[16]天下事，胡公大喜。是时公督数边兵[17]，威镇东南，介胄之士[18]，膝语蛇行[19]，不敢举头，而文长以部下一诸生傲之，议者方之刘真长、杜少陵云[20]。会得白鹿，属文长作表[21]，表上，永陵喜[22]。公以是益奇之，一切疏记[23]，皆出其手。

文长自负才略，好奇计，谈兵多中[24]，视一世士无可当意[25]者。然竟不偶[26]。文长既已不得志于有司[27]，遂乃放浪曲蘖[28]，恣情[29]山水，走齐、鲁、燕、赵[30]之地，穷览朔漠[31]。其所见山奔海立、沙起云行、雨鸣树偃、幽谷大都、人物鱼鸟，一切可惊可愕之状，一一皆达之于诗。其胸中又有勃然不可磨灭之气，英雄失路、托足无门[32]之悲，故其为诗，如嗔[33]如笑，如水鸣峡，如种出土，如寡妇之夜哭，羁人之寒起[34]。虽其体格时有卑者[35]，然匠心独出[36]，有王者[37]气，非彼巾帼而事人者所敢望也[38]。文有卓识，气沉而法严[39]，不以模拟损才，不以议论伤格[40]，韩、曾之流亚[41]也。文长既雅不与时调[42]合，当时所谓骚坛主盟者，文长皆叱而奴之[43]，故其名不出于越，悲夫！喜作书[44]，笔意奔放如其诗，苍劲中姿媚[45]跃出，欧阳公所谓“妖韶女老，自有余态”者也[46]。间以其余，旁溢为花鸟，皆超逸有致[47]。

卒以疑杀其继室[48]，下狱论死。张太史元汴[49]力解，乃得出。晚年愤益深，佯狂[50]益甚，显者[51]至门，或拒不纳。时携钱至酒肆，呼下隶与饮。或自持斧击破其头，血流被面[52]，头骨皆折，揉之有声。或以利锥锥其两耳，深入寸余，竟不得死。周望言：“晚岁诗文益奇，无刻本，集藏于家。”余同年有官越者，托以抄录，今未至[53]。余所见者，《徐文长集》《阙编》二种而已。然文长竟以不得志于时，抱愤而卒。

石公[54]曰：“先生数奇不已，遂为狂疾；狂疾不已，遂为囹圄[55]。古今文人牢骚困苦，未有若先生者也。虽然，胡公间世[56]豪杰，永陵英主，幕中礼数异等[57]，是胡公知有先生矣；表上，人主[58]悦，是人主知有先生矣。独身未贵耳。先生诗文崛起，一扫近代芜秽之习，百世而下，自有定论，胡为[59]不遇哉？”

梅客生[60]尝寄予书曰：“文长吾老友，病奇于人，人奇于诗。”余谓文长无之而不奇者也。无之而不奇，斯无之而不奇也[61]。悲夫！

【注释】

［1］陶太史：即陶望龄，字周望，号石篑。太史原为官名，名称沿革因时代各不相同，但大都有“太史”之称。明清修史之职归之翰林院，故俗称翰林为太史。陶望龄中进士后，初授翰林院编修，故称。今存三十卷《徐文长集》即是陶望龄搜集整理。

［2］《阙编》：徐渭生前所编的诗集名。帙（zhì）：古代竹帛书籍的套子。多以布帛制成。后世亦指线装书之函套，也指书本。

［3］恶楮（chǔ）毛书：纸质很差、装订粗糙的书。毛，即毛边，指书籍装订后没有切边。

［4］不佞：不才，用为自称的谦辞。生三十年：袁宏道生于隆庆二年（1568）十二月初六，此年正好三十岁。

［5］是：犹“夫”，表发端。

［6］次第：排比编次。

［7］诸生：明清两代称童生应岁试，已录取入府县学肄业的生员。徐渭二十岁进学后八次应乡试均未被录取。

［8］声名藉甚：名声很大。《汉书·陆贾传》：“贾以此游汉廷公卿间，徐名声籍甚。”藉，通“籍”，大，多。

［9］薛公蕙：即薛蕙，字君采，正德进士。史称持己峻洁，于书无所不读。学者称西原先生。校：考核。薛蕙曾任绍兴府乡试官，故称“校越”。

［10］有国士之目：对徐渭有“国士”的品题。国士，一国中才能最优秀的人物。语出《战国策·赵策一》：“豫让曰：‘臣事范中行氏，范中行氏以众人遇臣，臣故众人报之；知伯以国士遇臣，臣故国士报之。’”目，此指品藻定性。

［11］数奇（jī）：指命运不好，遇事多不利。语出《史记·李将军列传》：“大将军（卫）青亦阴受上诫，以为李广老，数奇，毋令当单于，恐不得所欲。”本文中与命运有关的“奇”，都读此音。

［12］屡试辄蹶：每遇考试就遭失败。蹶，挫败。

［13］中丞胡公宗宪：即胡宗宪，字汝贞。嘉靖进士，曾任右佥都御史，巡抚浙江。中丞本为御史台长官，明清时用作对巡抚的称呼。胡宗宪曾任此职，故称。

［14］客诸幕：让徐渭在幕下为客（指担任书记之类的职务）。幕，“幕府”的简称，古代将帅的府署。

［15］葛衣乌巾：穿着麻布的衣服，戴着黑色的角巾。指家居装束。

［16］纵谈：犹畅谈。谓毫无拘束地谈论。以上数句的史实《明史·徐渭传》也有

记载：“渭角巾布衣，长揖纵谈。幕中有急需，夜深开戟门以待。渭或醉不至，宗宪顾善之。”

［17］督数边兵：督率几个边镇的军事。《明史·胡宗宪传》：“宗宪虽尽督东南数十府，道远，但遥领而已，不能遍经画。然小胜，辄论功受赉无虚月。”

［18］介胄之士：披甲戴盔的武士，此指武将。介胄，铠甲和头盔，此用作动词。

［19］膝语蛇行：跪着说话，爬着走路。极言恭顺敬畏。膝、蛇，皆名词作状语。

［20］“议者”句：意谓论者把他比做刘恢和杜甫。刘真长，即刘恢，晋代著名清谈家，有见解，为会稽王简文帝司马昱所赏识，详见《世说新语·文学》。杜少陵，即杜甫。少陵是汉宣帝许后之陵。杜甫客长安时，曾长期居于此地，自称“少陵遗老”，世称“杜少陵”。杜甫在四川时曾作剑南节度使严武的幕僚，严武待之善厚。见《新唐书·严挺之传》。方，比拟。

［21］“会得”二句：徐渭《畸谱》载，“（嘉靖）三十八岁（1559）孟春之三日，幕再召。时获白鹿二，先冬得牝，是夏得牡，令草两表以献”。会，适逢。白鹿，古时白鹿为祥瑞。属（zhǔ），嘱咐。

［22］“表上”二句：陶望龄《徐文长传》载，“时胡宗宪方获白鹿海上，表以献，表成，召渭视之。渭览，瞠视不答。胡公曰：‘生有不足耶？宁试为之。’退具稿进。……表进，上大嘉悦其文。旬月间遍诵人口，公以是始重渭，宠礼独甚”。永陵，指明世宗朱厚熜。用陵墓名指称该皇帝，是一种敬称。

［23］疏记：此泛指各种奏章和文学性文字。

［24］谈兵多中：议论军事总是击中要害。《明史·徐渭传》：“渭知兵，好奇计，宗宪擒徐海，诱王直，皆预其谋。”

［25］当意：称意，合意。

［26］不偶：不得志。指屡试不中。偶，际遇。

［27］有司：官吏。古代设官分职，各有专司，故称。此特指选拔人才的官吏。

［28］放浪：放纵不受拘束。曲蘖（niè）：酿酒的发酵物，后遂以之代指酒。

［29］恣情：纵情。

［30］齐、鲁、燕、赵：均为古国名。此泛指山东、河北等地。

［31］穷览朔漠：遍观北方地区。朔漠，北方沙漠地带，泛指北方。徐渭于万历四年（1576），曾到塞北重镇宣化府（今甘肃省张掖市）做幕僚。

［32］失路：喻不得志。托足无门：谓无处容身。

［33］嗔（chēn）：发怒，生气。

［34］羁人：旅客。寒起：（半夜）因寒冷不寐而坐起。

［35］体格：指诗文或字画等的体裁格调、体制格局。卑者：此指不够遒劲飞扬。

［36］匠心独出：艺术构思非常独特，自成一体。

［37］王者：指同类中之特出而无与伦比者。

［38］“非彼”句：不是那些与以色悦人的妇女一样取媚于世的文人所能企及的。巾帼，古代妇女的头巾和发饰，借指妇女。此指复古派失去个性的摹拟文风。

［39］气沉而法严：文气浑厚，法度谨严。

［40］“不以”二句：二句互文见义。谓因模拟前人和多发议论减损才华，损伤格调。

［41］韩：即韩愈。曾：即曾巩，字子固。唐宋八大家之一。流亚：同一类的人物。

［42］雅：素常。时调：此指当时复古摹拟的文风。

［43］“当时”二句：徐渭攻击复古派的言论也比较过激，如《叶子肃诗序》指责复古派是“鸟之为人言”；《论中》一文，又称复古派“忘其彼之古者即我之今也，摹古而反其真为古者，则惑之其甚也”。骚坛主盟者，诗坛领袖。指嘉靖时后七子代表人物李攀龙、王世贞等。叱而奴之，此指在文章中对他们像对奴仆一样严厉斥责。

［44］书：书法。徐渭擅长草书。

［45］姿媚：犹妩媚。韩愈《石鼓歌》：“羲之俗书趁姿媚，数纸尚可博白鹅。”

［46］“欧阳公”句：见欧阳修《水谷夜行寄子美圣俞》诗：“譬如妖韶女，老自有余态。”妖韶，妖娆美好。余态，风韵犹存。

［47］“间以”三句：意思是就徐渭其他艺术成就而言，间或用其剩余精力，超出诗文书法范围以从事花鸟画，也画得不同凡俗而有韵致。徐渭是明代著名的写意花鸟画家，与陈淳并称“青藤白阳”。徐渭对花鸟画的贡献是重写意神似，更突出了水墨的艺术效果。

［48］继室：续弦的妻子。嘉靖四十五年（1566）徐渭四十六岁时，一次狂病发作，怀疑其继妻张氏不贞，将她杀死。

［49］张太史元汴：即张元汴，与徐渭同乡。隆庆进士，官至翰林侍读。陶望龄《徐文长传》：“狱事之解，张宫谕元汴力为多。”

［50］佯狂：此指悲愤已极倚疯卖疯。

［51］显者：达官贵人。

［52］被（pī）面：流满脸部。被，同“披”。

［53］“余同年”三句：此事袁宏道在书札《答陶石篑》中也有记载，作者曾把徐文长晚年诗文的搜求之事，托付给绍兴府推官孙应祥，然久不见回音：“往曾以老年著述托孙司李，久不得报，恨恨。”

［54］石公：袁宏道字中郎，号石公。湖北公安县人。明代文学反对复古运动主将，提倡“独抒性灵，不拘格套”的性灵说。与其两位兄弟等人形成的流派被称为公安派。

［55］囹圄（líng yǔ）：监狱。

［56］间世：相隔几十年。世，三十年为一世。袁宏道在《从军行赠程生》诗中将胡宗宪与抗倭名将戚继光并称：“朝廷岂无胡都堂，人间不少戚将军。”

［57］礼数异等：所受的礼遇与别人不同。

［58］人主：皇帝。指明世宗嘉靖帝朱厚熜。

［59］胡为：为什么。

［60］梅客生：梅国桢，字客（克）生。万历进士，曾任大同巡抚、兵部侍郎。能诗文，与徐渭、袁宏道皆为好友。

［61］“无之”二句：正因为徐渭无处不奇，所以他一生命运无处不艰难。

【译文】

一天晚上，我坐在陶周望家楼上，随意抽阅架上陈放的书，得《阙编》诗集一函。纸张装订都很差，墨质低劣，字迹模糊不清。我略凑近灯前阅读，看了没几首，不由得惊喜欢跃，连忙叫周望，问他：“《阙编》是谁作的？是今人还是古人？”陶周望说：“这是我同乡前辈徐文长先生的诗集。”我俩跳起来，聚在灯影下，诵读一阵，再叫绝一番，叫绝一番，又诵读一阵，睡着的佣人们都被惊醒了。想不到我活了三十年，今天才得知海内有徐文长先生，真是相见恨晚啊！为此，我把从浙江人士那里打听来有关先生的生平，略为编排，写成了这篇《徐文长传》。

徐渭，字文长，是山阴生员，名声很大，薛公蕙做浙江试官时，很赏识他的才华，认为他是国家的栋梁之材。然而他命途多舛，屡屡落第。中丞胡公宗宪听说后，聘他做幕僚。文长每次参见胡公，总是葛布长衫，头戴乌巾，侃侃而谈天下大事，胡公听后十分赞赏。当时胡公统率着军队，威镇东南，部下将士在他面前，总是跪下回话，不敢仰视。而文长一介书生对胡公的态度却很高傲，好事者把他比作刘真长、杜少陵一样的人物。恰逢胡公猎得一头白鹿，以为祥瑞，嘱托文长写贺表，表文呈上后，世宗皇帝很满意。胡公因此更加器重文长，所有疏奏计簿都交他办理。

文长自信才能过人，谋略出众，谈论军情往往切中肯綮。他觉得世间的事物没有合乎他心意的。然而却总是没有一展抱负的机会。文长在官场不得意，于是就放浪形骸，纵情山水，走遍了齐、鲁、燕、赵等地，又饱览了塞外大漠风光。他所见的山峦起伏、海浪壁立、胡沙满天和雷声震天的景象，风雨交加、树木倒伏、幽谷闹市、奇人异士、珍稀鱼鸟，一切令人惊讶的情状，他都一一化入了诗中。他胸中郁结着强烈的抗争精神和报国无门的悲凉，所以他的诗，嬉笑怒骂，如水奔流出峡谷，如春芽破土，像寡妇深夜的哭声，像逆旅行客因寒冷而坐起。虽然他诗作的格调，有时不很高明，但是匠心独运，有王者之气。不是那种像以色事人的女子一般媚俗的诗作所能赶得上的。徐文长在文章写作上有真知灼见，他的文章气势沉着，法度精严，他不压抑自己的才能，也不无节制地议论以致打破了文章的思路，真是和韩愈、曾巩（这类）一流的文章家一样。徐文长志趣高雅，不与时俗苟合，当时的所谓文坛领袖，他也都加以抨击，所以他的文字（流传）只局限在浙江一带，令人为之悲哀！文长喜好书法，用笔奔放有如作诗，在苍劲豪迈中又使妩媚的姿态跃然纸上，正是欧阳公所谓的美人迟暮，别具韵味。他还善作花鸟画，也都超逸有情致。

后来，文长因疑忌杀了他的继室妻子，被判死罪。太史张元汴极力营救，才得以出狱。徐文长晚年更加愤世嫉俗，装疯卖傻，达官贵人登门拜访，常常拒而不见。时常带着钱到酒店，叫下人一起喝酒。有时拿斧头砍自己的头，血流满面，头骨破碎，用手揉搓碎骨咔咔有声。还曾用尖利的锥子锥入自己双耳一寸多深，竟然没死。周望说文长的诗文到晚年愈加奇崛，没有刻本，诗稿都藏在家中。我有在浙江做官的同年，曾委托他们抄录文长的诗文，至今没有得到。我所见到的，只有《徐文长集》《阙编》二种而已。而今徐文长竟因不合于时，抱恨长终。

石公说："先生的命途多艰，致使他激愤疯狂，狂病发作，又被抓入狱。古今文人的牢骚和苦难，没有超过先生的了。尽管如此，仍有胡公这样百年难遇的豪杰、世宗这样英明的君主赏识他。在胡公幕府中受到特殊礼遇，这是胡公对先生的赏识；上奏表文博得皇帝的欢心，表明皇帝也赏识他，唯一遗憾的就是身份未能显贵。先生诗文的崛起，一扫近代文坛荒秽之气，百世之后，自会有定论，怎么说他生不逢时呢？"

梅客生曾经写信给我说："徐文长是我的老朋友，他的怪病比（他）本人更要怪，而他的人又比他的诗更要奇。”我则认为徐文长没有一处不奇怪的。正因为没有一处不奇怪，这也就注定他到了哪里都不能得志。可悲啊！

【学习提示】

1. 袁宏道对徐文长的遭遇深表同情，高其才而悲其不遇，抑郁不平之气，掬自肺腑，发而为文，文章写来悲壮淋漓，率真自然，感人至深。结合具体文字，品鉴徐文长的形象和体味作者的感情。

2. 清人杨兆杏在《袁中郎全集》跋中说：“《徐文长传》以奇笔传奇人，其人如见，先生亦如见。”这里“其人如见”指对徐文长形象的刻画，“先生亦如见”指这篇文章选材和艺术构思的特点。结合文章具体内容，做简要赏析。

柳敬亭传

［清］黄宗羲

【题解】

《柳敬亭传》是明末清初思想家黄宗羲为说书艺术家柳敬亭所作的一篇散文。文章的第一段概括交代柳敬亭说书技艺的精湛和在人民群众中的深远影响；第二段介绍柳敬亭走上说书道路的经过，以及演技提高的过程；第三段写柳敬亭为左良玉所赏识，倾动朝野；第四段写明亡后柳敬亭重操旧业，其说书技艺已达到炉火纯青的境界。文末“亡国之恨顿生，檀板之声无色”两句，是对柳敬亭说书的思想和艺术所作的高度赞誉，也是柳敬亭能够赢得生前身后名的最根本原因。这两句是全篇的点睛之笔，倾注了作者对忠臣义士无限仰慕的思想感情。文章的叙述既以时间先后为顺序，又照顾到柳敬亭一生的行踪。全文不仅结构谨严，取材精当，而且对柳敬亭说书技艺的描写尤其生动具体，绘声绘色。

余读《东京梦华录》《武林旧事记》[1]，当时演史小说者[2]数十人。自此以来，其姓名不可得闻。乃近年共称柳敬亭[3]之说书。

柳敬亭者，扬之泰州[4]人，本姓曹。年十五，犷悍无赖[5]，犯法当死，变姓柳，之盱眙市中[6]为人说书，已能倾动[7]其市人。久之，过江[8]，云间[9]有儒生莫后光见之，曰：“此子机变[10]，可使以其技鸣[11]。”于是谓之曰：“说书虽小技，然必句性情[12]，习方俗[13]，如优孟[14]摇头而歌，而后可以得志[15]。”敬亭退而凝神定气[16]，简练揣摩[17]，期月而诣[18]莫生。生曰：“子之说，能使人欢咍嗢噱[19]矣。”又期月，生曰：“子之说，能使人慷慨涕泣[20]矣。”又期月，生喟然[21]曰：“子言未发而哀乐具乎其前[22]，使人之性情不能自主，盖进乎技[23]矣。”由是之扬，之杭[24]，之金陵[25]，名达于缙绅间[26]。华堂旅会[27]，闲亭[28]独坐，争延之使奏[29]其技，无不当于心称善[30]也。

宁南[31]南下，皖帅欲结欢[32]宁南，致敬亭于幕府[33]。宁南以为相见之晚，使参机密[34]。军中亦不敢以说书目[35]敬亭。宁南不知书[36]，所有文檄[37]，幕下儒生设意修词[38]，援古证今[39]，极力为之，宁南皆不悦。而敬亭耳剽口熟[40]，从委巷活套[41]中来者，无不与宁南意合。尝奉命至金陵，是时朝中皆畏宁南，闻其使人来，莫不倾动加礼[42]，宰执[43]以下俱使之南面上坐，称柳将军，敬亭亦无所不安也。其市井小人昔与敬亭尔汝[44]者，从道旁私语：“此故吾侪[45]同说书者也，今富贵若此！”

亡何国变[46]，宁南死。敬亭丧失其资略尽[47]，贫困如故时，始复上街头理其故业[48]。敬亭既在军中久，其豪猾[49]大侠、杀人亡命[50]、流离遇合[51]、破家失国之事，无不身亲见之，且五方土音[52]，乡俗好尚[53]，习见习闻[54]，每发一声[55]，使人闻之，或如刀剑铁骑[56]，飒然浮空[57]，或如风号雨泣，鸟悲兽骇[58]，亡国之恨顿生，檀板之声无色[59]，有非莫生之言可尽者[60]矣。

【注释】

［1］《东京梦华录》：南宋孟元老著。宋南渡后，元老追忆昔日北宋都城汴京（开封）繁华的景况而作此书。《武林旧事记》：今通行本名《武林旧事》，南宋周密著。书为作者入元后追忆南宋都城临安（今杭州）旧事而作。武林，西湖西北面的山名，过去常借指杭州。

［2］演史小说者：说唱艺人。宋时民间文艺有说话（讲故事），包括小说、谈经、讲史、说浑话等，其中以小说、讲史二者影响较大。演，表演，说唱。

［3］柳敬亭：名逢春，明末以说书负盛名的爱国艺人。

［4］扬：扬州府。府治在今江苏扬州市。泰州：今江苏泰州市，当时属扬州府。

［5］犷悍：粗犷凶悍。无赖：强横刁钻。

［6］之盱眙市中：到盱眙街市里。盱眙，县名，今江苏省淮安市下辖县，东临洪泽湖。

［7］倾动：倾倒打动。

［8］过江：渡过长江到江南。

［9］云间：松江府的别称。府治在华亭（今上海市松江区）。

［10］机变：机智灵活。

［11］以其技鸣：用他的演技获得声名。鸣，指传扬有名。

［12］句（gōu）性情：勾画出所讲说人物的性格感情。句，同“勾”。

［13］习方俗：研习各地方的风土人情。

［14］优孟：优伶名孟，春秋时楚国人。楚国宰相孙叔敖死，其子穷，砍柴为生。优孟着孙叔敖衣冠，模仿其神态，潜心研习，用隐言和歌唱进行讽谏，向楚庄王祝寿，并趁机述说孙叔敖之子生活贫困，使楚庄王感动而赏其封地。

［15］得志：遂心，达到目的，此指有所成就。

［16］退：退回来，此指回到家中。凝神：聚精会神。定气：专心致志。

［17］简练：用心练习，勤学苦练。简，精心选择。揣摩：用心探索，反复思考。

［18］期月：一整月，一个月。诣：前往。

［19］欢咍（hāi）：欢快。咍，喜悦。嗢噱（wà jué）：大笑不止。

［20］慷慨：感慨悲叹。涕泣：痛哭流涕。

［21］喟（kuì）然：叹息的样子，此指赞叹不已。

［22］哀乐：哀伤欢乐。具乎其前：表现在发声之前。具，有，此指出现。

［23］进乎技：超过一般技艺，此指到了精妙的程度，达到神奇的境界。

［24］杭：杭州。

［25］金陵：南京。

［26］名：声名。达：显扬。缙绅间：指达官贵人之中。

［27］华堂：豪华的大厅。旅会：盛大的集会。旅，众。

［28］闲亭：指安静的亭阁。

［29］争：争着。延：延请。奏：表演。

［30］称善：称赞说好，满足赞好。

［31］宁南：左良玉，字昆山，明末山东临清人。先率军在宁东与清军作战，升总兵官。其后与张献忠、李自成起义军作战。南下驻武昌，封宁南伯。南明福王时晋封为宁南侯。

［32］皖帅：指安徽提督杜宏域，和柳敬亭是故交。结欢：交欢，结交。

［33］致：送，此指介绍。幕府：军队出征用帐幕，故称将军的府署为幕府。

［34］参机密：参与决定军中的秘密大事。

［35］目：名词用作动词，看。

［36］不知书：没有读过书，没有文化。

［37］文檄（xí）：古代用以征召、晓谕或声讨的文书。

［38］设意修词：立意谋篇，润色词句。

［39］援古证今：引用古事或古书，以证明当今的人事。

［40］耳剽（piāo）口熟：耳朵经常听到的，嘴里经常说的。

［41］委巷活套：僻陋里巷里的俗语常谈。

［42］加礼：以恭敬之礼接待。

［43］宰执：掌政的大官。宰，宰相，明朝大学士为宰相职。执，指掌管政务。

［44］市井：街市。小人：地位低下的人。尔汝：亲昵不分彼此，以你我相称。

［45］故：过去。侪（chái）：辈。

［46］亡何：同“无何”，不久。国变：指明朝覆灭。

［47］丧失：消耗。略尽：差不多光了。

［48］理其故业：重操旧业。

［49］豪猾：强横狡诈、不守法纪的人。

［50］亡命：改换名姓，逃亡在外。

［51］流离遇合：流离失所，悲欢离合。

［52］五方：东西南北中，指各地。土音：方言。

［53］好尚：指所爱好所崇尚。

［54］习见习闻：经常看到和听到的。

［55］一声：指一词一语。

［56］如刀剑铁骑：像刀枪剑戟碰撞，带甲骑兵突围，形容声调刚劲。

［57］飒然：飒飒地作响。浮空：腾空而起。

［58］鸟悲兽骇：鸟鹊悲鸣，群兽惊骇。

［59］檀板之声无色：指把伴奏的声音压下去，即听不清伴奏的乐声。檀板，檀木制的拍板，古代歌舞用以节乐，后来用为伴奏。

［60］可尽者：指莫后光所说的那种境界。

【译文】

我读了《东亭梦华录》和《武林旧事记》两部宋人笔记，知道当时说书艺人多达数十人。从那时以后，说书艺人的姓名就不为人们所知；仅在近几年人们才共同称赞柳敬亭的说书技艺。

柳敬亭，是扬州府泰州人，本姓曹。十五岁时，因蛮狠凶悍强横刁钻，触犯刑法应判死刑，才改姓柳，逃到盱眙城里给人说书，那时已能使市民佩服感动。后来，（柳敬亭）又到了江南，松江府有个叫莫后光的读书人见了他，说："这人机智灵活，可以帮助他用他的演技获得声名。"于是对柳敬亭说："说书虽然是小小的技艺，但也必须勾画出所说人物的性格情态，熟悉各地的风土人情，像优孟那样善于用隐言和歌唱进行讽谏，然后才能够有所成就。"柳敬亭回到家里就聚精会神专心致志，勤学苦练反复思考，过了一个月就前往莫后光处。莫后光说："你说书，能够使人欢快喜悦大笑不止了。"又过了一个月，莫后光说："你说书，能使人感慨悲叹痛哭流涕了。"又过了一个月，莫后光赞叹地说："你还没有说话，哀伤欢乐的感情就先表现出来了，使听众不能控制自己的感情，这样就超过一般技艺了。"从此柳敬亭就到扬州、杭州、金陵说书，声名显扬于达官贵人之中。在豪华大厅的盛大集会上，在安静亭阁的独坐之处，人们争着延请柳敬亭表演他的技艺，没有不从内心感到满足的，都说他演得好。

宁南侯左良玉渡江南下时，安徽提督杜宏域想结交左良玉，把柳敬亭介绍到左良玉的府署。左良玉认为与柳敬亭相见太晚，便让柳敬亭参与决定军中机密大事。军中官员也不敢以说书人看待柳敬亭。左良玉没有读过书，所有公文，都是幕下文人立意谋篇润色词句，引古证今，努力写成，左良玉都不满意。可是柳敬亭耳朵经常听的嘴里经常说的，都是僻陋里巷的俗语常谈，（这些）没有不合左良玉的心意的。柳敬亭曾奉命到南京，那时南明朝中群臣都畏左良玉，听说他派人来，无不倾倒，以恭敬之礼相待，宰相以下的官吏都让柳敬亭坐在向南的尊位，称呼他柳将军，敬亭也心安理得。那些街上往日和柳敬亭不分你我的人，在路边私下说："这人是过去和我们一起说书的，如今他竟如此的富贵了！"

不久南明朝廷覆灭，左良玉也死了。柳敬亭的资财也差不多花费光了，又像昔日一样贫困，于是又开始走上街头重操旧业。柳敬亭在军中时间很长，那些强横狡诈不守法的人、杀人犯法逃亡在外的人，那些流离失所悲欢离合的事、国破家亡的事，他没有不曾亲眼见过的，而且各地的方言，大众的爱好和崇尚，都是他经常看到听到的，每讲一词一语，让人听起来有的像刀枪碰撞铁骑突围，飒飒作响腾空而起，有的像狂风怒号久雨泣诉，鸟鹊悲鸣群兽惊骇，使人立即产生亡国之恨，听不清伴奏的乐声，其艺术造诣已不是莫后光的话所能说尽的了。

【学习提示】

1. 黄宗羲从哪些方面刻画柳敬亭的说书艺人形象？从哪些方面表现柳敬亭说书艺术的惊人成就？深入研读文章，从中感悟如何创作优秀人物传记。

2. 由于柳敬亭的说书技艺精湛，明清笔记中有不少为他立传的文章。其中，名家篇目有吴伟业的《柳敬亭传》、张岱的《柳敬亭说书》、钱谦益的《书柳敬亭册子》，以及黄宗羲改写自吴伟业的这篇《柳敬亭传》等。搜集这些文章做课外延伸的任务群阅读，从取材精当、详略得宜、主旨明确等方面深入比较，赏析各篇文章的优劣高下。

马伶传

[清] 侯方域

【题解】

《马伶传》是明末清初散文家侯方域创作的一篇传记。文章讲述了艺人马伶扮演奸相严嵩的经历，在这次技艺较量中他输给了李伶。此后，他远去京师，隐姓埋名做了当朝相国顾秉谦的门卒，于观察模仿中提高技艺，三年后在第二次技艺较量中终获成功。作者一方面赞颂了马伶刻苦磨炼、精益求精的从艺精神，另一方面则通过马伶观察、模仿顾秉谦却使扮演严嵩的形象获得成功的记述，暗示顾秉谦和严嵩是一路货色，从而巧妙地达到了讽刺现实的目的。全文情节生动，叙述繁简得当，结构安排颇具匠心。

马伶[1]者，金陵梨园部[2]也。金陵为明之留都[3]，社稷[4]百官皆在；而又当太平盛时，人易为乐。其士女之问桃叶渡、游雨花台[5]者，趾相错[6]也。梨园以技鸣[7]者，无虑数十辈[8]，而其最著者二：曰兴化部，曰华林部。

一日，新安贾[9]合两部为大会，遍征[10]金陵之贵客文人，与夫妖姬静女[11]，莫不毕集。列兴化于东肆[12]，华林于西肆，两肆皆奏《鸣凤》[13]，所谓椒山先生[14]者。迨半奏[15]，引商刻羽[16]，抗坠疾徐[17]，并称善也。当两相国论河套[18]，而西肆之为严嵩[19]相国者曰李伶，东肆则马伶。坐客乃西顾而叹，或大呼命酒，或移坐更近之，首不复东。未几更进[20]，则东肆不复能终曲。询其故，盖马伶耻出李伶下，已易衣遁矣[21]。

马伶者，金陵之善歌者也。既去，而兴化部又不肯辄以易之[22]，乃竟辍其技不奏，而华林部独著。去后且三年，而马伶归，遍告其故侣[23]，请于新安贾曰：“今日幸[24]为开宴，招前日宾客，愿与华林部更奏[25]《鸣凤》，奉[26]一日欢。”既奏，已而论河套，马伶复为严嵩相国以出，李伶忽失声[27]，匍匐前，称弟子。兴化部是日遂凌出[28]华林部远甚。其夜，华林部过[29]马伶：“子，天下之善技也，然无以易[30]李伶。李伶之为严相国，至矣，子又安从授之而掩其上[31]哉?”马伶曰：“固然[32]，天下无以易李伶，李伶即又不肯授我。我闻今相国昆山顾秉谦[33]者，严相国俦[34]也。我走京师，求为其门卒[35]三年，日侍昆山相国于朝房[36]，察其举止，聆其语言，久乃得之。此吾之所为师也。”华林部相与罗拜[37]而去。

马伶名锦，字云将，其先西域[38]人，当时犹称马回回[39]云。

侯方域曰：异哉，马伶之自得师也！夫其以李伶为绝技，无所干求[40]，乃走事昆山[41]，见昆山犹之见分宜也；以分宜教分宜[42]，安得不工哉！呜乎！耻其技之不若[43]，而去数千里，为卒三年，倘三年犹不得，即犹不归尔。其志如此，技之工又须问耶?

【注释】

[1] 马伶：姓马的演员。伶，古时称演戏、歌舞、作乐的人。

[2] 金陵：南京市旧名。梨园部：戏班。《新唐书·礼乐志》记载，唐玄宗“选坐部伎子弟三百，教于梨园，号梨园弟子”。后世因称戏剧团体为梨园。部，行业的组织。

[3] 明之留都：明成祖朱棣迁都北京，以金陵为留都，改名南京，也设置一套朝廷机构。

[4] 社稷：古代帝王、诸侯所祭的土神和谷神。后来用作国家之代称。这里用本来的含义。

[5] 问：探访。桃叶渡：南京名胜之一，是秦淮河的古渡口。雨花台：在南京中华门外，相传梁武帝时，元光法师在此讲经，落花如雨，故名雨花台。

[6] 趾相错：脚印相交错，形容游人之多。

[7] 以技鸣：因技艺高而出名。

[8] 无虑：大概。辈：这里作“部”讲。

[9] 新安：今安徽歙（shè）县。贾（gǔ）：商人。

[10] 征：召集。

[11] 妖姬：艳丽女人。静女：指少女。

［12］肆：店铺，这里指戏场。

［13］《鸣凤》：指明代传奇《鸣凤记》，演夏言、杨继盛诸人与权相严嵩斗争的故事。

［14］椒山先生：杨继盛，字仲芳，号椒山，容城（今河北省保定市容城县）人，官至南京兵部右侍郎，因弹劾严嵩被害。

［15］迨（dài）：等到。半奏：演到中间。

［16］引商刻羽：演奏音乐。商、羽，古五音名。语出宋玉《对楚王问》。

［17］抗坠疾徐：声音高低快慢。《礼记·乐记》："歌者上如抗，下如队（坠）。"孙希旦集解引方氏悫说："抗，言声之发扬；队，言声之重浊。"

［18］两相国论河套：指《鸣凤记》第六出《两相争朝》，情节是宰相夏言和严嵩争论收复河套事。河套，地名，明代为鞑靼（dá dá）族所聚居，经常内扰，杨继盛、夏言诸人主张收复，严嵩反对，所以发生廷争。

［19］严嵩：字惟中，分宜（今江西省新余市分宜县）人，弘治年间中进士，得到明世宗信任。他弄权纳贿，结党营私，陷害忠良，是有名的奸臣。

［20］更进：继续往下演出。

［21］"盖马伶"二句：原因是马伶耻于居李伶之下，卸装逃走。易衣，这里指卸装。

［22］辄以易之：随便换人。辄，就。这里可作随便讲。

［23］故侣：旧日伴侣，指同班艺人。

［24］幸：希望。

［25］更奏：再次献演。

［26］奉：敬献。

［27］失声：控制不住，不觉出声。

［28］凌出：高出，凌驾于对方之上。

［29］华林部：指华林部伶人。过：拜访。

［30］易：轻视。这里当胜过讲。

［31］安从授之：从哪里学到。掩其上：盖过他。掩，盖过。

［32］固然：确实。

［33］昆山：县名，在江苏省。顾秉谦：明熹宗天启年间为首辅，是阉党中人。

［34］俦（chóu）：同类人。

［35］门卒：门下的差役。

［36］朝房：百官上朝前休息的地方。

［37］罗拜：数人环列行礼。

［38］西域：古代地理名称，指今新疆维吾尔自治区及中亚一部分地方。

［39］回回：旧时对于回族的称呼。

［40］无所干求：没有办法得到。

［41］走事昆山：到顾秉谦处去做仆从。事，侍奉。昆山，古人习惯以籍贯指代人，这里即指顾秉谦。下句“分宜”，即指严嵩，严嵩为分宜（今江西省新余市分宜县）人。

［42］以分宜教分宜：意即以生活中的严嵩为榜样来学演严嵩。

［43］耻其技之不若：耻于自己的演技不如人家。不若，不如。

【译文】

马伶是金陵戏班子的艺人。金陵是明朝的留都，明朝社稷祭坛和各部衙门都还保存着，又正当太平盛世，人们自然追求娱乐，男子女士寻访桃叶渡，游览雨花台，多到脚趾相碰踩的程度。因演技高而众所周知的戏班子大概有几十家。其中最出名的有两家：一是兴化部，一是华林部。

有一天，新安商人召集这两个戏班子，举办演唱大会，广泛地邀请金陵的贵宾、文人、名妓以及淑女，这些人全部来齐了。兴化部被安排在东台，华林部被安排在西台。两台都演名为《鸣凤》的戏，所表演的是椒山先生事迹。等到演了一半时，只听得两家的曲调都符合音律，两家的演唱也都合乎节奏，观众都拍手称好。当演到两相国同论河套一场戏时，西台上扮严嵩相国的是李伶，东台上出场的是马伶。此时坐在场中的观众都转身向西看，不时发出赞叹之声，有的人看高兴了，大喊着上酒，有的人将座位移得更加靠近西边，观众的脸不再向东台看了。没有多久，再演下面的场景时，东台却不能演到终曲了。打听其中原因，方知马伶因败于李伶之下而感到耻辱，已经换下戏装逃走了。

马伶是金陵擅长唱戏的名角。他走之后，兴化部又不肯随即找人接替马伶，竟然中止活动，不再演出。于是，华林部就独占盛名了。马伶离去将近三年才回来。他把兴化部的旧伙伴全都请回来，向新安商人请求道：“今日希望能为我们安排宴会，邀集前一次来过的宾客，我们要和华林部再对演一次《鸣凤》，呈献一日的欢快。”演奏之后，不久又到论河套一场戏，马伶再扮演严嵩相国出场。李伶忽然发不出声音，匍匐着身子向马伶口称弟子。这一天，兴化部的演出远远地胜过了华林部。当天夜里，华林部的人来拜访马伶，他们说："你是天下擅长演戏的艺人！然而，李伶扮演严相国已经达到顶点了，天下没人能取代李伶。你又是从哪里学到了技艺而能超过他的呢?"马伶说："你们说得有道理，天下没有能取代李伶的人，李伶却又不肯教我。我听说，当今相国昆山人顾秉谦，与严相国是一类人。我就前往京师，请求当顾秉谦的看门衙役。三年间每天在朝房侍候这位昆山相国。我观察他的举止，聆听他的语言，时间一久就学到了他的精神风貌。顾秉谦正是我最好的老师啊。"华林部的人听后都很钦佩他，他们向马伶罗列敬拜，然后离开了。

马伶，名锦，字云将。他的先辈是西域人，当时人还称呼他为马回回。

侯方域说："真是不寻常啊，马伶自己这种求师的经历！他认为李伶的演出已是绝技，无处能学到超过他的技艺，竟然跑去侍奉顾秉谦，见到顾秉谦就犹如见到了严嵩一样，让严嵩本人来教演严嵩的人，怎么能不精妙呢? 唉！马伶以自己的技艺不如人家为耻，就远走几千里，做了三年差役。倘若三年还不能学到要学的东西，就仍然不回来。他的意志如此坚定，技艺的精湛又何须再问呢?"

【学习提示】

1. 马伶虽为小人物，但他所具备的永不服输的精神和他身上的伶人风骨都是散发着光辉的。认真阅读文章，思考作者塑造马伶有怎样的意图和价值。

2. 有人说文末一段可以删去，有人说全文关键正在此段，尤其是"见昆山犹之见分宜也"一句，你对此怎么看? 从内容、章法等方面说说你的理解。

五柳先生传

［东晋］陶渊明

【题解】

陶渊明，东晋时期的诗人、辞赋家、散文家。陶渊明被称为“隐逸诗人之宗”，田园诗体的开创者。《五柳先生传》是陶渊明以第三人称创作的一部自传。自传是传记的一种，以记述自己的生平事迹为主。一般用第一人称，也有用第三人称的。古人著书后常作自序，有的也属自传，如司马迁的《史记·太史公自序》。《五柳先生传》通过对传主爱好读书、嗜好喝酒、常著文章三大志趣的描述，塑造了一个不慕荣利、安贫乐道、忘怀得失、率真自然的封建时代知识分子形象。

先生不知何许人[1]也，亦不详其姓字[2]，宅边有五柳树，因以为号焉[3]。闲静少言，不慕荣利。好读书，不求甚解[4]；每有会意[5]，便欣然[6]忘食。性嗜酒，家贫不能常得。亲旧[7]知其如此，或置酒而招之，造饮辄尽[8]，期在必醉[9]。既[10]醉而退，曾不吝情去留[11]。环堵萧然[12]，不蔽风日；短褐穿结[13]，箪瓢屡空[14]，晏如[15]也。常著文章自娱，颇示己志。忘怀得失，以此自终[16]。

赞曰[17]：黔娄[18]之妻有言：“不戚戚[19]于贫贱，不汲汲[20]于富贵。”其言兹若人[21]之俦乎？衔觞[22]赋诗，以乐其志[23]，无怀氏[24]之民欤？葛天氏之民欤？

【注释】

［1］何许人：何处人。许，处所。

［2］详：知道。姓字：姓名。古代男子二十而冠，冠后另立别名称字。

［3］因以为号焉：就以此为号。以为，以之为。焉，语气助词。

［4］不求甚解：这里指读书只求领会要旨，不在字句的解释上过分探究。

［5］会意：指对书中的内容有所体会。会，体会、领会。

［6］欣然：高兴的样子。

［7］亲旧：亲戚朋友。旧，旧交，旧友。

［8］造饮辄尽：去喝酒就喝个尽兴。造，往，到。辄（zhé），就。

［9］期在必醉：希望一定喝醉。期，期望。

［10］既：已经。

［11］曾不吝情去留：态度率真，喝完酒竟然毫不感激就走了。曾（zēng）不，竟不。吝情，舍不得。去留，意思是离开。

［12］环堵萧然：简陋的居室里空空荡荡。环堵，周围都是土墙，形容居室简陋。堵，墙壁。萧然，空寂的样子。

［13］短褐穿结：粗布短衣上打着补丁。短褐，粗布短衣。穿结，指衣服破烂。穿，破。结，缝补。

［14］箪瓢屡空：形容贫困，难以吃饱。箪（dān），盛饭的竹器。屡，经常。

［15］晏如：安然自若的样子。

［16］自终：过完自己的一生。

［17］赞：传记结尾的评论性文字。

［18］黔（qián）娄：齐国有名的隐士和著名的道学家，无意仕进，屡次辞去诸侯聘请。家贫，死时衾不蔽体。他死后，曾子前去吊丧，黔娄的妻子称赞黔娄“甘天下之淡味，安天下之卑位，不戚戚于贫贱，不汲汲于富贵。求仁而得仁，求义而得义”。

［19］戚戚：忧愁的样子。

［20］汲汲：极力营求的样子，心情急切的样子。

［21］兹：紧承上文，指代“不戚戚于贫贱，不汲汲于富贵”。若人：此人。

［22］觞（shāng）：酒杯。

［23］以乐其志：为自己抱定的志向感到快乐。以，用来。

［24］无怀氏：与下面的“葛天氏”都是传说中的上古帝王。据说在那个时代，人民生活安乐，恬淡自足，社会风气淳厚朴实。

【译文】

不知道五柳先生是什么地方的人，也不清楚他的姓字。因为住宅旁边有五棵柳树，他就把这个作为号了。他安安静静，很少说话，也不羡慕荣华利禄。他喜欢读书，不在一字一句的解释上过分深究；每当对书中的内容有所领会的时候，就会高兴得连饭也忘了吃。他生性喜爱喝酒，家里穷经常没有酒喝。亲戚朋友知道他这种境况，有时摆了酒席叫他去喝。他去喝酒就喝个尽兴，希望一定喝醉；喝醉了就回家，竟然说走就走。简陋的居室里空空荡荡，遮挡不住寒风和烈日，粗布短衣上打满了补丁，盛饭的篮子和饮水的水瓢里经常是空的，可是他还是安然自得。常常写文章来自娱自乐，也稍微透露出他的志趣。他从不把得失放在心上，以此过完自己的一生。

赞语说：黔娄的妻子曾经说过："不为贫贱而忧愁，不热衷于发财做官。"她说的是五柳先生这一类的人吧？一边喝酒一边作诗，为自己抱定的志向而感到无比的快乐。不知道他是无怀氏时代的人呢，还是葛天氏时代的人呢？

【学习提示】

1. 自传是一种刻画自我的文体，要求具有正视自我的勇气，具有正确认识自我的眼力，在此基础上做到事件真实、人品诚实和文章严实。结合这些，说说对陶渊明这篇自传文的理解。

2. 自传体文章的作者都拥有丰富的素材，对作者的挑选、剪裁和表达等功夫都提出了挑战。请熟读作品，思考陶渊明有哪些高明做法值得欣赏和学习。

张中丞[1]传后叙

[唐] 韩 愈

【题解】

《张中丞传后叙》是唐代文学家韩愈所创作的一篇散文。这是表彰安史之乱期间睢阳守将张巡、许远的一篇名作，是作者在阅读李翰所写的《张巡传》后，对有关材料所做的补充，对有关人物的议论，所以题为“后叙”。开篇之后的四段文字，旨在“为许远立传”，以辩污正名的议论为主，叙事为辅；后两段为补充叙事部分，南霁云拒食断指、抽矢射塔，张巡诵读《汉书》、起旋众泣等细节描写，传神写意，形象栩栩如生，光彩照人。全文感情激荡，褒贬分明，议论与叙事互为表里，浑然一体。

元和二年四月十三日夜，愈与吴郡张籍[2]阅家中旧书，得李翰[3]所为《张巡传》。翰以文章自名[4]，为此传颇详密。然尚恨有阙者：不为许远[5]立传，又不载雷万春[6]事首尾。

远虽材若不及巡者，开门纳巡[7]，位本在巡上，授之柄[8]而处其下，无所疑忌，竟与巡俱守死，成功名。城陷而虏，与巡死先后异耳[9]。两家子弟材智下[10]，不能通知[11]二父志，以为巡死而远就虏，疑畏死而辞服于贼。远诚畏死，何苦守尺寸之地，食其所爱之肉[12]，以与贼抗而不降乎？当其围守时，外无蚍蜉、蚁子[13]之援，所欲忠者，国与主耳，而贼语以国亡主灭[14]。远见救援不至，而贼来益众，必以其言为信；外无待[15]而犹死守，人相食且尽，虽愚人亦能数日而知死所矣。远之不畏死亦明矣！乌有城坏其徒俱死，独蒙愧耻求活？虽至愚者不忍为，呜呼！而谓远之贤而为之邪？

说者又谓远与巡分城而守，城之陷，自远所分始[16]。以此诟远，此又与儿童之见无异。人之将死，其脏腑必有先受其病者；引绳而绝之，其绝必有处。观者见其然，从而尤之，其亦不达于理矣！小人之好议论，不乐成人之美，如是哉！如巡、远之所成就，如此卓卓，犹不得免，其他则又何说！

当二公之初守也，宁能知人之卒不救，弃城而逆遁？苟此不能守，虽避之他处何益？及其无救而且穷也，将其创残饿羸[17]之余，虽欲去，必不达。二公之贤，其讲之精矣[18]！守一城，捍天下，以千百就尽之卒，战百万日滋之师，蔽遮江、淮，沮遏[19]其势，天下之不亡，其谁之功也！当是时，弃城而图存者，不可一二数；擅强兵坐而观者，相环也。不追议此，而责二公以死守，亦见其自比于逆乱，设淫辞而助之攻也。

愈尝从事于汴、徐二府[20]，屡道于两府间，亲祭于其所谓双庙[21]者。其老人往往说巡、远时事云：南霁云之乞救于贺兰[22]也，贺兰嫉巡、远之声威功绩出己上，不肯出师救；爱霁云之勇且壮，不听其语，强留之，具食与乐，延霁云坐。霁云慷慨语曰："云来时，睢阳之人，不食月余日矣！云虽欲独食，义不忍；虽食，且不下咽！"因拔所佩刀，断一指，血淋漓，以示贺兰。一座大惊，皆感激为云泣下。云知贺兰终无为云出师意，即驰去；将出城，抽矢射佛寺浮图，矢着其上砖半箭，曰："吾归破贼，必灭贺兰！此矢所以志也。"愈贞元中过泗州[23]，船上人犹指以相语。城陷，贼以刃胁降巡，巡不屈，即牵去，将斩之；又降霁云，云未应。巡呼云曰："南八[24]，男儿死耳，不可为不义屈！"云笑曰："欲将以有为也；公有言，云敢不死！"即不屈。

张籍曰："有于嵩者，少依于巡；及巡起事，嵩常[25]在围中。籍大历中于和州乌江县[26]见嵩，嵩时年六十余矣。以巡初尝得临涣县尉[27]，好学无所不读。籍时尚小，粗问巡、远事，不能细也。云：巡长七尺余，须髯若神。尝见嵩读《汉书》，谓嵩曰：'何为久读此？'嵩曰：'未熟也。'巡曰：'吾于书读不过三遍，终身不忘也。'因诵嵩所读书，尽卷不错一字。嵩惊，以为巡偶熟此卷，因乱抽他帙以试，无不尽然。嵩又取架上诸书试以问巡，巡应口诵无疑。嵩从巡久，亦不见巡常读书也。为文章，操纸笔立书，未尝起草。初守睢阳时，士卒仅[28]万人，城中居人户，亦且数万，巡因一见问姓名，其后无不识者。巡怒，须髯辄张。及城陷，贼缚巡等数十人坐，且将戮。巡起旋，其众见巡起，或起或泣。巡曰：‘汝勿怖！死，命也。’众泣不能仰视。巡就戮时，颜色不乱，阳阳如平常。远宽厚长者，貌如其心；与巡同年生，月日后于巡，呼巡为兄，死时年四十九。”嵩贞元初死于亳宋[29]间。或传嵩有田在亳宋间，武人夺而有之，嵩将诣州讼理，为所杀。嵩无子。张籍云。

【注释】

［1］张中丞：即张巡，中丞，张巡驻守睢阳（今河南商丘）时朝廷所加的官衔。

［2］张籍：字文昌，吴郡（治所在今江苏省苏州市）人，唐代著名诗人，韩愈学生。

［3］李翰：字子羽，赵州赞皇（今河北省元氏县）人，官至翰林学士。与张巡友善，客居睢阳时，曾亲见张巡战守事迹。撰《张巡传》上肃宗，并有《进张巡中丞传表》。

［4］以文章自名：《旧唐书·文苑传》说翰“为文精密，用思苦涩”。自名，自许。

［5］许远：字令威，杭州盐官（今浙江省海宁市）人。安史之乱时，任睢阳太守，后与张巡合守孤城，城陷被掳往洛阳，至偃师被害。事见两唐书本传。

［6］雷万春：张巡部下勇将。按：此当是“南霁云”之误，如此方与后文相应。

［7］开门纳巡：肃宗至德二载（757）正月，叛军安庆绪部将尹子奇带兵十三万围睢阳，许远向张巡告急，张巡自宁陵率军入睢阳城。

［8］柄：权柄。

［9］“城陷而虏”二句：此年十月，睢阳陷落，张巡、许远被虏。张巡与部将被斩，许远被送往洛阳邀功。

［10］“两家”句：据《新唐书·许远传》载，安史之乱平定后，大历年间，张巡之子张去疾轻信小人挑拨，上书代宗，谓城破后张巡等被害，唯许远独存，是屈降叛军，请追夺许远官爵。诏令去疾与许远之子许岘及百官议此事。两家子弟即指张去疾、许岘。

［11］通知：通晓。

［12］“食其”句：尹子奇围睢阳时，城中粮尽，军民以雀鼠为食，最后只得以妇女与老弱男子充饥。当时，张巡曾杀爱妾、许远曾杀奴仆以充军粮。

［13］蚍蜉（pí fú）：黑色大蚁。蚁子：幼蚁。

［14］“而贼”句：安史乱时，长安、洛阳陷落，玄宗逃往西蜀，唐室岌岌可危。

［15］外无待：睢阳被围后，河南节度使贺兰进明等皆拥兵观望，不来相救。

［16］“说者”三句：分兵守城，张守东北，许守西南，而城破时叛军先从西南处

攻入。

［17］羸（léi）：瘦弱。

［18］“二公”二句：谓二公功绩前人已有精当的评价。此指李翰《进张巡中丞传表》所云：“巡退军睢阳，扼其咽颔，前后拒守，自春徂冬，大战数十，小战数百。以少击众，以弱制强，出奇无穷，制胜如神，杀其凶丑，凡九十余万。贼所以不敢越睢阳而取江、淮，江、淮所以保全者，巡之力也。”

［19］沮（jǔ）遏：阻止。

［20］“愈尝”句：韩愈曾先后在汴州（今河南省开封）、徐州（今江苏省徐州）任推官之职。唐称幕僚为从事。

［21］双庙：张巡、许远死后，后人在睢阳立庙祭祀，称为双庙。

［22］南霁云：魏州顿丘（今河南清丰西南）人。安禄山反叛，被遣至睢阳与张巡议事，为张所感，遂留为部将。贺兰：复姓，指贺兰进明。时为御史大夫、河南节度使，驻节于临淮一带。

［23］贞元：唐德宗李适年号。泗州：唐属河南道，州治在临淮（今江苏泗洪东南），当年贺兰屯兵于此。

［24］南八：南霁云排行第八，故称。

［25］常：通“尝”，曾经。

［26］大历：唐代宗李豫年号。和州乌江县：在今安徽和县东北。

［27］“以巡”句：张巡死后，朝廷封赏他的亲戚、部下，于嵩因此得官。临涣：故城在今安徽省宿县西南。

［28］仅：几乎。

［29］亳（bó）：亳州，治所在今安徽省亳县。宋：宋州，治所在今睢阳。

【译文】

元和二年四月十三日晚上，我和吴郡张籍翻阅家中的旧书，发现了李翰所写的《张巡传》。李翰因文章而自负，写这篇传记十分详密。但遗憾的是还有缺陷：没有为许远立传，又没有记载雷万春事迹的始末。

许远虽然才能似乎比不上张巡，打开城门迎接张巡，地位本在张巡之上，他把指挥权交给张巡，甘居于其下，毫无猜疑妒忌，最终和张巡一起守城而死，成就了功名。城破后被俘，不过和张巡死的时间有先后的不同罢了。张、许两家的子弟才智低下，不能了解其父辈的志向，认为张巡战死而许远被俘，怀疑许远是怕死而投降了叛军。如果许远真的怕死，何苦守住这尺寸大小的地盘，以他所爱之人的肉充饥，来和叛军对垒而不投降呢？当他在包围中守城时，外面没有一点哪怕极为微弱的援助，所要效忠的，就是国家和皇上。而叛军会拿国家和皇上已被消灭的情况告诉他，许远见救兵不来，而叛军越来越多，一定会相信他们的话；外面毫无希望却仍然死守，军民相食，人越来越少，即使是傻瓜也会计算日期而知道自己会死于何处。许远不怕死也可以清楚了！哪有城破而自己的部下都已战死，他却偏偏蒙受耻辱苟且偷生？即使再笨的人也不愿这样做，唉！难道说像许远如此贤明的人会这样做吗？

议论的人又认为许远和张巡分守城门，城陷落是从许远分守的西南方开始的。拿这个理由来诽谤许远，这又和小孩的见识没有两样。人将要死的时候，他的内脏必定有一个先受到侵害的地方；扯紧绳子，把它拉断，绳断必定有一个先裂的地方。有人看到这种情况，就来责怪这个先受侵害和先裂的地方，他也太不通达事理了！小人喜欢议论，不愿成人之美，竟到了这样的地步！像张巡、许远所造成的功业，如此杰出，尚且躲不掉小人的诽谤，其他人还有什么可说呢！

当张、许二位刚守城的时候，哪能知道别人终不相救，从而预先弃城逃走呢？如果睢阳城守不住，即使逃到其他地方又有什么用处？等到没有救兵而且走投无路的时候，率领着那些受伤残废、饥饿瘦弱的残兵，即使想逃走，也一定无法到达要去的地方。张、许二位的功绩，他们已经考虑得很周到了！守住孤城，捍卫天下，仅凭千百个濒临灭亡的士兵，来对付近百万天天增加的敌军，保护着江、淮地区，挡住了叛军的攻势，天下能够不亡，这是谁的功劳啊！在那个时候，丢掉城池而只想保全性命的人，不在少数；拥有强兵却安坐观望的人，一个接着一个。不追究讨论这些，却拿死守睢阳来责备张、许二位，也可见这些人把自己放在与逆乱者同类的地位，捏造谎言来帮他们一起攻击有功之人了。

我曾经在汴州、徐州任职，多次经过两州之间，亲自在那叫作双庙的地方祭祀张巡和许远。那里的老人常常说起张巡、许远时候的事情：南霁云向贺兰进明求救的时候，贺兰进明妒忌张巡、许远的威望和功劳超过自己，不肯派兵相救；但看中了南霁云的勇敢和壮伟，不采纳他的话，却勉力挽留他，还准备了酒食和音乐，请南霁云入座。南霁云义气激昂说："我来的时候，睢阳军民已经一个多月没有东西吃了！我即使想一个人享受，道义不能允许；即使吃了，我也难以下咽！”于是拔出自己的佩刀，砍断一个手指，鲜血淋漓，拿给贺兰进明看。在座的人大吃一惊，都感动得为南霁云流下了眼泪。南霁云知道贺兰进明终究没有为自己出兵的意思，立即骑马离去；将出城时，他抽出箭射寺庙的佛塔，那支箭射进佛塔砖面半箭之深，说：“我回去打败叛军后，一定要消灭贺兰进明！就用这支箭来作为标记。”我于贞元年间经过泗州，船上的人还指点着说给我听。城破后，叛军拿刀逼张巡投降，张巡坚贞不屈，马上被绑走，准备杀掉；叛军又叫南霁云投降，南霁云没有吱声。张巡叫南霁云道：“南八，男子汉一死而已，不能向不义之人屈服！”南霁云笑道：“我本想有所作为；您既然这样说，我哪敢不死！”于是誓不投降。

张籍说：“有一个人叫于嵩，年轻时跟随张巡；等到张巡起兵抗击叛军，于嵩曾在围城之中。我大历年间在和州乌江县见到过于嵩，那时他已六十多岁了。因为张巡的缘故，（于嵩）起先曾得到临涣县尉的官职，学习努力，无所不读。我那时还幼小，简单地询问过张巡、许远的事迹，不太详细。他说，张巡身长七尺有余，一脸胡须活像神灵。他曾经看见于嵩在读《汉书》，就对于嵩说：‘你怎么老是在读这本书？’于嵩说：‘没有读熟呀。’张巡说：‘我读书不超过三遍，一辈子不会忘记。’就背诵于嵩所读的书，一卷背完不错一个字。于嵩很惊奇，以为张巡是碰巧熟悉这一卷，就随便抽出一卷来试他，他都像刚才那样能背诵出来。于嵩又拿书架上其他书来试问张巡，张巡随口应声都背得一字不错。于嵩跟张巡时间较久，也不见张巡经常读书。写起文章来，拿起纸笔一挥而就，从来不打草稿。起先守睢阳时，士兵将近万把人，城里居住的人家，也将近几万，张巡只要见一次问过姓名，以后没有不认识的。张巡发起怒来，胡须都会竖起。等到城破后，叛军绑住张巡等几十人让他们坐着，立即就要处死。张巡起身，他的部下见他起身，有的跟着站起，有的哭了起来。张巡说：‘你们不要害怕！死是命中注定的。’大家都哭得不忍抬头看他。张巡被杀时，脸色毫不慌张，神态安详，就和平日一样。许远是个宽厚的长者，相貌也和他的内心一样；和张巡同年出生，但时间比张巡稍晚，称张巡为兄，死时四十九岁。”于嵩在贞元初年死在亳宋一带。有人传说他在那里有块田地，武人把它强夺霸占了，于嵩打算到州里提出诉讼，却被武人杀死。于嵩没有后代。这些都是张籍告诉我的。

【学习提示】

1.“文章合为时而著，歌诗合为事而作。”无论是韩愈、柳宗元所领导的古文运动，还是白居易所倡导的新乐府运动，它们都有一个共同点，即将文学与社会、政治生活密切结合，明道载道，从而彰显知识分子对促进社会发展应担负的责任感与使命感。简要说说韩愈在这篇文章中是如何践行其主张和文人担当的。

2. 文章前半部分以千钧笔力，驳斥谬论，揭露奸邪，为张、许辩诬。行文上用笔严密，逐层深入。从辩诬入手，设喻以明理，择事以为据，发义以动人，气势磅礴，历来受到赞誉。结合文本试加赏析。

段太尉逸事状

［唐］柳宗元

【题解】

《段太尉逸事状》是唐代文学家柳宗元的一篇传记文。作者选取段秀实一生中勇服朔方将领郭晞、仁愧焦令谌、节显治事堂三件逸事，多侧面地表现了人物外柔内刚、勇毅见于平易的个性特征，刻画了一位封建时代正直官吏的形象。全文叙事严谨，写人生动，不着一句议论，纯用冷静从容的写实手法，在客观的叙述中隐含着深沉的歌颂之情。而这种处理的背后却是作者难以抑制的愤怒，这就跟创作这篇文章的背景有关。唐德宗建中四年（783），泾原士兵在京哗变，德宗仓皇出奔，叛军遂拥戴原卢龙节度使朱泚为帝。当时段太尉在朝中，以狂贼斥之，并以朝笏廷击朱泚面额，终被害。当时朝中有人散布流言，说段秀实的这一举动是“武人一时奋不虑死，以取名天下”。柳宗元听后极为愤慨。他深知其为人一贯刚直，“遇不可，必达其志”。为了让人们了解段秀实，柳宗元写下这篇文章。由此可见，这篇文章表现的冷静陈述是多么难能可贵。

太尉[1]始为泾州刺史时，汾阳王以副元帅居蒲[2]。王子晞为尚书[3]，领行营节度使[4]，寓军邠州[5]，纵士卒无赖[6]。邠人偷嗜暴恶者，卒以货[7]窜名军伍中，则肆志，吏不得问。日群行丐取于市，不嗛[8]，辄奋击折人手足，椎釜鬲瓮盎[9]盈道上，袒臂徐去，至撞杀孕妇人。邠宁节度使白孝德[10]以王故，戚不敢言。

太尉自州以状白[11]府，愿计事。至则曰：“天子以生人付公理[12]，公见人被暴害，因恬然。且大乱，若何？”孝德曰：“愿奉教。”太尉曰：“某为泾州，甚适，少事；今不忍人无寇暴死，以乱天子边事。公诚以都虞候[13]命某者，能为公已乱，使公之人不得害。”孝德曰：“幸甚！”如太尉请。

既署一月，晞军士十七人入市取酒，又以刃刺酒翁，坏酿器，酒流沟中。太尉列卒取十七人，皆断头注槊上，植市门外。晞一营大噪，尽甲。孝德震恐，召太尉曰：“将奈何？”太尉曰：“无伤也！请辞于军。”孝德使数十人从太尉，太尉尽辞去。解佩刀，选老躄者[14]一人持马，至晞门下。甲者出，太尉笑且入曰：“杀一老卒，何甲也？吾戴吾头来矣！”甲者愕。因谕曰：“尚书固负若属耶？副元帅固负若属耶？奈何欲以乱败郭氏？为白尚书，出听我言。”

晞出，见太尉。太尉曰：“副元帅勋塞天地，当务始终。今尚书恣卒为暴，暴且乱，乱天子边，欲谁归罪？罪且及副元帅。今邠人恶子弟以货窜名军籍中，杀害人，如是不止，几日不大乱？大乱由尚书出，人皆曰尚书倚副元帅，不戢士[15]。然则郭氏功名，其与存者几何？”言未毕，晞再拜曰：“公幸教晞以道，恩甚大，愿奉军以从。”顾叱左右曰：“皆解甲，散还火伍中，敢哗者死！”太尉曰：“吾未晡食[16]，请假设草具[17]。”既食，曰：“吾疾作，愿留宿门下。”命持马者去，旦日来。遂卧军中。晞不解衣，戒候卒击柝[18]卫太尉。旦，俱至孝德所，谢不能，请改过。邠州由是无祸。

先是，太尉在泾州为营田官[19]。泾大将焦令谌取人田，自占数十顷，给与农，曰：“且熟，归我半。”是岁大旱，野无草，农以告谌。谌曰：“我知入数而已，不知旱也。”督责益急，农且饥死，无以偿，即告太尉。

太尉判状辞甚巽[20]，使人求谕谌。谌盛怒，召农者曰：“我畏段某耶？何敢言我！”取判铺背上，以大杖击二十，垂死，舆来庭中。太尉大泣曰：“乃我困汝！”即自取水洗去血，裂裳衣疮，手注善药，旦夕自哺农者，然后食。取骑马卖，市谷代偿，使勿知。

淮西[21]寓军帅尹少荣，刚直士也。入见谌，大骂曰：“汝诚人耶？泾州野如赭[22]，人且饥死；而必得谷，又用大杖击无罪者。段公，仁信大人也，而汝不知敬。今段公唯一马，贱卖市谷入汝，汝又取不耻。凡为人傲天灾、犯大人、击无罪者，又取仁者谷，使主人出无马，汝将何以视天地，尚不愧奴隶耶！”谌虽暴抗，然闻言则大愧流汗，不能食，曰：“吾终不可以见段公！”一夕，自恨死。

及太尉自泾州以司农征[23]，戒其族：“过岐[24]，朱泚幸致货币[25]，慎勿纳。”及过，泚固致大绫三百匹。太尉婿韦晤坚拒，不得命。至都，太尉怒曰：“果不用吾言！”晤谢曰：“处贱无以拒也。”太尉曰：“然终不以在吾第。”以如司农治事堂，栖之梁木上。泚反，太尉终，吏以告泚，泚取视，其故封识[26]具存。

太尉逸事如右[27]。元和九年[28]月日，永州司马员外置同正员柳宗元谨上史馆[29]。

今之称太尉大节者出入[30]，以为武人一时奋不虑死，以取名天下，不知太尉之所立如是。宗元尝出入岐、周、邠、斄间[31]，过真定[32]，北上马岭[33]，历亭障堡戍，窃好问老校[34]退卒，能言其事。太尉为人姁姁[35]，常低首拱手行步，言气卑弱，未尝以色待物[36]；人视之，儒者也。遇不可，必达其志，决非偶然者。会州刺史崔公来，言信行直，备得太尉遗事，覆校无疑。或恐尚逸坠，未集太史氏，敢以状私于执事[37]。谨状。

【注释】

［1］太尉：指段太尉，名秀实，字成公。唐汧阳（今陕西省宝鸡市千阳县）人。官至泾州刺史兼泾原郑颍节度使。

［2］汾阳王：即郭子仪。郭子仪平定安史之乱有功，于唐代宗宝应元年（762）进封汾阳王。唐代宗广德二年（764）正月，郭子仪以司徒兼中书令（宰相）的身份，充任河中尹、关内河东副元帅等职，出镇河中。蒲：州名，唐为河中府（在今山西省永济市）。

［3］“王子晞”句：汾阳王郭子仪第三子郭晞，随父征伐，屡建战功。曾任朔方行营节度使。追赠兵部尚书。《资治通鉴》胡三省注：“时晞官为左常侍，宗元云尚书，误也。”

［4］领：兼任。节度使：主要掌军事。唐代开元年间（713—741）设置，原意在增加都察权力。安史乱后，愈设愈滥。

［5］寓军：在辖区之外驻军。邠（bīn）州：治所在今陕西省彬州市。

［6］无赖：这里指横暴的意思。

［7］货：财物，这里指贿赂。

［8］嗛（qiè）：通“慊”，满足，快意。

［9］釜：锅。鬲（lì）：一种烹饪器。瓮：盛酒的陶器。盎：腹大口小的容器。

［10］白孝德：安西（在今新疆库车县）人，广德二年（764）任邠宁节度使。

［11］状：一种陈述事实的文书。白：禀告。

［12］生人：生民，百姓。理：治。唐代为避李世民、李治讳而改。

［13］都虞候：军队中的执法官。

［14］躄（bì）者：腿脚不灵便之人。躄，跛脚。

［15］不戢（jí）士：不管束士兵。戢，管束。

［16］晡（bū）食：晚餐。晡，申时，下午三至五时。

［17］假设：借备。草具：粗劣的食物。

［18］柝（tuò）：古代巡夜打更用的梆子。

［19］“太尉”句：白孝德初任邠宁节度使时，以段秀实署置营田副使。唐制，诸军万人以上置营田副使一人，掌管军队屯垦。

［20］巽（xùn）：通“逊”，委婉，谦恭。

［21］淮西：今河南省许昌、信阳一带。

［22］野如赭（zhě）：形容土地赤裸，寸草不生。赭，赤褐色。

［23］“及太尉”句：唐德宗建中元年（780）二月，段秀实自泾原节度使被召为司农卿。司农卿，为司农寺长官，掌国家储粮用粮之事。

［24］岐：州名，治所在今陕西省宝鸡市凤翔区。

［25］朱泚（cǐ）：昌平（今北京市昌平区）人。时为凤翔府尹。货币：物品和钱币。

［26］识（zhì）：标记。

［27］“太尉”句：这是表示正文结束的话。

［28］元和九年：即公元 814 年。元和是唐宪宗李纯年号（806—820）。

［29］“永州”句：当时柳宗元任永州（治所在今湖南省永州市零陵区）司马，这里是他官职地位的全称。史馆，国家修史机构。

［30］出入：大抵，不外乎。

［31］“宗元”句：柳宗元于贞元十年（794）曾游历邠州一带。周，在岐山下，今陕西省眉县一带。斄（tái），同“邰”，在今陕西省武功县西。

［32］真定：不可考，或是“真宁”之误。真宁即今甘肃省正宁县。

［33］马岭：山名，在今甘肃省庆阳市西北。

［34］校：中下级军官。

［35］姁（xǔ）姁：和善的样子。

［36］色：脸色。物：此指人。

［37］执事：即使从左右的人，这里指史官韩愈。

【译文】

段太尉刚任泾州刺史的时候，汾阳王郭子仪以副元帅的身份驻扎在蒲州。汾阳王的儿子郭晞担任尚书之职，兼任行营节度使。（他）以客军名义驻于邠州，纵容士兵违纪枉法。邠州人中那些惯偷以及狡黠贪婪、强暴凶恶的家伙，纷纷用贿赂手段使自己有军队的名号，恣意妄为，官吏都不能干涉。他们天天成群结伙地在街市上强索财物，一不满意，就用暴力打断他人的手脚，用棍棒把各种瓦器砸得满街都是，然后裸露着臂膀扬长而去，甚至还撞死怀孕的妇女。邠宁节度使白孝德因为汾阳王的缘故，心中忧伤却不敢明说。

段太尉从泾州用文书报告节度使府，表示愿意商量此事。到了白孝德府中，他就说："天子把百姓交给您治理，您看到百姓受到残暴的伤害，却无动于衷。大乱将要发生，您怎么办？"白孝德说："我愿意听您的指教。"段太尉说："我担任泾州刺史，很空闲，事务不多；现在不忍心百姓没有外敌却惨遭杀害，使得天子的边防被扰乱。假如您任命我为都虞候，我就能替您制止暴乱，使您的百姓不再遭到伤害。"白孝德说："太好了！"听从了段太尉的请求。

段太尉代理都虞候职务一个月后，郭晞部下十七人进街市拿酒，又用兵器刺酿酒的技工，砸坏酒器，使酒流进河沟中。段太尉布置士兵去抓获这十七人，全都砍头，把头挂在长矛上，竖立在市门外。郭晞全军营都骚动起来，纷纷披上了盔甲。白孝德惊慌失措，把段太尉叫来问道："怎么办呢？"段太尉说："没有关系！让我到郭晞军营中去说理。"白孝德派几十名士兵跟随太尉，太尉全都辞掉了。他解下佩刀，挑选了一个又老又跛的士兵牵马，来到郭晞门下。全副武装的士兵涌了出来，段太尉边笑边走进营门，说："杀一个老兵，何必全副武装呢？我顶着我的头颅来啦！"士兵们大惊。段太尉乘机述说道："郭尚书难道对不起你们吗？副元帅难道对不起你们吗？为什么要用暴乱来败坏郭家的名声？替我告诉郭尚书，请他出来听我说话。"

郭晞出来会见太尉。段太尉说："副元帅的功勋充塞于天地之间，应该使其流传。现在您放纵士兵为非作歹，这样将造成变乱，扰乱天子边地，应该归罪于谁？罪将连累到副元帅身上。现在邠州那些坏家伙用贿赂手段使自己有军队的名号，杀害百姓，像这样再不制止，还能有多少天不发生大乱？大乱从您这儿发生，人们都会说您是倚仗了副元帅的势力，不管束部下。那么郭家的功名，将还能保存多少呢？”话没有说完，郭晞再拜道：“承蒙您用大道理开导我，恩情真大，我愿意率领部下听从您。”回头呵斥手下士兵说：“全都卸去武装，解散回到自己的队伍里去，谁敢闹事，格杀勿论！”段太尉说：“我还未吃晚饭，请为我代办点简单的食物。”吃完后，又说：“我的毛病又犯了，想留宿在您营中。”命令牵马的人回去，次日清早再来。于是就睡在营中。郭晞连衣服也不脱，命警卫敲打着梆子保卫段太尉。第二天一早，郭晞和段太尉一起来到白孝德那儿，道歉说自己实在无能，请求允许改正错误。邠州从此没有了祸乱。

在此以前，段太尉在泾州担任营田副使。泾州大将焦令谌掠夺他人土地，自己强占了几十顷，租给农民，说：“到谷子成熟时，一半归我。”这年大旱，田野寸草不生，农民将灾情报告焦令谌。焦令谌说：“我只知道收入的数量，不知道旱不旱。”催逼更急，农民自己将要饿死，没有谷子偿还，只得去求告段太尉。

段太尉写了份判决书，口气十分温和，派人求见并通知焦令谌。焦令谌大怒，叫来农民，说：“我怕段太尉吗？你怎敢去说我的坏话！”他把判决书铺在农民背上，用粗棍子重打二十下，打得奄奄一息，扛到太尉府上。太尉大哭道：“是我害苦了你！”马上自己动手取水洗去农民身上的血迹，撕下自己的衣服为他包扎伤口，亲自为他敷上良药，早晚先亲自喂农民，然后自己再吃饭。并把自己骑的马卖掉，换来谷子代农民偿还，还叫农民不要让焦令谌知道。

驻扎在邠州的淮西军主帅尹少荣是个刚直的人，他来求见焦令谌，大骂道：“你还是人吗？泾州赤地千里，百姓将要饿死；而你却一定要得到谷子，又用粗棍子重打无罪的人。段公是位有仁义讲信用的长者，你却不知敬重。现在段公只有一匹马，贱卖以后换成谷子交给你，你居然不知羞耻地收下。大凡一个人不顾天灾、冒犯长者、重打无罪的人，又收下仁者的谷子，使主人出门没有马，你将怎样上对天、下对地，难道不为作为奴仆的而感到羞愧吗！”焦令谌虽然强横，但听了这番话后，却大为惭愧乃至流汗，不能进食，说道："我以后没有脸可以去见段公了！"一天傍晚，就自恨而死。

等到段太尉从泾州任上被征召为司农卿，临行前他告诫家人："经过岐州时，朱泚可能会赠送钱物，千万不要收下。"经过时，朱泚执意要赠送三百匹大绫，太尉女婿韦晤坚决拒收，朱泚还是不同意。到了京城，段太尉发怒说："竟然不听我的话！"韦晤谢罪说："我地位卑贱，无法拒绝呀。"太尉说："但终究不能把大绫放在我家里。"就把它送往司农的办公处，安放在屋梁上。朱泚谋反，段太尉遇害，官吏将这事报告了朱泚，朱泚取下一看，原来封存的标记还在。

以上就是太尉的逸事。元和九年某月某日，永州司马员外置同正员柳宗元恭谨地献给史馆。

现在称赞段太尉大节的人，大抵认为是武夫一时冲动而不怕死，从而取名于天下，不了解太尉立身处世就像上述的那样。我曾来往于岐、周、邠、斄之间，经过真定，北上马岭，游历了亭筑、障设、堡垒和戍所等各种军事建筑，喜欢访问年老和退伍将士，他们都能介绍段太尉的事迹。太尉为人谦和，常常低着头、拱着手走路，说话的声息低微，从来不用坏脸色待人；别人看他，完全是一个儒者。遇到不能赞同的事，一定要达到自己的目的，他的事迹绝不是偶然的。适逢永州刺史崔能前来，他言而有信、行为正直，详细地收集了太尉的遗事，再次核对没有什么疑问。有的事实恐怕还有散失遗漏，未集中到史官手里，斗胆将这篇行状私下送交给您。郑重地写下这篇逸事状。

【学习提示】

1. 人物传记大多按照时间顺序组织材料，显示人物生平，塑造人物形象。本文每件事情都着意交代了事件发生的时间。按照自然顺序，"仁愧焦令谌"之事应在"勇服郭晞"之事前，作者却将它移后，把"勇服郭晞"提前来写。从结构安排的角度，说说这样写的好处。

2. 本文的另一显著特色是，全文不着一句议论，寓情于事，以形传神，繁简得当。事件叙述精彩处恰似小说或戏剧，历来为人称道。结合具体事件，说说你对作者剪裁艺术的理解。

秦士录

[明] 宋 濂

【题解】

《秦士录》是元末明初文学家宋濂创作的一篇人物传记，讲述了秦士邓弼的事迹和遭遇。文章通过几个富有特征的情节，描绘出邓弼这样一个身怀绝技、勇猛无敌而又博学多才、豪爽狂放的英雄形象；同时也写出了邓弼怀才不遇、报国无门、老死林泉的悲剧一生。它含蓄地揭示了封建统治者埋没人才的客观现实，寄寓作者为国惜才、为有志之士不得重用抱不平的内心愤慨。宋濂与文中的邓弼，可谓同是天涯沦落人。因为邓弼的傲视权贵和蔑视礼俗，与他在思想感情上引起了共鸣，而且以邓弼这样一位全才却不遇于时、不用于世、生不逢辰，终致怀抱才智而没，也令宋濂感到十分痛惜，所以宋濂为邓弼立了这篇传。全文笔墨酣畅淋漓，人物形象虎虎有生气。

邓弼，字伯翊，秦人也。身长七尺，双目有紫棱[1]，开合闪闪如电。能以力雄人[2]，邻牛方斗不可擘[3]，拳其脊[4]，折仆地[5]；市门石鼓，十人舁[6]，弗能举，两手持之行。然好使酒[7]，怒视人，人见辄避，曰：“狂生不可近，近则必得奇辱。”

一日，独饮娼楼，萧、冯两书生过其下，急牵入共饮。两生素贱其人，力拒之。弼怒曰：“君终不我从[8]，必杀君！亡命走山泽[9]耳，不能忍君苦[10]也！”两生不得已，从之。弼自据中筵[11]，指左右，揖两生坐，呼酒啸歌以为乐。酒酣，解衣箕踞[12]，拔刀置案上，铿然鸣。两生雅闻其酒狂[13]，欲起走，弼止之曰：“勿走也！弼亦粗知书，君何至相视如涕唾[14]？今日非速[15]君饮，欲少吐胸中不平气耳。四库书[16]从君问，即[17]不能答，当血是刃[18]。”两生曰：“有是哉？”遽摘七经数十义叩[19]之，弼历举传疏[20]，不遗一言。复询历代史，上下三千年，纚纚如贯珠[21]。弼笑曰：“君等伏乎未也？”两生相顾惨沮[22]，不敢再有问。弼索酒，被发[23]跳叫曰：“吾今日压倒老生矣！古者学在养气，今人一服[24]儒衣，反奄奄欲绝[25]，徒欲驰骋文墨[26]，儿抚[27]一世豪杰。此何可哉！此何可哉！君等休矣！”两生素负多才艺，闻弼言，大愧，下楼，足不得成步。归询其所与游，亦未尝见其挟册呻吟[28]也。

泰定[29]末，德王执法西御史台[30]，弼造书数千言袖[31]谒之。阍卒[32]不为通，弼曰：“若不知关中邓伯翊耶？”连击踣[33]数人，声闻于王。王令隶人捽入[34]，欲鞭之。弼盛气曰：“公奈何不礼壮士？今天下虽号无事，东海岛夷尚未臣顺[35]，间者驾海舰，互市于鄞[36]，即不满所欲，出火刀斫[37]柱，杀伤我中国民。诸将军控弦引矢[38]，追至大洋，且战且却，其亏国体为已甚。西南诸蛮[39]，虽曰称臣奉贡，乘黄屋[40]、左纛[41]，称制[42]与中国等，尤志士所同愤。诚得如弼者一二辈，驱十万横磨剑[43]伐之，则东西为日所出入，莫非王土矣。公奈何不礼壮士？”庭中人闻之，皆缩颈吐舌，舌久不能收。王曰：“尔自号壮士，解持矛鼓噪，前登坚城乎？”曰：“能。”“百万军中，可刺大将乎？”曰：“能。”“突围溃阵，得保首领乎？”曰：“能。”王顾左右曰：“姑试之。”问所须，曰：“铁铠、良马各一，雌雄剑二。”王即命给与，阴戒善槊[44]者五十人驰马出东门外，然后遣弼往。王自临观，空一府随之。暨[45]弼至，众槊并进。弼虎吼而奔，人马辟易[46]五十步，面目无色。已而烟尘涨天，但见双剑飞舞云雾中，连斫马首堕地，血涔涔[47]滴。王抚髀[48]欢曰：“诚壮士！诚壮士！”命勺酒劳弼，弼立饮不拜。由是狂名振一时，至比之王铁枪[49]云。

王上章荐诸天子，会丞相与王有隙[50]，格其事不下[51]。弼环视四体，叹曰：“天生一具铜筋铁肋，不使立勋万里外[52]，乃槁死三尺蒿下[53]，命也，亦时[54]也。尚何言！”遂入王屋山[55]为道士，后十年终。

史官曰：弼死未二十年，天下大乱。中原数千里，人影殆绝[56]。玄鸟[57]来降，失家[58]，竞栖林木间。使弼在，必当有以自见。惜哉！弼鬼不灵则已，若有灵，吾知其怒发上冲也。

【注释】

［1］紫棱：原指紫水晶，这里形容眼睛锐利有神，充满锋芒。

［2］以力雄人：凭力量称雄于人。

［3］擘（bāi）：同“掰”，分开。

［4］拳其脊：用拳头打牛的脊背。

［5］折仆（pū）地：牛脊折断，跌倒在地。仆，向前跌倒。

［6］舁（yú）：抬。

［7］使酒：醉酒发脾气。

［8］不我从：“不从我”的倒置，不依从我，不答应我的邀请。

［9］亡命：逃亡，逃命。山泽：山林与川泽。旧时绿林、响马多啸聚于这些地方。

［10］不能忍君苦：不能受你们的气。忍，容忍，忍受。苦，指受气而产生的苦恼。

［11］中筵：正中的座位。

［12］箕踞：像簸箕那样伸两足而坐着。这是一种倨傲不恭的姿态。《庄子·至乐》：“庄子则方箕踞鼓盆而歌。”

［13］雅：平时。酒狂：借酒发狂。

［14］相视如涕唾：看作和鼻涕、唾液一样的东西，极言轻视。

［15］速：邀请。

［16］四库书：指经、史、子、集四类书。

［17］即：如果。

［18］血是刃：让血沾染这把刀，意思是用刀自刎。血，作动词用。刃，刀。

［19］遽（jù）：迅速，立即。七经：指《诗经》《尚书》《礼记》《乐经》《易经》《春秋》《论语》等儒家七种经典著作。具体所指七书，历代有异。叩：问。

［20］传（zhuàn）疏：解释经文的文字称传，为传作解释的称疏。

［21］纚（lí）纚如贯珠：意思是回答得流畅。纚纚，绳索长而下垂的样子。贯珠，成串的珠子，意即连缕不断。

［22］惨沮：丧气。

［23］被发：披散头发。被，同“披”。

［24］服：穿。

［25］奄奄欲绝：气息微弱得将要死去，极言文弱不支的样子。

［26］驰骋文墨：卖弄学问。

［27］儿抚：像摆弄小孩子一样摆弄。

［28］挟册呻吟：捧着书诵读。

［29］泰定：元泰定帝也孙铁木儿年号。

［30］德王：指安德王不答失里。执法：考核、纠察官吏的政绩。西御史台：指元代在陕西所设的行御史台。

［31］造书：写信。袖：用作动词，藏在袖里。

［32］阍（hūn）卒：守门的士兵。

［33］踣（bó）：跌倒。

［34］隶人：差役。捽（zuó）入：抓进来。

［35］东海岛夷：指日本。臣顺：归顺称臣。

［36］间者：有时候。互市：中外通商。鄞：今浙江省鄞州区。

［37］斫（zhuó）：砍。

［38］控弦引矢：拉开弓搭上箭。

［39］西南诸蛮：指西南地区的少数民族部落。

［40］黄屋：古代皇帝所乘的一种以黄缯做车盖里子的车。

［41］左纛（dào）：古代皇帝所乘一种车，左边有纛。纛，毛羽所制的大旗。

［42］称制：行使皇帝的权力。

［43］十万横磨剑：后晋出帝石重贵（石敬瑭义子）致书契丹，称孙不称臣。契丹指责后晋，后晋将领景延广对契丹使臣说："晋有横磨大剑十万口，翁要战则来。"此处指精良的军队。

［44］阴戒：暗中嘱咐。槊（shuò）：长矛。

［45］暨（jì）：等到。

［46］辟（bì）易：惊吓得后退。《史记·项羽本纪》："是时赤泉侯为骑将，追项王。项王瞋目叱之，赤泉侯人马俱惊，辟易数里。"

［47］涔（cén）涔：血流不止的样子。

［48］抚髀（bì）：拍着大腿。

［49］王铁枪：五代名将王彦章，随朱温转战各地，使用两支铁枪，各重百余斤，骁勇无比，人称"王铁枪"。

［50］有隙：不和。

［51］格：阻止。不下：不批准。

［52］立勋万里外：在边疆建立功勋。

［53］槁（gǎo）死三尺蒿下：枯死在高高的野草下。

［54］时：机遇。

［55］王屋山：位于今山西省阳城县。

［56］殆绝：将近灭绝。

［57］玄鸟：燕子。

［58］失家：指房屋倒毁，燕子无处筑巢，失去家园。

【译文】

邓弼，字伯翊，秦地人。身高七尺，双眼锐利用神，很有威势，眼睛一张闪闪如电。膂力过人，称雄于世。邻居两只牛在打架，谁也分不开，邓弼只一拳，砸断牛脊，斗牛应声倒地。集市门口，有面石鼓，十条大汉都抬不动，邓弼两手一用劲，抱起就走。不过，他老借酒使性，怒目视人，谁见谁躲，都说："此乃狂人，不可靠近，否则自取其辱。"

一天，邓弼独自在酒楼上喝酒，忽见萧、冯两个书生从下面经过，不由分说，下来强拉他们陪着喝。两个书生平日就瞧不起他的为人，极力推拒。邓弼不由大怒，威胁道："二位真的不识抬举，休想活命！哪怕杀了人亡命草泽，我也不能受你们的窝囊气！"两个书生迫于无奈，只得由他摆布。邓弼自坐中间，拱手示意书生陪坐左右，随即大声要酒，吟啸高歌，尽情作乐。喝得兴起，便叉开双腿，大敞衣襟，拔出佩刀拍在桌上，咣当一声。两个书生素闻他借酒寻衅，见此光景，起身想溜。邓弼厉声制止说："不要跑，我邓某人也是粗知书理之辈，先生何至于把我看得像鼻涕唾液一样呢？今日原本不是真心请你们喝酒，只不过是借机稍吐心中的不平之气罢了。凡是经、史、子、集，任凭二位发问，如不能回答，便以此刀自刎！"两人听了惊奇不已，说："竟有这样的事？"当下，便从诸经中，挑出几十个难题，连续发问。邓弼从容不迫，引据经典注疏，倒背如流，一无遗漏。于是，又问各朝史事，上下三千年，邓弼洋洋洒洒如数家珍。至此，邓弼笑问："这下，二位服不服气？"两个书生，四目相视，大惊失色，不敢再问。邓弼要来酒碗，开怀痛饮，披头散发，跳跃呼叫："我今天镇服老儒啦！古时学者，重在培养浩然之气，今日书生，一穿长衫，反而气息奄奄，光想凭着舞文弄墨的雕虫之技，小看天下豪杰。这怎么可能！怎么可能啊？你们这种人，还是趁早算了罢！"这两个书生一向以多才多艺自负，听了邓弼此言，无地自容，下楼梯时，连脚都不知该怎么迈步了。回去以后，向和邓弼有来往的人悄悄打听，却都说，从未见他捧过书本，吟过诗文。

泰定末年，德王掌管西御史台，邓弼袖揣千言书，前往求见。门卫不肯通报，他便大声嚷叫："你们难道就不晓得，关中有个邓伯翊吗?"话音未落，一连撞倒几名士兵。嘈杂声惊动德王，他令手下把邓弼拽进府来，打算鞭打他一顿。邓弼毫无惧色，朗声申诉："大王为何不以礼节对待壮士？虽说如今天下太平，但东海岛上的部族（指日本），还没有称臣降服，有时候驾驶舰船在浙江鄞县一带通商，稍有不满就拔刀砍柱，伤害我国百姓。诸位将军开弓射箭，一直追到海上，他们边战边退，这样伤害国体也太厉害了。西南众多野蛮部落，虽然说称臣进贡，却行使与中原皇帝一样的礼制，格外让节操高尚的人感到愤怒。如果您能得到一两个像我这样的人才，让他们带领十万精锐善战的士卒去征伐，那么普天之下，就没有哪一处不是大王您的疆土了。大王您怎么不礼遇壮士呢!"满府上下听了这话，一个个吓得缩着脖子，舌头伸得老长，半天缩不回去。

德王见此情景，便问他："你既然自称壮士，能够披坚执锐，冲锋陷阵吗?"邓弼回答："能!""于百万大军之中，能够直取敌人上将首级吗?""能!""在兵败突围时，能够保护主帅安然脱险吗?"回答还是一个字："能!"德王回头对身边的人说："不妨让他试试。"又问邓弼需要什么，邓弼说："铠甲一副，快马一匹，雌雄剑一对。"德王吩咐左右一一照办。又暗中挑选了五十名武艺高强的精壮骑兵，先行奔赴城东门之外，然后，才让邓弼出发。德王亲临现场观战，全府的人也都跟去，要看个究竟。等邓弼赶到，众兵便刀枪并举，向前扑来。邓弼虎啸而奔，士兵们连人带马，连连倒退，个个吓得面无人色。一会儿尘土漫天，在云雾中只看见双剑飞舞，接二连三地把马头砍落，鲜血四溅。德王高兴得拍着大腿，连声赞叹："真是壮士，真是壮士呀!"并命令舀酒犒劳。邓弼接过酒来，并不拜谢，站在那里，一饮而尽。从此，邓弼名震一时。甚至有人把他与五代名将"王铁枪"相提并论。

德王亲上表章，向皇帝举荐邓弼。不巧，当朝宰相与德王不和，从中作梗，便把此事搁置下来。邓弼听说以后，打量着自己的身躯，不禁仰天长叹："天生一副钢筋铁骨，不能立功万里边疆，只能老死于三尺蒿草之下。命该如此，生不逢时，还有什么可说。"于是，上了王屋山当道士去了。十年之后，默默死去。

史官按：邓骞死后不到二十年，天下大乱，中原大地，方圆千里，百姓流亡，人迹罕见。连回归的燕子，都找不到可以筑巢的人家，只好栖息在树木之间。假使邓骞不死，定能大有作为。太可惜了。他的鬼魂不灵则已，倘若有灵，我知道他一定会因此而怒发冲冠的！

【学习提示】

1．这篇文章无论是所记述的人物，还是作者所运用的笔法，都可用一“奇”字形容，堪称有传奇意味。试做简要赏析。

2．自古为奇人异士作传者不少，但是为奇人异士作传，容易滑入猎奇的庸俗境地。优秀作家往往能够自出机杼，立意深刻，寄托遥深，且手法高妙。结合本书所选其他此类作品，或者结合自己的延伸阅读，探究其中的规律。

左忠毅公逸事

［清］方　苞

【题解】

方苞，清代散文家，桐城文派创始人。他推崇《左传》、《史记》和唐宋八大家的文章，提倡“义法”说。所谓义，就是“言之有物”。他讲的义，指儒家道统，即文章内容要符合儒家宣扬的封建伦理道德。所谓法，就是“言之有序”，指文章的结构条理、语言风格等表达形式。《左忠毅公逸事》记述了左光斗不为世人所知的几件逸事，赞美了左光斗知人的卓见和以国事为重、不计较个人生死荣辱的品格。文章通过简练的语言，塑造了左光斗这一动人的形象，体现了方文“雅洁”的特点。文章记事不杂，用笔精细，故而人物形象十分丰满。写左光斗、史可法狱中相见一段，尤为大气凛然。“逸事”写的是为正史所不记载的事，也就是散失了的事迹。这些事迹一般比较琐碎，但能说明被立传者的品质、性格等。

先君子[1]尝言，乡先辈左忠毅公视学京畿[2]，一日，风雪严寒，从数骑出微行[3]，入古寺，庑下一生[4]伏案卧，文方成草；公阅毕，即解貂[5]覆生，为掩户。叩之寺僧，则史公可法[6]也。及试，吏呼名至史公，公瞿然[7]注视，呈卷，即面署第一[8]。召入，使拜夫人，曰：“吾诸儿碌碌，他日继吾志者，惟此生耳。”

及左公下厂狱[9]，史朝夕狱门外；逆阉[10]防伺[11]甚严，虽家仆不得近。久之，闻左公被炮烙[12]，旦夕且死；持五十金，涕泣谋于禁卒，卒感焉。一日，使史更敝衣草屦，背筐，手长镵[13]，为除不洁者，引入，微指左公处。

则席地倚墙而坐，面额焦烂不可辨，左膝以下，筋骨尽脱矣。史前跪，抱公膝而呜咽。公辨其声而目不可开，乃奋臂以指拨眦[14]；目光如炬，怒曰：“庸奴，此何地也？而汝来前！国家之事，糜烂至此。老夫已矣，汝复轻身而昧[15]大义，天下事谁可支拄者！不速去，无俟奸人构陷[16]，吾今即扑杀汝！”因摸地上刑械，作投击势。史噤不敢发声，趋而出。后常流涕述其事以语人，曰：“吾师肺肝，皆铁石所铸造也！”

崇祯[17]末，流贼张献忠出没蕲、黄、潜、桐[18]间。史公以凤庐道[19]奉檄守御。每有警，辄数月不就寝，使壮士更休[20]，而自坐幄幕外。择健卒十人，令二人蹲踞而背倚之，漏鼓移[21]，则番代[22]。每寒夜起立，振衣裳，甲上冰霜迸落，铿然有声。或劝以少休，公曰：“吾上恐负朝廷，下恐愧吾师也。”

史公治兵，往来桐城，必躬造左公第[23]，候太公、太母起居[24]，拜夫人于堂上。

余宗老[25]涂山[26]，左公甥也，与先君子善，谓狱中语，乃亲得之于史公云。

【注释】

［1］先君子：作者对其已过世的父亲方仲舒的称呼。

［2］京畿（jī）：国都及其附近的地方。

［3］从数骑：几个骑马的随从跟着。微行：穿着平民衣服出行。

［4］庑：廊下小屋。生：指书生。

［5］解貂：脱下貂皮裘。

［6］史可法：字宪之，祥符（今河南省开封市）人。崇祯进士，南明时任兵部尚书大学士，清军入关时镇守扬州，公元1645年4月25日城破，殉难。

［7］瞿（qú）然：惊视的样子。

［8］面署第一：当面批为第一名。

［9］厂狱：明代特务机关东厂所设的监狱。

［10］逆阉：叛逆的太监，这里指魏忠贤。

［11］防伺：防范看守。

［12］炮烙：用烧红的铁来炙烧犯人的一种酷刑。

［13］长镬（huò）：一种长柄的掘土工具。

［14］眦（zì）：眼眶。

［15］昧：不明事理。

［16］构陷：诽谤陷害。

［17］崇祯：明思宗年号。

［18］流贼：旧时对农民起义军的蔑称。张献忠：明末农民起义领袖。1644 年在成都称帝，建大西国，1646 年被清兵杀害。蕲（qí）、黄、潜、桐：今湖北蕲春县、黄冈市，安徽潜山市、桐城市一带。

［19］凤庐道：管辖凤阳府、庐州府一带的长官。道，道员，是一道的长官。

［20］更休：轮流休息。

［21］漏鼓移：指过了一段时间。漏，古时用滴水计时的器具。鼓，打更的鼓。

［22］番代：轮流代替。

［23］躬造：亲临。第：府第，住宅。

［24］候……起居：向……请问安好。

［25］宗老：同一宗族的老前辈。

［26］涂山：方苞族祖父的号，名文。

【译文】

先父曾经说过，同乡前辈左忠毅公任京城地区学政时，有一天，刮风下雪，天气特别冷，他带着几个骑马的随从，改装出行，走进一座古寺。厢房里有个书生伏在桌上睡着了，（桌上的一篇）文章刚写好草稿。左公看完了，就脱下貂皮外衣给他盖上，并替他关上门。左公向寺里的和尚询问，原来是史可法。等到考试时，差役喊到史可法的名字，左公惊喜地注视着他，等到他呈上考卷，左公就当面批为第一名，还召他进入内室，让他拜见夫人，说："我的几个儿子平庸无能，将来能继承我的志向和事业的，只有这个学生啊。"

到左公被关进东厂监狱时，史可法整天守候在狱门外。逆阉魏忠贤对监狱防备监视很严，即使左家的仆人也不能近边。过了很久，史可法听说左公遭了炮烙酷刑，早晚将要死去，便拿了五十两银子，哭泣着跟狱卒商量探监的办法，狱卒被他感动了。有一天，狱卒让史可法换上破旧衣服和草鞋，背了个竹筐，手拿着长镬，装作打扫垃圾的人，把他领进监狱。（狱卒）悄悄地指着左公所在的地方。只见左公坐在地上，身子靠着墙，脸庞、额头都烧得焦烂，辨认不出（原来的面貌），从左膝盖以下，筋骨全都脱落了。史可法上前跪下，抱着左公的膝盖低声哭泣。左公辨出史可法的声音，可是眼睛睁不开，就使劲地抬起手臂，用指头拨开眼皮，目光像火炬一样明亮，生气地说："没用的奴才！这是什么地方，你却到这里来！国事败坏到这个地步，我老头子已经完了，你又轻身而不明大义，国家大事谁能支撑呢？还不快走，不要等奸贼们构成罪名来陷害你，我现在就打死你！"说着就摸起地上的刑具作出投击的样子。史可法闭口不敢出声，快步走了出来。后来他常常流着眼泪对别人讲述这件事，说："我老师的肺肝，都是铁石铸造的啊！"

崇祯末年，"流贼"张献忠在蕲州、黄州、潜山、桐城一带出没，史公以凤庐道员的身份奉命守御凤阳、庐州一带。每逢有警报，他总是一连几个月不进寝室睡觉，让将士们轮换休息，自己却坐在帐幕外。他选择十个身强力壮的兵士，（每次）叫两个蹲坐着，自己背靠着他们，每过一更，就（让他们）轮换一次。每当严寒的夜晚，他一站起来，抖抖衣裳，铠甲上的冰霜散落下来，发出清脆的响声。有人劝他稍微休息一下，史公说："我对上怕辜负了朝廷，对下怕对不起我的老师啊。"

史公领兵作战期间，往来经过桐城，一定亲自到左公府上，问候太公、太母安好，到堂上拜见夫人。

我的同族老前辈涂山，是左公的女婿，与先父友好，他说（左公在）监狱中讲的话，是他亲自从史公那里听到的。

【学习提示】

1. 文章记述了左光斗的若干逸事，旨在称赞其高尚的思想品行。借助阅读中的圈点勾画，以形容词界定和事件描述的方法，分条归纳概括左光斗的高尚品格，做到条目清楚，有理有据。

2. 侧面描写，又叫间接描写，是指在文学创作中，作者通过对周围人物或环境的描绘来表现所要描写的对象，以使其鲜明突出，即间接地对描写对象进行刻画描绘。请结合文本谈谈作品中是如何运用侧面烘托的手法塑造人物形象的，以及这种手法的妙处。

附录

文言文阅读与应考的基本方法

薛海兵

文言文阅读自有一套合适而有用的方法，有些适用于日常学习，有些则更适用于复习迎考。我们将以前些年各省高考文言文考试真题和近年来全国高考真题为例，跟同学们谈谈文言文阅读和理解的一些基本问题与应对方法。虽然高考题型稍有变化，各套试卷也有区别，但真正读懂文言文，则能应对各种考查方式。

一、文言文阅读的语言突破策略

文言文阅读是高三语文复习的重点，实际情形是耗时多、收效微。对于文言文阅读测试，学生的感觉往往是“考试时基本连蒙带猜，评讲时觉得都能理解，再做其他的还是靠猜”。其根本原因在哪里呢？根据多年的教学观察，我以为主要原因是文言文阅读积累匮乏所导致的语言能力不过关。因此，文言文阅读的第一道关卡是语言，只有顺利突破这道关卡，才能窥探作品内涵，欣赏作品艺术。在平时的文言文学习和高三复习迎考过程中，考生须针对存在的问题从五个方面花功夫，即提高名物词汇辨识能力，重视典故的积累与运用，增强语境词义的推断能力，培养定位迁移能力，强化文本翻译能力，这样才能切实提高古代语言素养和古文阅读能力。

（一）提高名物词汇辨识能力

凡名物则有词，故而古代名物词汇量无比浩瀚，而大多数已经不具现代意义，不学习这些词汇已无法顺利阅读古代文献。关于古代名物词汇的学习，我们需要注意三方面的问题。其一，如果不理解名物词汇的独特存在，而误将其理解为影响内容的虚实词，自然会弄出笑话。譬如《陈情表》中“臣密言，臣以险衅夙遭闵凶”一句，有学生将“密”理解为“秘密地”，那他就生出疑问，“为什么作为给皇上的陈情表还需要秘密地陈说呢?”原来，此处之“密”不过是李密自称而已。那些先秦古文中常常出现的名物词汇就更容易被误解了。其二，古代名物词汇与现代汉语在语义上会存在一些区别，如果不在意这种区别也会造成理解上的问题。譬如“外无期功强近之亲，内无应门五尺之僮”（《陈情表》）。如果将“五尺”按现代计量单位来理解，那这个童子身高将近一米七了，古代儿童怎么会这么高呢？原来，古代的尺较小，五尺相当于现代的三尺，也就是一米左右。其三，有些古代名物词汇有着特别的内涵，作者有意运用是为了传达特别的意思，如果不理解就又会影响对文本内涵的深刻理解。譬如古诗《上山采蘼芜》中所写“上山采蘼芜，下山逢故夫”，为什么一定是采“蘼芜”呢？因为古人将“蘼芜”又称作“当归”，这样这句诗就蕴含了希望故夫能回到自己身边的意思。又如“桥边红药，年年知为谁生”中的“红药”系指“芍药”，是离花，又名“将离”“当离”，这样姜夔的诗句中所蕴含的寓意就非常清楚：此时的扬州破败到连送别的人都没有。古代名物词汇大多已经沉淀固化，而且不易识不易记，但往往有助于准确而深刻地理解文本，需要引起特别重视。

（二）重视典故的积累与运用

张中行先生曾指出，所谓用典就是“用较少的词语拈举特指的古事或古语以表达较多的意思”。古人诗文喜用典故，因为在炫才之外它确有凝练、典雅和委婉之妙，但这也带来了今人阅读上的困难。典故之多根本无法全部掌握，但是借助课内外阅读适当积累，还是很有必要很有用处的。譬如，学生借助《滕王阁序》中的“他日趋庭，叨陪鲤对”可以掌握“庭训”之典，理解其所表述的“父亲的教诲或家庭教育”的意义，在许多人物传记阅读中遇到“幼承庭训”之类用法时，便不再会感到陌生和不解。在经、史、子、集等古籍中，注重藻丽的文学性作品偏重于多用典故，我们在阅读这些古代作品时应当特别留心积累。掌握典故的关键是要理解典故的寓意，且能用最简洁的语言表述寓意。譬如《陈情表》中“生当陨首，死当结草”的“结草”典故，我们在关注典故的故事与内涵之外，更重要的是理解它的寓意是“死后报恩”。如果善于学习与积累，我们甚至还会联想到俗语“衔环结草”的说法，这是典故通俗化之后所具有的强大生命力的体现。对于文本所用典故的语境意义要准确理解，特别要注意作者对典故寓意的取舍和变化处理。譬如杜牧《赤壁》“铜雀春深锁二乔”中对历史典故的反用，表明了自己对历史的独特看法，同时曲折委婉地表达了自己才比周瑜而怀才不遇的抑郁之情。在高考复习过程中，考生借助于课内古文、复习资料和练习文本，小组分工合作专题整理典故知识，通过故事复述法和同伴竞赛法加以记忆，并在古诗文阅读中加以理解运用，虽然起始阶段的复习量大效低，但是坚持不懈的效果非常显著。

（三）增强语境词义的推断能力

阅读古文需要在词义、词法和句法上下功夫，词义是词法与句法的基础。借助文言词义推导记忆法和课内例句，学生往往会取得较好的词义复习效果。但是，即便牢记重要词汇的意义，很多时候还是难以读通文本内容。这主要是因为词汇融入文本后产生了语境词义，而语境词义需要借助语境与基本词义做出合理推测与判断。简单说来，语境词义的推断大致有义项代入法、语法功能法、句内结构法、内容关联法等方法。义项代入法是根据语境对记忆中的词典意义加以尝试与判断，最终选择合适的词义去理解文章。这是最基本的语境理解。句内结构法和语法功能法都要求考生掌握一定的语法知识，借助这些语法知识推理合适的语境意义。譬如“制，岩邑也，虢叔死焉”（《郑伯克段于鄢》）一句，“焉”字为补语，补充交代所死的地点，所以它必须解释为兼词“于是”，而不能解释为语气助词，解释为语气助词也会造成上下文内容不连贯。句内结构法相对而言比较简单，发现并列结构、对称结构等，然后借助结构中已知的词义推断未知的词义。譬如“信而见疑，忠而被谤”（《屈原列传》）中的“信”“见”都可以利用结构相似推知它们与“忠”“被”的功能与语义相似，分别解释为“诚信”“遭受”。内容关联法要稍微复杂一些。譬如，要理解“及庄公即位，为之请制”中的“制”字含义，可以借助下文的“请京，使居之，谓之京城大叔”读出“制”是与“京”相对之地的意思，再从“制，岩邑也，虢叔死焉”一句得到印证，“制”是封地之名，指虢叔丧生之地。这就是文本语境中的内容关联法。通过积累词汇的语境推断方法，并在阅读实践中反复训练，做到熟能生巧，文体语感将得到显著提高，文言文就可以读得更为顺畅。

（四）培养定位迁移能力

如果我们把学习教材中的文言文词汇视为学习知识，把陌生文言文的文本阅读看作运用知识或检测知识，那么这两者之间就存在知识、能力与方法的迁移关系。知识运用过程中产生积极影响的迁移才是我们需要的正迁移，这就是要求已有知识能力或所谓信息编码系统能被正确运用到目标内容中。我们所掌握的已有知识越是清晰、准确和牢固，就越有可能对目标内容产生正面的作用。文言文阅读的定位迁移能力是指在陌生文本阅读中能将需理解的词汇与所学教材中作品的词汇及其意义进行准确对应从而达成理解的能力。譬如2014年江苏高考文言文阅读试题，若要正确理解“众口虽恳恳见迫”（《答严厚舆秀才论为师道书》）一句中的“见迫”，我们可通过定位迁移法联想课内的“生孩六月，慈父见背”（《陈情表》）等语句。“见背”之“见”的理解是：用在及物动词之前且前有动作行为的施事者时，有称代动作行为的受事者的作用，“见背”解释为“背弃我”。通过定位迁移，我们可以将“见迫”理解为相同用法，意思可解释为“逼迫我”。但是，如果我们关于“见”字结构的课内知识不够牢固，定位联想到了“臣诚恐见欺于王而负赵”（《廉颇蔺相如列传》）、“而燕国见陵之耻除矣”（《刺客列传》）等句子，就会发生错误迁移，将其错误地理解为表被动的用法。定位迁移策略建立于丰富的词汇积累基础之上，要求考生夯实词汇基础，首轮回归课本的落实重点与二轮专题复习的系统整理都要相当到位，同时还要通过训练培养迁移能力。这种定位迁移策略要求考生能通过“过度记忆法”牢记典型例句，能达到课内知识烂熟于心脱口而出的程度。语言运用能力始终建立在牢固掌握语言知识的基础上，这是古代语言学习的基本规律之一。

（五）强化文本翻译能力

文本翻译是最扎实的文言文复习方法，而绝不是少慢差费的低效劳动。教师和学生要舍得在文本翻译上花时间花精力。文本翻译的系统训练主要靠学生自己实施，如何才能取得较好的复习效果？关于翻译的要求或追求，古人“信达雅”的提炼是绝高的境界。我们以此为准绳，细化并使之可操作，提倡按照“三艺、三化、三落实和三追求”的方法实施文本翻译的复习。“三艺”指着手翻译的同时必须加强相同语段的诵读与记忆，三者互相补益，相得益彰。“三化”指日常化、精品化和科学化。“日常化”的要求是“日读一篇，晚译一段”地坚持不懈，“精品化”的要求是由教师提供或参照古代散文选确立文质兼美的翻译篇目，“科学化”的要求是参照专家译本自我校对和深入钻研翻译技艺。翻译的具体要求主要体现在“三落实”与“三追求”中。“三落实”是指落实名物与典故，落实词义与词法，落实句法与文法，诸多文言现象都需在此间落实。“三追求”是指追求语境和谐，追求语体贴切，追求语气得体，这是指向较高境界的翻译追求。如果能坚持每周一篇，高三可以完整翻译60篇左右；如果选文兼顾课内课外，并且从课内走向课外，适当注意难易度，且按照由易到难递增，循序渐进，每位学生都可以比较轻松而又很出色地完成任务。特别需要说明的是，教师在关注翻译选文的文质之外，需要格外关注词汇和句法等文言现象，促使学生在翻译中全面提高语言综合处理能力，对考试能做到应对裕如。

在高考复习期间，突破文言文阅读的语言关是提高阅读能力的补救性措施。通过首轮回归课本的复习与第二轮的专题复习，考生在以上五方面有意识地增加积累量和专题强化记忆，阅读顺畅性和理解的正确率会有显著提升。如果不在根本性措施上多下功夫，而是寄希望于语段练习，结果必然不会有根本性的改变。

二、文言文“辨析文句意义”题型的学习策略

（一）认清需要辨析意义的文句

首先，古诗文中哪些文句意义需要加以辨析？我们需要对“意义”二字先有正确认识。“意义”二字有内涵与作用两方面的含义。判定哪些语句需要加以辨析，主要看它们在文章中的内涵与作用。具体说来，这些语句通常包括蕴含作者观点的语句，情感内涵丰富的语句，结构作用重要的语句，文言现象复杂的语句，题干问题定向的语句等。从内容和形式上看，这些语句常常体现为主旨句、关键句、领起句、总括句和过渡句等。一般而言，这些句子往往是文章中着力叙描的重点句、富于文采的抒情句和观点鲜明的议论

句。各类文体的特征决定了不同文本需要关注和加以辨析的语句类型也不尽相同，要根据选文确定。

其次，如何准确辨识需要辨析意义的重要文句呢？在阅读过程中，我们应养成高度的语言敏感性，及时圈点勾画需要辨析的各类语句，以提醒自己深入思考。譬如，2014 年浙江高考试题《欧阳行周文集序》中有这样的句子："君之文新无所袭，才未尝困。精于理，故言多周详；切于情，故叙事重复：宜其司当代文柄，以变风雅。"考生阅读这段话时，必须思考它的丰富内涵与表达作用。为什么呢？因为冒号之前的文字，从三方面概括评价欧阳行周的文章风格，冒号之后的两句话则点明欧阳行周在文学界的领袖地位和作品的社会功能。作为书序，这几句话对于读者了解该书作者及其成就是极其重要的，字面上又是集中叙写文如何、理如何、情如何等，自然需要考生能敏感地勾画出来，并认真加以辨析和琢磨。

最后，为什么要重视对文句意义的辨析呢？兹以蕴含作者观点的语句为例说明。譬如《逍遥游》中的"若夫乘天地之正，而御六气之辩，以游无穷者，彼且恶乎待哉"，这个句子的意义该如何理解？它表达了作者关于人应当顺应自然、适应变化方能获得逍遥的观点。正是在这个观点之下，作者得出了"至人无己，神人无功，圣人无名"的结论，这个结论又是后文展开论述的中心。这样，"若夫"一句显然应看作是理解《逍遥游》全文主旨的关键句。再譬如，2011 年江苏高考试题《陈公弼传》（节选）中的最后一句是"为人仁恕，严而不残"，它显然是对上文所记述诸事件中表现出来的人物主导性格的概括，对于理解作者对传主的态度显然是关键句。它的内涵指向了人物性格，而它的作用则指向了作者态度。如果对这些不能理解和辨析清楚，那么全文题旨和表现意图就无法准确掌握，就很有可能出现文本误读。

当然，辨识并不是难点，辨析才是难点。对这些文句意义的辨析，其作用在其名称中即已标明和显示出来，学生易于理解和把握；辨析的难点在于如何准确分析这些句子的内涵。

（二）辨析文句意义的基本题型与答题方法

从近年各省高考命题看，"辨析文句的意义"这个考点的考查题型，主要是人物性格判定题与基本内容理解题两类。从考查的现状看，人物性格判定题侧重考查筛选信息的能力，基本内容理解题侧重考查比对信息的能力。譬如2012年江苏高考文言文阅读第6题：

6. 下列句子中，全都表现苏涣为官公正的一组是：（　　）（3分）

① 所与交游，皆一时长老　② 公虽以职事之，而鄙其为人

③ 虽为政极宽，而用法必当　④ 公礼之甚厚，以备乡举

⑤ 传上旨，以宗为书手，公据法不奉诏　⑥ 劾城固县令一人妄杀人者

A. ①②⑥　　B. ①③④　　C. ②④⑤　　D. ③⑤⑥

这是最为经典的文言文考查题型之一，要求考生依据目标信息对所提供信息进行辨析，最终筛选出符合目标信息的选项。这类题型的基本应对步骤与方法是：读清题干的目标信息（包括中心语与修饰语），翻译所供信息文句，理解所供信息内涵，组合内涵相符文句。涉及文言文阅读能力的只有第二步，而作为筛选关键的第三步，实质上是适用于所有阅读的基本能力考查。学生在提高文言文翻译素养的同时，合理迁移现代文阅读理解能力，就可以比较轻松地解决这个问题。又如2012年江苏高考文言文阅读第7题：

7. 下列对原文有关内容的概括和分析，不正确的一项是：（　　）（3分）

A. 苏涣担任凤州司法时，知州王蒙正很赏识他，曾经把他推荐给朝廷，又给要官写信，认为他可以担当大任。

B. 雍丘县有百姓死在狱中，县官报告说是因病而死。开封府多次派人处理而没能查明真相，苏涣去后，便洗雪了冤情。

C. 祥符县张宗长期作奸营私，因畏惧苏涣，称病辞职，让儿子来接替自己。苏涣认为他儿子不合书手的要求，加以杖责。

D. 苏涣去世二十七年后，他儿子苏不危记叙了父亲遗事，交给苏辙；苏辙又补充了他所听到的伯父言谈，写成这篇墓表。

这种基本内容理解题也是文言文阅读的经典题型之一，但稍加考察即可看出，它实质上并无多少分析与概括的要求，大都是对原文内容的转述，只是考查回归原文对照翻译的能力，根本不需要真正的分析与理解。长期以来，师生复习迎考时的具体做法也很简单，大都是依照“画画题干、找找原文、做做翻译、对对转述”的程序，核心工作不过是若干关键语词的翻译而已。上海自2006年以来的高考文言文考查中，几乎没有出现过此类题型；2014年江苏高考的文言文考查也淘汰了这个题型。这种尝试走出了机械而低级的考

查方式，是明智而合理的做法，表明部分命题者对该考点内容的诠释越来越全面深刻和科学合理，而且命题中呈现出来的考查题型也正有走向多样化的趋势。上海市连续多年考查文句内涵理解的选择题型和主观表述题型，非常值得考生关注。

（三）跳出现有题型看文句意义的辨析

高考题型总是有变化的，紧追题型的复习注定只能永远被动。最好的复习准备是准确解读考点，以此全面掌握考点需要考生掌握的能力，从而做到以不变应万变。就“辨析文句意义”这一考点而言，真正的文本阅读所需要掌握的能力，何止是“画画找找做做对对”这么简单。跳出现有题型，从文本阅读理论出发，我们至少需要掌握三种理论所蕴含的阅读策略，即在作者论视角下需要的知人论世和以意逆志，在文本论视角下需要的陌生悬置和斟字酌句，在读者论视角下需要的诗无达诂和见仁见智。这是我国传统阅读理论所提倡的文本解读方法。在这些理论指导下，我们要特别注意那些真正需要加以辨析的文句，主要是含蓄句、凝练句、象征句、文采句等。

1. 借助作品语境辨析文句意义

这里所说的语境应当包括社会语境和文本语境。如果是一篇托物言志类作品，大概是要结合作者所处的社会背景和人生履历的；如果是一篇人物传记类作品，大概是要结合文本中零星所及的传主信息加以整合的。譬如2012年上海高考文言文阅读语段《卜式传》，设置了这样一个问题，即“第①段中，卜式的做法为什么被丞相认为是不合‘人情’的?”考生回答这个问题，一定要结合卜式的人物身份和民族文化背景来思考。文本告诉我们，卜式本是一个以种田放牧为业的普通百姓，在朝廷与匈奴作战时主动请求捐献家财资助边事，而且是执意付出不求任何回报。这是非常崇高的思想境界。可是按照一般人的理解，卜式此举一定伴随着有事相求的心理，否则就实在令人生疑。作者在纷繁的人物轶事中选择这个素材，显然是在倡导崇高的“天下兴亡，匹夫有责”的家国情怀。这就是作者在塑造人物之外的真正意图或作用。辨析丞相弘所言“此非人情”一句，文本中的真实的卜式、文化中的世俗和所倡导的价值观，都应该成为辨析或判断的参照标准。课内教材中诸如此类的作品很多，《陈情表》中西晋“以孝治天下”的国策成为理解李密辞不赴任的背景，《项脊轩志》中“吾家读书久不效”的历史成为归有光感悟百年兴废中家道中落的背景，等等。总之，对于那些使用修辞的文采句、表达委婉的含蓄句、简洁凝练的判断句等，借助语境尤其是文本语境辨析其意义是非常必要的。

2．通过文本细读辨析文句意义

大多数情况下，高考文言文阅读所提供的选文是独立自足的，考生即便熟悉文本作者，也不一定能从其既有的风格与精神中获取更多的有效借鉴，而需要学会从文本自身出发去研读文章和思考问题，这可以理解为新批评理论所倡导的文本细读法之于考试的意义。文本细读法相信文本是封闭、独立和自足的，其内部所提供的信息能够解决文本理解中的种种问题。仍以《项脊轩志》为例，简要说明如何通过文本细读法辨析文句意义。试问：如何理解“项脊轩，旧南阁子也”是“奠定全篇风神”的重要语句呢？首先要依据文本细读法发现存在的矛盾或有矛盾的对象，即修葺一新之项脊轩与百年荒废之南阁子。读者需要沿着这矛盾的两端追问下去：现在的项脊轩是什么样子？原来的南阁子是什么状况？进而还要追问：为什么下笔便写小屋新名？南阁子为什么百年而废？善于读书的人会发现，这些问题都可以在下文得到答案。如此这般，读者便会发现和明白，作者借此一判断句熔铸了满满深情！人亡物在、世事沧桑的感触，家道中落、门楣不兴的哀悼，读书奋起、龙腾凤翔的宣言，都在19岁的年轻作者笔下如此含蓄而厚实地表达出来，这样我们才可以理解它思想的深沉与艺术的高妙。文本细读法的关键在于利用文本内部的矛盾去不断地追问和发现，这是我们需要学习的极为有用的方法，因为它特别有利于对付独立自足的高考选文。

3．利用聚类关系辨析文句意义

语言符号是按照横向组合与纵向聚合两条原则组成句子的。对于辨析文句意义而言，弄懂并利用句子的纵向聚合原则尤其重要。句子中每个功能位置的词语，都有一个潜在的词语集合体。如果将辨析文句意义落实到辨析关键词语意义上，那么实际上就是要学会辨析作者所选用的词语与其潜在类群中其他词语之间的优劣高下。譬如“有人说‘风定花犹舞’中‘舞’字用得不好，请你试做分析”。在这句中，“舞”与“花”在横向组合上是讲得通的，意思表达也是明白的。但是，从纵向聚合关系看，“舞”字有一个潜在的类群，如落、飞、飘、坠等。要说明“舞”字用得是否高明，就是要对这个类群中的相似词语进行辨析比较。考生要能通过联想，建构“舞”的类群符号系统，然后加以推敲辨析。王安石以为虽然这几个字都能表现动静相生的艺术效果，但相比之下还是用“落”字好，它能使此句含有“虽尽人事而无力回天”的深远寄托。当然，这里就存在“诗无达诂，见仁见智”的问题，而这正是以聚合关系为存在前提的。可见，这个看不见的聚合关系所拥有的类群符号，决定着词语的选择及其意义，也决定了艺术表现力的高低，决定了审美效果上的好坏。虽然这类题型目前主要出现在诗歌鉴赏中，但从上海历年考试的趋势看，它完全有可能出现在其他各省未来的文言文考查中，因为在考试说明中“辨析文句意义”是古诗文考查的共同要求。

这三条策略虽源自不同阅读理论，但在辨析文句意义时却能融会为一，对文句做出由表及里逐步深入细化的解读。这三条策略应根据需要灵活运用，可以独立运用，也可以结合使用。总之，在复习迎考过程中，学生对考点的理解和训练，一定要超越所谓经典题型，对考点做全面、深入的理解，并在古诗文阅读与训练中加以落实。否则，我们的复习应考永远只能是亦步亦趋，对创新题型必然会感到茫然不知所措。

三、基于能力培养的信息归纳与概括策略

（一）基于目标定向能力的关键词策略

所有归纳与概括能力考查题都是定向内容的梳理与凝练，目标定向能力就显得非常重要。所谓目标定向能力，就是指准确捕捉题干关键信息，并在考查文本中锁定相关信息的能力。如何才能准确锁定题目与文本中的相关信息呢？依据“归纳”的基本内涵“归拢并使有条理”可知，对最契合于目标信息的对应信息进行捕捉并加以整合是正确的做法，那么确定关键词就是最有效的定向策略。关键词的确定，依据题干关键词与文本关键词对应关系的不同可以分为两类，即完全对应类和不完全对应类。这两类在选择题型和简答题型中均有体现。

所谓关键词完全对应类，就是在题干与文本中可以找到关涉问题与答案的对应关键词。一般处理方式是先从选项或问句中寻找关键词，然后去文本

中寻找对应的词语或语句。譬如广东卷《刘敞传》概括题的C项，就应当锁定关键词“伏罪”和“翻供”，然后到文本第四段中寻找到对应词汇“伏罪”与“变狱”，这样就可以做出进一步的推理判断。又如2014年江苏高考试卷第9题：“请简要概括作者拒绝做严生老师的原因。”题干中的关键词自然是“拒绝”和“原因”，对应到文本中去，我们就会发现柳宗元给出了三条原因的回答。第一点在第一段中，即“若乃名者，方为薄世笑骂，仆脆怯，尤不足当也”；第二点在第二段中，“仆才能勇敢不如韩退之，故又不为人师”；第三点在第三段中，“以其余易其不足，亦可交以为师矣”。其中的“不足”“不为”“交以为师”对应了题干关键词。这种题目实在算不上有难度。

所谓关键词不完全对应类，就是指只能在题干与文本一方中找到关涉问题与答案的对应关键词。这类关键词一般具有概括性，常以上位词的形式出现在选项或问题中，回到文本锁定关键词的难度就增加了。仍以广东卷《刘敞传》题为例，B项关键词是“做实事”，回到原文发现没有类似概括性表述的对应关键词，那么就表明这是一个抽象的上位词，它的内涵应该是诸多具体事实。考生需要做的就是研读文本，梳理刘敞在扬州和永兴军的所作所为，然后做出推理判断。又如2013年上海高考卷第26题是“概括本文的主要内容”，要求考生对柳宗元的散文《潭州东池戴氏堂记》的文本内容进行全面概括。这就需要考生将关键词语“主要内容”落实到文本段落与传主事件内涵的理解与整合中去，而不会有现成的对应关键词可以利用。这里可能有可资利用的下位词，也可能只有具体事件，考生需综合运用其他策略解决问题。

（二）基于文本分析能力的抽象化策略

根据对“概括”的基本认识，我们知道所有的概括都建立在分析与抽象的基础上，综合与归纳只是最后的整合手段与方法。所谓文本分析能力特指基于问题关键词的分析能力，抽象化策略则是指在分而析之的基础上，将具体的“象”中所隐藏的“质”抽取出来。完整地说，抽象化策略包括了分析、抽象和综合三步工作。这个策略在日常阅读中是以获得所概括信息为终点的，但是在概括能力考查中呈现两种形式，一种是以文本为起点的正概括，一种是以问题关键词为起点的反概括。正概括在现代文阅读理解的考查中依然存在，反概括在文言文阅读考查中存在较多，大多是以定向概括的题型出现。譬如2014年山东高考卷《詹鼎传》的测试题“以下六句话分别编为四组，全部属于体现詹鼎才能出众的一项是”，这是典型的反概括或者定向概括。语言运用能力考查题与文言文阅读简答题中这种以关键词形式出现的定向概括就更多了。

我们以2014年四川高考卷《王筠传》中“请概括王筠是怎样学习的”这个题目为例，看看如何对文本做简单的分析与概括。首先通过关键词策略将“怎样学习”落实到王筠自序中的一段文字，即“余少好书……盖以备遗忘而已”。接下来，我们对范围内文本进行分析。第一步是读懂文字的表面意思，第二步是研究文字的表现意义，第三步是综合与抽象。譬如，“余少好书，老而弥笃”，讲的是年轻时就喜欢读书，年老时更加执着，（第一步）这无疑表现了王筠自幼热爱读书，而且一辈子坚持读书，（第二步）从“怎样学习”的角度加以提炼就应该是“热爱学习，终身学习”。（第三步）如果这段文字的别处或全文别处尚有相关文字，如本段中尚有“自年十三四，齐建武二年乙亥至梁大同六年，四十载矣”，那么考生就各自依照此法执行，然后再做一次更高层次上的综合与抽象，如此反复即可达到形而上的表述。本题最终分析与概括的结果是尚需补充另外三点，即勤学苦学、温故知新、博观慎取。如果再行提炼抽象，可以概括为乐学、勤学、善学三点，以此回答“怎样学习”这个问题。这里要提醒考生注意，在围绕指定关键词展开的定向概括中，考查者需要考生提供全面、准确的分析内容与概括表述，考生在概括之前需要准确划定文本范围，不能遗漏可供分析与概括的文本信息。

综上所述，这条策略中的关键自然是“抽象”，即从具体之“象”中将“质”抽取出来，在简单化的过程中提取存在于具体中的观念，也就是平常所说“透过现象看本质”，“概括”的本意就是如此。去精存粗，去次得要，去浅掘深，是抽象概括的基本方法。换句话说，概括的过程就是去除细节、次要和浅表内容而得到实质的过程。至于最后的综合与概括，因为在文言文阅读考查中多以定向概括为主，要概括的最上位概念在题干中已经给出，所以在对材料进行分析与抽象之后，往往不再需要进行最后的综合与概括。

四、文言文翻译题型应考策略

（一）在综合认知的基础上实施翻译

文言文翻译说到底就是文体转换与文意理解，这两点都需要对构成文句的各元素有全面了解。简单说来，全面理解和掌握一个文言文语句，需要对如下要素有准确认知：重要实词，主要是掌握实词的语境意义、词类活用、词义褒贬、古今异义与通假现象，其中名物类词汇需要丰富的积累和细致的文本对照；常见虚词，主要是掌握语法功能和用法，特别要重视它们对于句内逻辑关系和句子语气表达的作用；文言句式，主要是特殊句式和固定句式的掌握，特殊句式中的倒装句式和谓语省略句尤其重要；修辞现象，主要是借代、委婉、用典等修辞要能揭示其句中所指，比喻修辞要能指出其本意，互文修辞要能做出正确的合并同类项处理。此外，要掌握现代汉语的表达规范，在文体转换中努力做到文通句顺，避免文白夹杂和文理不通的现象。譬如，2014 年全国新课标 I 卷翻译题“而亲贤下士，推毂后进，虽位崇年高，曾无倦色”中，“亲”“下”的词类活用，“推毂”的典故延伸及语境意义，“曾”字的语意和语气，全句的主语省略和后两分句之间的转折关系，等等，这些知识点的考查基本都是课内知识的延伸与迁移，而且要求考生综合文句内部诸元素全面疏通翻译。考生平时进行翻译专题训练时，必须对构成文句的诸元素加以缜密考虑，借助良好的文言语感和元素敏感性，全面捕捉需要综合处理的要点。

（二）掌握文言文翻译的标准和原则

文言文翻译一般要遵循“信、达、雅”的审美标准。这个标准实质上已经包含了我们平常所讲的“直译为主、意译为辅、字字落实”的基本原则。“信”多就词法而言，追求规范准确，要求做到字字落实、忠于原文。“达”多就句法而言，追求通顺晓畅，要求做到文从字顺、文理畅达。“雅”多就语言表达而言，追求文采，要求优美自然、完美表达。“直译为主，字字落实”的原则，主要是“信”的标准的体现与落实，“意译为辅”的原则主要是“达”与“雅”的标准的体现与落实。实际翻译操作中，我们建议凡遇常见词义讲不通时考虑活用与通假；凡遇语序说不顺时考虑句式调整，这也是

“直译求顺”的基本要求。为了实现比较理想的翻译，我们主张直译为主与意译为辅相结合，做到翻译中的刚柔相济和虚实并举。譬如，2014 年全国新课标Ⅱ卷翻译题“即偕诸大臣伏阙上书，疏入，帝惊泣不食，瑾等大惧”，这是要求字字落实的典范题本，当然对关键词“偕”“伏阙”“疏”等的翻译要求也很明显。除此之外，高明的考生还需理解韩文伏阙上书之举带来的直接影响：皇帝览表而震惊和刘瑾听闻而恐惧，全句顺承之中隐藏着因果关系。翻译时最好能将这样的理解表达进去，从而取得“雅”的效果。总之，文言翻译虽然是主观表达题，但客观性特征还是比较强的，根据原文内容尽量直译是基本要求，对文句进行准确翻译，不能任意扩充或想象，但在具体翻译时又要尊重语言转换的多样化，并在多样化基础上选择最准确、最优美的翻译方法。

（三）文言文翻译的具体操作方法

我们一般将具体的翻译方法归纳总结为四句话，即“字字落实留删换，文从句顺调补贯，优美雅正语修逻，尚有不通多揣摩”。第一句口诀指向关于“信”的操作，第二句口诀指向关于“达”的操作，第三句口诀指向关于“雅”的操作，第四句口诀主要是建议通过语境揣测的方法去解决疑难问题。四句口诀的重点当然是前两句，这里对其中的六字内涵稍做说明。所谓留，就是指人名、地名、年号、国号、庙号、谥号、书名、物名均保留不译；与现代汉语表达一致的词语可保留。所谓删，就是指一些没有实际意义的虚词，如表敬副词、发语词、部分结构助词等，以及同义复用的实词或虚词中的一个、偏义复词中陪衬的词应删去。所谓换，就是指把古词换成现代词，主要指把单音词换成双音词，把通假字换成本字，把古今异义、词类活用词换成符合语境要求的意思的词。而所谓调，就是指主谓倒装、宾语前置、定语后置、介词短语后置等句式，应按现代汉语的语序调整。所谓补，就是指要补充句子省略的部分、词类活用相应的部分、代词所指的内容、使上下文衔接连贯的内容等。所谓贯，就是指古文中使用的借喻、借代、用典、互文等修辞，以及现已不用的词或固定结构等，翻译时要根据上下文语境和现代汉语表达习惯灵活而贯通地译出。这些都是翻译的常识与常规，考生必须熟记于心且勤加练习，如此方能达到娴熟境界。

（四）提高文言文翻译能力的根本性训练方法

很多时候，考生即便已经比较熟练地掌握了翻译技巧，但是面对陌生文本还是感觉茫然。究其原因，主要是对文本缺少高屋建瓴的把握与理解，缺少将文言知识与翻译方法融会贯通的能力，这就需要有针对性地进行更为根本的训练。

1. 对经典文本反复涵泳以加强文言文语感

到了最后的复习阶段，考生不可能漫无目的地读很多作品了，但无论如何考生必须花些时间加强对经典篇目的记忆，力求背诵全文或者重点段落，最次也要将规定的背诵篇目落实到位。背诵只是前提，最重要的是需在反复涵泳之中熟知重点文言现象，并能轻松正确地对重要语句做出知其所以然的翻译。再者，考生应该将各种翻译标准、原则与方法对应到这个所以然之中去。这个看似简单枯燥的记忆与理解工作，其作用是多方面的，譬如丰富积累、加强理解、反复训练、巩固方法，以及为翻译实战中的调动积累和联类对比等提供强大的知识准备，不一而足。

2. 坚持小语段翻译训练以强化提高翻译技能

综合性的文言文阅读训练自然是需要适当练习，但是从提高翻译能力的角度来说，持续不断的短小精悍的专项训练，效果更为显著。我将这种训练称为小语段训练，它们的篇幅一般百字左右，题材和体裁宜于多样，先秦至晚清均可涉及，难易程度深浅合适。这些段落一般要求文质兼美，文言词法、句法和重要文言现象的蕴含密度较大，训练能起到以一当十的效果。这种训练一般以全段翻译为主要形式，也可以选择性地翻译若干语句。如果是考生自学，那么建议采用全段落整体翻译的方法进行，不需要无端多出费事的选择要求与环节。小语段训练的资源比较丰富，方便易行，但重要的是必须每天坚持，直到走进考场。

3. 尝试文言文写作以反向训练文言文翻译

这个反向训练的做法，乍看起来似乎过于高大上，非平常人所能为也。但只要我们有此想法和兴趣，并且坚信反向训练的奇效，那么做起来就要容易得多了。语言的逆向其实是思维的逆向，思维的逆向训练可以帮助考生组织零碎而没有生命的文言词汇与句式。我们的训练方法是，先自行确立话题，然后大致理清构思，关键是选用常见文言句式，套用经典表达语句，改用熟悉文言文本，以仿作为主要训练方式，最终完成文言写作的反向训练。这个训练以写话和段落训练为主，便于再次反向审视语言运用的正确性。文言写作固然是可以专门训练的，但是此处仅作为翻译训练手段，不涉及写作范畴的其他训练内容。

在文言话语成为历史语言之后，对于理解与掌握文言文本而言，文言文翻译是必由之路。对于高三考生而言，文言文翻译既是提高阅读素养的重要途径，也是应对文言文阅读考查的重要内容。总之，要提高文言文翻译能力，除了积累基本的古代文化常识和掌握丰富的词汇与语法现象之外，考生必须坚持做到宏观把握与细部处理相结合，直译为主与意译为辅相结合，多就少改与调整补充相结合，语境揣摩与调动积累相结合，强化训练与持之以恒相结合，唯其如此方能实现目标，方能进入文言文本阅读的自由王国。

五、文言文评价题型的复习策略

在古代诗歌鉴赏和现代文阅读考查中，评价作品思想内容和作者思想观点的题型经常出现。我们的应对经验往往是通过整体感知、理解意图、确定关联、筛选信息和组织答案等五步完成有关评价的考查，但是这些思路与方法显然缺少针对性和有效性，显得空洞而无实效。现根据考点知识诠释，结合文言文阅读考查的实际情况，给出参考性的四步评价策略，即一个基础，两个角度，三个支点，四个注意。

（一）整体理解文本内容，奠定评价基础

要对“作品的思想内容和作者的观点态度”实施评价，首先要对“作品的思想内容和作者的观点态度”有准确理解。一般说来，我们要抓住思想内容是什么、如何表现思想内容和思想内容有何意义三个方面，疏通和理解文本内容。

近年来，文言文阅读的考查文本以人物传记、叙事散文和论说文为主。估且以论说文为例说明。譬如，如何为评价苏洵《六国论》的作品主题做好内容理解方面的准备呢？第一步通过关键语句获取作者的观点“六国破灭，弊在赂秦”，并掌握“赂秦而力亏”与“不赂者以赂者丧”两个分论点。第

二步通过关键语句疏通文本的“总—分—总”论证结构，且要能理解正文的论证过程与方法。正文的两段文字各自对应两个分论点，主要通过对比论证方法，阐述清楚了贿赂者和不赂者亡国的原因，并在最后提出了两条治国之道，即“礼天下之奇才”和“为国者无使为积威之所劫”。第三步通过关键语句分析获取作者的创作意图在于借古讽今，作者认为“苟以天下之大，下而从六国破亡之故事，是又在六国下矣”，这是作者要向北宋统治者阐明六国破亡道理的真正意图：治国者要自立自强。

通过上述三步，借助梳理和分析理解基本内容，通过发现和比较理解论证方法，通过综合思考理解作品主题，对作品思想内容有了比较准确的理解，才可以对作品主题实施评价。当然，关于思想内容的评价问题，基本上都蕴含在这三步的具体分析中。如果文言文阅读文本是叙事散文，对文本思想内容的分析理解思路大致与此类似，只要将说理思路转换成叙事思路加以梳理即可。至于人物传记类文本的思想内容分析，则又要简单得多。

（二）掌握常见评价角度，控制评价方向

虽然说考查中往往要求对具体内容加以评价，但是考生需要全面复习并掌握评价的相关知识。就作品思想内容评价而言，一般说来需要在思想内容和表现价值两方面展开评价。

对于思想内容，我们通常需从正确性、深刻性、独特性和启发性等角度加以评价。这里将宋代苏洵、苏辙和元代李桢的三篇《六国论》加以对比考察，以此为例说明评价的角度问题。首先，在作者观点上，苏洵认为六国之亡“弊在赂秦”，苏辙认为“不明天下大势”，而李桢则认为“六国皆欲为秦所欲”。在六国何以灭亡这个问题上，大概没有所谓正确答案，三篇文章各持己见不成问题。相比之下，苏洵与苏辙都从六国角度探寻原因，而李桢则从六国与秦两方面寻找原因，在排除厚六国而薄秦的偏颇之论后，阐明自己“只有行仁义方能免于灭亡”的观点。这样看来，李桢的观点就显示出独特性而高出一筹。当然，苏洵的文章能针对北宋的现实处境，从割地求和与忍让无度中发出振聋发聩之声，有其深刻的现实意义，体现了他深刻的家国情怀。相对而言，苏辙从地理环境和治国之策两方面阐述不审天下大势的观点，就显得中庸且平庸了。

对于表现价值，我们通常需从文学、社会、审美等维度加以评价。试以柳宗元的“永州八记”为例说明意义评价的角度。这一组文章是柳宗元被贬为永州司马后寄情山水抒发郁闷之情的游记散文。永州山水幽奇雄险，在柳宗元到达永州之前，许多地方还鲜为人知。柳宗元因参与王叔文革新而被贬永州，又逢其母病故，王叔文被处死，自己不断受到诽谤和攻击，心情压抑。在此期间，柳宗元便到处游览，搜奇探胜，借以开拓胸襟，求得精神慰藉，发而为文便是著名的“永州八记”。这些优美的山水游记，生动表达了人对自然美的感受，丰富了古典散文反映生活的新领域，成为我国古代山水游记的经典，并确立了山水游记作为独立文学体裁在文学史上的地位。借助这个概述，我们应能抓住评价“永州八记”中八篇文章之作品意义的三个方向：文学价值方面应该关注柳宗元如何描摹永州山水、如何托物言志和借景抒情以及文章在文学史上的开创性意义，社会价值方面应当关注柳宗元借感悟山水而写怀才不遇和抨击时事的深远寄托，审美价值方面应当关注古代文人在山水与人生之间获得的境界升华。

（三）抓住显性形式支点，具体实施评价

文本的思想内容和表现意义都要通过语言形式来实现，评价作品思想内容和作者观点就要以此为依据。可资评价的语言形式主要落实在关键语句、重要形象和特殊手法三方面。

首先，关键语句主要有主旨句、概括句、重复句和抒情句。蕴含主旨的语句自然是评价的首要支点。欧阳修《醉翁亭记》的主旨句显然是“醉能同其乐，醒能述以文”，考生应依此对思想内容做出“表现了作者与民同乐的思想，抒发了他贬谪后的抑郁心情”的评价，“述以文”中蕴含的正是“名岂文章著”的愤懑与抑郁之情。文本中的重复性语词也是实施评价的重要支点。袁宏道《徐文长传》以奇文传奇人，全文短短700字而用11个“奇”字，末段竟然连用五个“奇”字，连用三句“无之而不奇”，考生无疑需要从这种反复之中切入，看徐文长之奇人奇事奇志奇遇，剖析到最后自然应该将“奇”字旨意落实到“雅不与时调合”的理解中。

其次，重要形象包括了人物形象和核心意象，评价文学作品的思想内容尤其要重视从形象入手。柳宗元《钴鉧潭西小丘记》中的小丘，作为游记的核心形象，风景秀丽而山石奇特，却不为人知而遭人遗弃，作者赏其美景怜其遭遇而购为己有，这就是小丘的形象及其命运。透过这个形象，考生应该理解作者“借山水之题，发胸中之气”的写法，并能对思想内容做出“慨叹美景被遗弃荒野无人赏识，正是借以倾吐自己横遭打击抱负不展的不平之鸣”的正确评价。而关于人物形象的评价，主要是对其性格特征和行为品质加以评价，人物传记中这种角度的评价考查可能会更多一些。

最后，特殊手法主要指最能凸显文本主旨的艺术手法，因文而异各有奇效。韩愈《张中丞传后叙》是其文学作品中被公认的经典名篇，它既有形象的描绘，又有道理的阐明，还有抒情的感染，尤其突出的是这种被综合运用的议论、叙事和抒情手法，在文中几乎有着截然分开的鲜明印记，却依然给读者以善于御文之感。正如沈德潜所言：“辩许远无降贼之理，全用议论；后于老人言，补南霁云乞师，全用叙事；述张巡轶事，拉杂错综，史笔中变体也。”考生评价该文思想内容无疑是要从这些特殊的表现艺术上进入，然后阐述其所指向的思想内容得到了怎样集中、深刻和巧妙的表现。

（四）关注相关隐性元素，提高评价精度

在显性的形式支点之外，我们还需要特别关注那些容易被忽视的隐性元素，它们往往能为思想内容的评价提供更为精准的支撑。这些隐性元素主要指创作意图、深层意义、情感流露和细节暗示等。

作品的表现意义往往大于作者的表达意图，但是若能通过揣摩作者创作意图而帮助理解作品思想内涵，就可以比较准确地掌握文本深层意义，对于古代作品尤其如此。考生若是评价苏轼的《方山子传》，自然要对创作意图与深层意义加以考察和评判，因为这是苏轼的高明之处与用心之处，不同于一般的人物传记。苏轼明写陈季常怀壮志终不遇，隐居山林而犹存精悍之色，其创作意图是什么呢？从作者自道谪居光黄而难遇异人的抒写，可以窥知其失意之心和归隐之意，暗写自悲不遇的创作意图就敞露出来。陈季常的由侠而儒而隐的人生遭遇，深刻反映了当时北宋统治者昏聩遗珠的用人现状，表面为方山子怀抱不平，实际上表达了作者对统治当局的极度不满和丧失信心。这就是作者隐藏于作品之中的深层意义。

在文学性作品中，作家往往重视借细节以传神，以写小而见大，情感态度流露于其间，这就要求考生在评价时对此引起足够重视。《刺客列传》中关于刺杀，作者调用了细节描写，譬如写荆轲设想如何刺杀秦王时的动作描写是“臣左手把其袖，右手揕其胸”，实际上廷刺秦王时的动作描写是“因左手把秦王之袖，而右手持匕首揕之”，而与这两个细节描写相关的失手结果是“未至身，袖绝”，这两处的细节描写之后的结果交代显然有着暗示作者态度的作用。考生若能对照阅读，自能发现司马迁在前文铺垫盖聂败柯的意图，评价荆轲时就会更为辩证，而不至于置其才不堪用的事实于不顾，评价也会更为客观公正，但是故事渲染死义背后的悲剧意味反而更为浓厚。

关于“评价作品的思想内容和作者的观点态度”，虽是考查趋势，但目前尚未成为考查主流，可以参照复习和示例分析的考查文本甚少，但考生若能结合少量试题和更多的课内文本加以研习，牢记评价的基本策略，应对大至篇章或小至语句的思想内容评价，应该会达到较为从容的境界。